全国革命老区县发展史丛书·广东卷

陆丰市革命老区发展史

陆丰市革命老区发展史编委会　编

SPM 南方出版传媒·广东人民出版社
·广州·

图书在版编目（CIP）数据

陆丰市革命老区发展史／陆丰市革命老区发展史编委会编. —广州：
广东人民出版社，2021.1

（全国革命老区县发展史丛书·广东卷）

ISBN 978-7-218-14620-1

Ⅰ．①陆…　Ⅱ．①陆…　Ⅲ．①陆丰—地方史　Ⅳ．①K296.54

中国版本图书馆 CIP 数据核字（2020）第 231071 号

LUFENG SHI GEMING LAOQU FAZHANSHI

陆丰市革命老区发展史

陆丰市革命老区发展史编委会　编

出 版 人：肖风华

责任编辑：梁敏岚
责任校对：曾银玲　帅梦娣
装帧设计：张力平等
责任技编：吴彦斌　周星奎

出版发行：广东人民出版社
地　　址：广州市海珠区新港西路 204 号 2 号楼（邮政编码：510300）
电　　话：（020）85716809（总编室）
传　　真：（020）85716872
网　　址：http://www.gdpph.com
印　　刷：广州市浩诚印刷有限公司
开　　本：715mm×995mm　1/16
印　　张：27.625　插　页：16　字　数：380 千
版　　次：2021 年 1 月第 1 版
印　　次：2021 年 1 月第 1 次印刷
定　　价：98.00 元

如发现印装质量问题，影响阅读，请与出版社（020 - 85716808）联系调换。
售书热线：（020）85716826

微信扫描二维码 ◀◀◀
您立即获得本书主要内容/
丛书介绍。

广东省编纂《革命老区县发展史》丛书
指导小组

组　长：陈开枝（广东省老区建设促进会会长）

副组长：林华景（广东省老区建设促进会常务副会长）

　　　　宋宗约（广东省农业农村厅二级巡视员、广东省老区建设促进会副会长）

　　　　刘文炎（广东省老区建设促进会副会长）

　　　　郑木胜（广东省老区建设促进会副会长）

　　　　姚泽源（广东省老区建设促进会副会长兼秘书长）

　　　　谭世勋（广东省老区建设促进会副会长）

　　　　廖纪坤（广东省农业农村厅总经济师）

办公室

主　任：姚泽源（兼）

副主任：韦　浩（广东省农业农村厅扶贫协作与老区建设处处长）

　　　　柯绍华（广东省老区建设促进会副秘书长）

　　　　伍依丽（广东省老区建设促进会副秘书长）

汕尾市编纂《革命老区县发展史》丛书
指导小组

组　　长：王世顶

副组长：许　古　陈永宁　马世珍

指导小组下设办公室：

主　　任：陈保壮

成　　员：李如强　陈锦环　彭　仲　陈　发

　　　　　陈慧兰　陈伟健　王冠钦

《陆丰市革命老区发展史》编纂委员会

主　任：欧阳柳（市委副书记）

副主任：林学茂（市政府副市长）

　　　　陈月炎（市老促会会长）

成　员：钟伟华（市委办）

　　　　陈木楚（市政府办）

　　　　施汉阳（市委组织部）

　　　　朱伟菊（市委宣传部）

　　　　彭　飞（市委党史研究室）

　　　　陈锦照（市发展和改革局）

　　　　李炳丰（市农业农村局）

　　　　林水汆（市交通运输局）

　　　　曾少疑（市教育局）

　　　　郑毅语（市卫生健康局）

　　　　陈清河（市科技工业和信息化局）

　　　　林进军（市文化广电旅游体育局）

　　　　陈宏伟（市委党校）

　　　　林俊钊（市统计局）

　　　　陈伟民（市志办）

　　　　陈永添（华侨区）

　　　　陈水表（市老促会）

　　　　陈怀好（市老促会）

　　　　颜　料（老战士联谊会）

在举国欢庆新中国成立 70 周年前夕，中国老区建设促进会王健会长请我为《全国革命老区县发展史》丛书作序，作为一名在老区战斗过并得到老区人民生死相助的老兵，回首往事，心潮澎湃，感慨万千，深感义不容辞，欣然应允。

中国革命老区，是以毛泽东为代表的中国共产党人在领导人民推翻帝国主义、封建主义和官僚资本主义三座大山，争取民族独立和人民解放伟大斗争中建立的革命根据地，在这片红色的土地上，诞生了无数可歌可泣的革命英雄儿女，为后人树起了一座不朽的丰碑，她是新中国的摇篮，是党和军队的根。

在艰苦卓绝的战争年代，老区人民把自己的命运与中华民族的命运紧紧地联系在一起，与中国共产党和人民军队的命运紧紧地联系在一起，他们生死相依，患难与共。我曾亲历过战争年代，并得到过老区红哥红嫂的救助，切身感受到发生在身边的一幕幕撼天动地的革命故事，在那极其艰难的条件下，老区人民倾其所有、破家支前，不怕艰难困苦，不怕流血牺牲。"最后一碗米送去做军粮，最后一尺布送去做军装，最后一件老棉袄盖在担架上，最后一个亲骨肉送去上战场"，这是当时伟大的老区人民为建立新中国做出巨大牺牲的真实写照，它将永远镌刻在中国共产党、中国人民解放军、中华人民共和国的历史丰碑上。他们的光辉业绩永载史册，他们的革命精神必将影响一代又一代的革命新人，造就一代又一代的民族脊梁。

在社会主义革命和建设时期，革命老区和老区人民响应党的号召，面对落后的面貌、脆弱的经济、恶劣的生态环境，他们本色不变，精神不丢，自力更生，艰苦奋斗，干一行爱一行。始终坚持"革命理想高于天"，自觉做共产主义远大理想的坚定信仰者和忠实实践者，勇于向恶劣的自然环境和贫穷落后宣战，他们在各条战线上为国建功立业，用平凡的双手创造了一个又一个不平凡的奇迹，彰显了老区人的崇高精神和人格力量。

在改革开放的伟大进程中，老区人民解放思想，勇于创新，发奋图强，攻坚克难，老区的经济社会建设取得了辉煌成就。特别是在改变中国的面貌、中华民族的面貌、中国人民的面貌、中国共产党的面貌的伟大实践中发挥了至关重要的作用。老区人民既是改革开放的参与者，也是改革开放的推动者。

艰苦练意志，危难见精神。老区人民在近百年的革命战争、社会主义建设和改革开放的伟大实践中，孕育形成了伟大的老区精神：爱党信党、坚定不移的理想信念；舍生忘死、无私奉献的博大胸怀；不屈不挠、敢于胜利的英雄气概；自强不息、艰苦奋斗的顽强斗志；求真务实、开拓创新的科学态度；鱼水情深、生死相依的光荣传统。这是党和人民宝贵的精神财富、丰厚的政治资源，是凝心聚力、振奋民族精神的重要法宝，也是社会主义核心价值观的重要内容。

中国老区建设促进会怀着强烈的政治责任感和历史使命感，组织全国各地老促会人员克服困难，尽心竭力编纂《全国革命老区县发展史》丛书，记录老区的光辉历史和辉煌成就，传承红色基因，弘扬老区精神，是功在当代、利及千秋的一件大事。手捧这部丛书的部分书稿，读着书中的故事，倍感亲切，深感这部丛书具有资政、育人、存史的社会功能，有着重要的时代和历史价值。它是不忘初心、牢记使命的源头活水，是赞颂共产党、讴歌老区人民的一部精品力作，是弘扬老区精神、传承红色记忆的丰厚载体，是一项继承优秀传统文化、弘扬革命文化、发展社会主义先进文化，坚定"四个自信"的宏大文化工程。它必将成为一种文化品牌，为各界人士了解老区宣传老区支持老区提供一部有价值的研究史料。希望读者朋友们能从中了解并牢记这些为党和民族的利益不断奉献的老区人民，从中得到教益，汲取人生奋斗的精神动力。

新时代赋予新使命，新起点开启新征程。让我们更加紧密地团结在以习近平同志为核心的党中央周围，坚持以习近平新时代中国特色社会主义思想为指导，增强"四个意识"，坚定"四个自信"，做到"两个维护"，弘扬老区精神，铭记苦难辉煌。为实现"两个一百年"奋斗目标，实现中华民族伟大复兴的中国梦作出新的更大的贡献！

遵清田

2019 年 4 月 11 日

　　2017 年 6 月，中国老区建设促进会组织全国各地老促会启动编纂《全国革命老区县发展史》丛书，按照"建立中国共产党、成立中华人民共和国、推进改革开放和中国特色社会主义事业"三大里程碑的历史脉络，系统书写革命老区百年历史，深入挖掘革命老区红色文化资源，这对于充实丰富中国革命史籍宝库、在新时代传承红色基因、弘扬革命精神、强固根本，对于激励人们在新的历史条件下夺取中国特色社会主义伟大胜利，实现中华民族伟大复兴的中国梦具有重要意义。

　　丛书编纂以习近平新时代中国特色社会主义思想为指导，以《中国共产党历史》《中国共产党的九十年》等重要文献为基本依据，以党的领导为核心，以老区人民为主体，以老区发展为主线，体现历史进程特征，突出时代发展特色，坚持辩证唯物主义和历史唯物主义相统一、历史真实性与内容可读性相统一的原则，书写革命老区从站起来、富起来到强起来的光辉革命史、不懈奋斗史、辉煌成就史，把老区人民的伟大贡献、伟大创造、伟大成就、伟大精神充分展示出来，形成一部具有厚重历史特征和鲜明时代特色的精品力作。这是一部培根铸魂、守正创新，既为历史立言，又为时代服务，字里行间流淌着红色血脉、催生着革命激情的传世之作。丛书的编纂出版将成为讴歌党讴歌人民讴歌时代、传播红色文化、为革命老区和老区人民树碑立传的重要载体。

　　丛书按照编年体与纪事本末体相结合、以编年体为主的编写体例确定框架结构；运用时经事纬、点面结合的方式记述史实；坚持人事结合、以事带人的原则处理人与事的关系；采取夹叙夹议、叙论结合以叙为主的方法展开内容。做到了史料与史论、历史与现实、政治与学术统一，文献性、学术性、知识性相兼容。

　　为编纂好《全国革命老区县发展史》丛书，打造红色文化品牌，中国老区建设促进会认真组织积极协调，提出政治立场鲜明、史料真实准确、思想论述深刻、历史维度厚重、时代特色突出、编写体例规范、篇目布局合理、审读把关严格、出版制作精良的编纂出版总要求，力求达到革命史籍精品的精神高度、思想深度、知识广度、语言力度，增强丛书的权威性和社会影响力。各省（区、市）、市（州、盟）、县（市、区、旗）老促会的同志，以强烈的使命感、责任感和紧迫感，勇于担当，积极作为，认真实施，组织由老促会成员、专家学者等参加的十余万人编纂队伍。编纂工作主体责任在县，省、市组织协调、有力指导、审读把关。各方面人员以高度负责的精神和科学严谨的态度，满腔热情地投入工作，为丛书编纂出版做出了重要贡献。丛书编纂工作还得到了党和国家有关部委、地方各级党委政府及有关部门的大力支持和积极参与，社会各界也给予了热情帮助。中共中央政治局原委员、中央军委原副主席、原国务委员兼国防部长迟浩田上将，对老区人民怀有深厚感情，对革命老区建设发展十分关注，欣然为《全国革命老区县发展史》丛书作总序。

　　丛书由总册和1599部分册（每个革命老区县编纂1部分册）组成，共1600册。鉴于丛书所记述的史实内容多、时间跨度长和编纂时间紧，不妥之处，敬请批评指正。

中国老区建设促进会

● 革命史迹 ●

周恩来同志渡海处纪念碑（林以诺　摄）

周恩来在陆丰市金厢镇黄厝寮村活动居址（林以诺　摄）

红四师徐向前同志渡海处纪念碑（林奕生　摄）

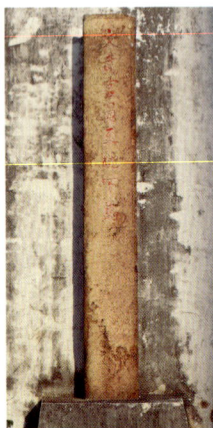

陆丰县苏维埃政府成立旧址（林以诺　摄）

庆祝陆丰县苏维埃政府成立大会旧址（林以诺　摄）

陆丰县苏维埃政府办公旧址（出自《陆丰革命史》）

彭湃在南堤真君园宣传演讲处遗址（林以诺 摄）

陆丰县总农会旧址（林以诺 摄）

潭涌七乡点农会旧址（林以诺　摄）

陆丰县第一区农会（上陈）旧址（林瑞杰　摄）

陆丰县第六区沙溪乡农民协会旧址（沙溪村委会　供图）

上英镇浮头村农会旧址（林以诺　摄）

华侨区奎池村农会及赤卫队部旧址（林以诺　摄）

城东镇炎苍埔村农会、赤卫队旧址（林以诺　摄）

陆丰县委、苏维埃政府临时指挥部旧址（陆丰市老促会　供图）

陆丰青年协进社办公旧址（林以诺　摄）

陆丰工农讨逆军队部遗址（林以诺　摄）

陆丰商民联合会旧址（林以诺　摄）

红二师碣石作战指挥部旧址（林以诺　摄）

神冲农会及红二师攻打陆城营部旧址（林以诺　摄）

北坑村红四师指挥部遗址（林以诺　摄）

大安乡苏维埃政权旧址（大安镇政府　供图）

陆丰金厢苏维埃政府海上巡逻别动队遗址（林奕生　摄）

中共陆惠县委机关驻地旧址（林奕生　摄）

陆丰县工委支部工作训练班遗址（林以诺　摄）

"革命摇篮"——陆丰龙山中学（林以诺　摄）

陆丰县抗战剧团成立处旧址（出自《美丽陆丰图录》）

攻打日本侵略军屯埔作战指挥部遗址（林以诺　摄）

东海抗日联络站旧址（林以诺　摄）

石头山交通站、情报总站旧址（河西镇政府　供图）

田心村地下交通站（贵州站）遗址（林以诺　摄）

粤赣湘边纵队东江第一支队第六团成立及团部驻地旧址（林以诺　摄）

粤赣湘边纵队东江第一支队第六团第一期军事训练班全体干部合影（庄岐洲故居文物保护管理所供图）

华东区铁甲队驻地旧址（林以诺　摄）

碣石田尾山战斗遗址（林以诺　摄）

郑重故居（林以诺　摄）

庄岐洲故居（林以诺　摄）

庄梦祥故居（吴志跃　摄）

陆丰革命烈士陵园（林以诺　摄）

人民英雄纪念碑（陆丰市
老促会　供图）

陆丰革命烈士墓（出自《汕尾市革命遗址简介》）

张威烈士纪念亭（林以诺 摄）

● **红色文物** ●

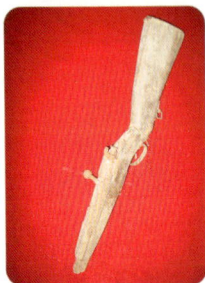

赤卫队队员使用的
土六八枪

赤卫队队员林妈叶使
用的铁叉

红军操子弹使用的
铁砧

文厝乡农军使用的螺
号

陆丰苏维埃政府用的
印盒

杨五宰烈士生前使用
的长哨子

陆丰县陂沟农会会长朱
洁娘使用的面盆

陈亮烈士生前使用的
口盅

陆丰县农民协会邱文
清的会员证

（陆丰市博物馆　供稿）

第四区农民协会执行
委员会证章

陆丰甲子农民协会卓和合获得
的"三民主义革命元勋"奖章

红军庶务长陈宰妹使
用的口琴

东江红军总指挥古大存联络
员钟点使用的水壶

陆丰县农民协会下砂乡寨仔凸
邱文清会员的减租证

海陆丰总农会会旗

陆丰县第一区高田埔
乡农民协会印章

陆丰第二区后涌乡农
民协会印章

交通员李乌肉使用的
双筒手枪

陆丰埔仔六乡农会职
员证章

（陆丰市博物馆　供稿）

陆丰附城区农民代表大
会农民代表证

陆丰南塘环林乡黄妈教会
长悬挂的共产党党旗

中国工农红军第十一军军长
古大存穿用的大衣

陆丰苏维埃政府使用
的印油

红二军战士使用的
步枪

《农民协会章程与农
民自卫军组织大纲》

南昌起义军领导人周恩来
使用的红毯

陆丰农会南溪约黄枝塘乡
李振煌的会员证

陆丰县农民协会郑式宰
的会员证

陆丰县庄砂凤使用的东
江暴动纪念带

朱佛招烈士生前使用
的铁刀

（陆丰市博物馆　供稿）

● 老区新貌 ●

陆城新貌（林以诺　摄）

陆城夜景（林以诺　摄）

中共陆丰市委党校（林以诺　摄）

林启恩纪念中学（陆丰市教育局　供图）

甲子中学新校区（林 贤 摄）

陆丰市第二人民医院（甲子人民医院）（林以诺 摄）

龙山中学新校区（林以诺　摄）

陆丰市文化中心（陆丰市委宣传部　供图）

广东省岭南美术馆、陆丰甲子文化艺术馆（陆丰市老促会 供图）

陆丰碣石镇渔港（国家级渔港）（出自《美丽陆丰图录》）

陆丰市龙潭水库（出自《溢彩陆丰》）

陆丰核电站（陆丰市老促会　供图）

甲湖湾能源基地（出自《美丽陆丰图录》）

陆丰植物龙生态农业发展有限公司种植基地（植物龙种植基地　供图）

南塘镇后西村新貌（陆丰市广播电视台　供图）

八万镇白江村新貌（陆丰市广播电视台　供图）

碣石镇莲花村新貌（林以诺　摄）

微信扫描二维码
您立即开展本书的
延伸阅读。

　　《陆丰市革命老区发展史》一书的出版，是陆丰人民政治生活中的一件大事、喜事，对于我们深刻地了解过去、总结历史经验，把握现在、开创未来，具有重要的现实意义和深远的历史意义。

　　习近平总书记站在中华民族历经挫折而奋起、历经苦难而辉煌的历史高度，在延安主持召开陕甘宁革命老区脱贫致富座谈会上指出，革命老区是党和人民军队的根，我们永远不能忘记自己是从哪里走来的，永远都要从革命的历史中汲取智慧和力量，老区和老区人民，为我们党领导的中国革命作出了重大牺牲和贡献。这些牺牲和贡献永远镌刻在中国共产党、中国人民解放军、中华人民共和国的历史丰碑上。《陆丰市革命老区发展史》记叙了在中国共产党的领导下，陆丰市革命老区人民经过大革命时期、土地革命战争时期、抗日战争时期、解放战争时期，为取得新民主主义革命的胜利作出了贡献，突出了中国共产党的本质和主流，为进行爱国主义教育和革命传统教育，提供了一本重要的地方党史教材。

　　《陆丰市革命老区发展史》坚持以马克思列宁主义、毛泽东思想、邓小平理论、"三个代表"重要思想、科学发展观和习近平新时代中国特色社会主义思想为指导，用辩证唯物主义和历史唯物主义的立场、观点和方法，以翔实的史料、恰当的理论概括，对重大历史事件作出了客观准确的记述，体现了中国共产党一贯的政治立场和鲜明的时代特色。老一辈革命家和广大人民群众，为民族独立和人民解放事业英勇奋斗的画面一幕幕涌现眼前。《陆丰市革命老区发展史》是陆丰党组织艰辛的革命史、卓越的建设史和辉煌的发展史。

海陆丰是全国十三块革命根据地之一，陆丰是著名的海陆丰农民运动和海陆丰根据地的重要组成部分，是中国第一个县级苏维埃政权诞生地，红色文化积淀丰厚。陆丰人民在这块土地上以其前赴后继、英勇斗争的精神，创造了光辉灿烂的历史和文化。在长期的革命斗争中，涌现出了许多可歌可泣的人物和事迹、创造了许多不朽的革命功勋。周恩来、贺龙、叶挺、刘伯承、彭湃、聂荣臻、徐向前等老一辈无产阶级革命家都在陆丰这块红色热土上留下了光辉足迹。老一辈革命家的丰功伟绩，永远铭记在陆丰人民心中。特别是近代，从党组织的创建到风起云涌的土地革命运动；从抗日战争到解放战争，陆丰人民在中国共产党的领导下，拥军参战、全力支前、前仆后继，为夺取革命胜利作出了巨大的牺牲和无私的奉献。在新民主主义革命时期，全市有 1057 名烈士和 2445 名群众奉献出宝贵的生命，有 800 多个自然村被评为老区村。老区人口占全市总人口的 87%，全市 23 个镇（场、区）均为老区。

新中国成立以来，陆丰人民站在社会主义建设和改革开放的最前沿，充分表现了勇往直前、敢为天下先的英雄气概和斗争精神。

"以史为鉴，可以知兴替"。革命战争年代，无数共产党人"决不动摇信仰"，经受住血与火、生与死的考验，谱写出视死如归的英雄壮歌；建设改革时期，无数共产党人"铁心跟党走"，经受住得与失、名与利的考验，续写出"敢教日月换新天"的壮丽诗篇。先烈先辈们身上所镌刻的忠诚，始终是红色基因的标志，虽历经岁月的沉淀和洗礼而不变色、不动摇，在新的历史征途中，传承红色基因。我们要以忠诚作为信念之舵，增强"四个意识"、坚定"四个自信"、坚决做到"两个维护"，为党和人民的事业鞠躬尽瘁，为共产主义奋斗终生。

《陆丰市革命老区发展史》，可以帮助我们充分认识老一辈革命家和人民群众，为民族独立和人民解放英勇奋斗、无私奉献的崇高精神。我们要从老区精神中深入挖掘红色基因的丰富内涵，不断汲取前驱的动力，充分利用好红色资源，发扬红色传统，将革命事业薪火相传、血脉永续。在新的历史条件下，在习近平新时代中国特色社会主义思想的伟大旗帜指引下，树立正确的世界观、人生观和价值观，不忘初心，牢记使命，承担起时代赋予的使命和责任，紧密团结在以习近平同志为核心的党中央周围，凝心聚力、开拓创新、奋发有为，努力开创陆丰工作新局面，勇当加快建设沿海经济带靓丽明珠主力军，为广东省实现"四个走在全国前列"贡献陆丰力量。

1

第一章
区域概况及历史沿革

第一节 区域概况

陆丰市位于广东省东部沿海，东经 115°25′—116°13′、北纬 22°45′—23°09′。东与惠来县接壤；西与海丰县和汕尾市城区为邻；北与陆河县、普宁市交界；南濒南海、毗邻港澳。居深圳和汕头两个经济特区之间。市城区中心在东海镇，西距广州 322 公里、深圳市 150 公里，东距汕头市 136 公里。市域南北宽 63 公里、东西长 70 公里，境域周长 372 公里，陆地面积 1687.7 平方公里。200 米等深线海域面积 12560 平方公里，合计面积 14247.7 平方公里。国道 324 线、深汕高速公路和厦深高铁贯穿市境。海岸线全长 190.01 公里。1995 年 1 月撤县设县级市。至 2017 年底全市共有 180 多万人，其中汉族占绝大多数，散居的少数民族有壮、瑶、满等。管辖 20 个镇、2 个国有农场和 2 个经济开发区。区位优越、交通便利、资源丰富，有"粤东明珠"之称。

陆丰历史上为"滨海要区、惠（州）潮（州）孔道也"。明朝初期，陆丰滨海古镇碣石为全国 36 大卫之一，驻有军队 5600 人，与著名的天津卫、沈阳卫齐名。

陆丰境内物华天宝，资源丰富。全市属南亚热带季风气候，海洋性气候明显，四季分明，雨水充沛，日照充足。全年平均气温 22.2℃，极端最高气温为 37.8℃，最低气温为 5.5℃，年总日照时数为 1940.6 小时，年总降雨量 2756.6 毫米。生态环境优美，全市森林覆盖率 35.85%。水产品有 130 多科 170 多种，矿产有 6

大类 15 种，尤以高岭土、石英砂、锡、锆、钛铁、硫铁矿等蕴藏量较为丰富；淡水资源充沛，境内有河流 22 条，径流总量 23.58 亿立方米。大中小型水库（山塘）235 个，总库容量 41033 万立方米。

陆丰地形依山面海，北部多为山地，中部和南部沿海以丘陵地居多，螺河和乌坎河的中下游多为冲积平原洼地。整个地势走向除南部西山为东西走向外，其余山脉多为北南走向，与河流走向基本一致。螺河是陆丰的母亲河，发源于陆河县与紫金县交界的三神凸山，长 102 公里，自北向南流经陆河和陆丰注入南海。还有独流入海的乌坎河和鳌江。龙潭河为龙江的上游段。境内最高山峰为峨眉峰，海拔 980.3 米。

陆丰市境内公路纵横交错，全市共有公路 92 条，总长 655 公里。其中：国道 1 条，长 53.4 公里；省道 5 条，全长 183.6 公里，与周边邻县市交通便捷。深汕高速公路和厦深高铁及汕汕高铁（在建）在境内东西穿贯。

陆丰市港湾众多，海岸线长，岸线曲折，分布有乌坎、甲子、碣石、湖东、金厢 5 个港口。乌坎港距市城区 9 公里，清朝初期为粤海关下设的七大总口之一，纳潮面积 18.2 平方公里，建有千吨级码头 2 座，可再建千吨以上码头泊位百座。甲子港水域长约 7 公里，宽约 1 公里，航道水深 3 至 4 米，为国务院批准的对外开放口岸装卸点，也是广东省十大渔港之一。碣石港面积宽广，鱼类资源丰富，海防位置重要，已建有 5000 吨级碣石湾成品油专用码头，并有多处可建万吨以上码头泊位，1992 年列为国家级渔港。

陆丰市自然资源丰富。有浅海滩涂 1000 多公顷，海产资源有鱼、虾、牡蛎、紫菜等 200 多种；地方名产有"金厢鱿鱼""金钩虾米""甲子龙虾""碣石石斑"等，畅销海内外；农业素以种植水稻、番薯、花生、蔬菜、甘蔗等作物为主，渔副并重，林果兼收；水果种类繁多，栽培历史悠久，计有 26 科 46 类 100 多个品种，产量较大宗的有菠萝、荔枝、香蕉、柑橘、龙眼、青梅及黄皮果等；野生动物有华南虎、穿山甲、白鹤、蛇类、山猪、箭猪、黄猄、山狗、野兔、野蜂、海鹅、红脚水鸭、乌鸡等。海盐资源取之不竭。远在唐初，石桥场（今碣石镇）已有官办盐场，此后历代原盐盛产不衰。20 世纪六七十年代盐田面积 7 万公亩，最高产盐年份的 1963 年达 76 万吨。矿产主要有 6 大类 15 种；陶瓷土分布广，总储量 1 亿吨以上，大安镇储土面积达 59 平方公里，储藏量 4000 多万吨，且品位高。石英砂矿分布也广，总储量 1 亿立方米以上，仅星都经济开发区的白沙埔分布面积 400 多公顷，开采容易，品位也高，储量达 1000 多万立方米。境内牧草资源丰富，宜牧面积 5.6 万公顷，有连片数十公顷草地 54 处，600 公顷以上草场 5 处，牧草质量高，发展前景良好。

陆丰市是粤东地区著名侨乡之一。据记载，明代后期已有成批民众漂泊海外谋生。清代至民国中期，市内计有 10 万名劳苦青壮年卖身海外当苦力，主要分布在马来亚、印尼、泰国、越南、缅甸等东南亚地区，以及欧洲和美洲等共 20 多个国家。同时移居中国香港、澳门、台湾地区人数更多，迄今已达 40 多万人。20 世纪 80 年代，有 20 多宗台胞回陆丰寻根问祖，据不完全统计，在台湾的陆丰籍民众已达 20 万人以上。

陆丰市港湾众多，海岸线长，被誉为"粤东旅游黄金海岸"。境内山川秀丽，古迹众多，旅游资源十分丰富。有以国家 4A 级旅游景区和省风景名胜区著称的玄武山元山寺；有"神、海、沙、石"四者兼备的省级旅游风景区金厢银滩；有享誉"岭南一枝独秀"的全国最大的尼众佛学院——广东尼众佛学院所在地、千年古刹清云山定光寺；有陆丰福山妈祖、上陈天后宫、河东虎岛天后宫、博美龙江古寺、大安灵泉寺、八万坎钟山、桥冲观音山、南塘华山寺、东海龙山慈云庵、河西湖口紫竹观、潭西清峰寺、潭西灯光寺、城东神山廿四观音、广德禅院、甲子天后宫、金厢观音岭水月宫、摩崖石刻、古官道、甲东麒麟山、潭西法留山、湖东十二湖、甲子待渡山、甲东奎湖炮台、长青炮堡、碣石浅澳炮台、陆城龙山炮台、甲子甲秀楼、陆城马路顶忠孝祠（林氏宗祠）等众多旅游区、景区；有国家级审定的大安石寨、潭西大楼古村落；有省级审定的桥冲大塘骑楼、博美超高、博美虎坑古村落；有南塘沙溪、河东后坎两处储藏量较大的温泉；有陆丰县苏维埃政权成立大会会场旧址、周恩来同志渡海处纪念碑、徐向前渡海处纪念碑、陆丰县总农会旧址、龙山革命旧址、城东上陈乡第一区农会旧址、潭涌七乡点农会旧址、红二师碣石作战指挥部旧址等红色景点。

陆丰人文荟萃，文化底蕴丰厚，传统艺术风情独特。正字戏、皮影戏、大安滚地金龙、甲子英歌舞被国务院列入国家级非物质文化遗产名录；碣石五色狮、南塘吹打乐、博美飘色、玄武山庙会、紫竹观道教音乐、博美妈祖信俗、陆丰海马酒酿造技艺、东海金属雕、甲子贝雕、碣石麦秆画、碣石木雕入选广东省非物质文化遗产名录。

陆丰红色文化积淀丰厚，陆丰人民富有光荣革命传统，各个时期都有大批仁人志士，为国家民族作出了不可磨灭的贡献，是全国著名的海陆丰农民运动和海陆丰革命根据地的重要组成部分。明清以后，多次反抗封建统治者的残酷压迫和帝国主义的侵略蹂躏，不畏牺牲，前仆后继。1911 年 10 月武昌辛亥起义，11 月陆丰的大安、碣石、东海、甲子等地先后起义，赶走清政府官员，建立新政权。1919 年北京爆发五四爱国学生运动，陆丰教师郑重（郑镜堂）等带领学生热烈响应。

1921 年，具有抗争精神的陆丰人民就已追随革命先驱彭湃开展无产阶级革命运动。1922 年冬，郑重、张威、彭翊寰、黄振新等进步青年成立"陆丰青年协进社"。协进社成立伊始就领导民众向恶势力进行斗争。于 1923 年 6 月继海丰县之后，成立全国第二个县级农会组织。此间有 10 个区农民协会，510 个乡农民协会，会员达 3.5 万余人，有脱产农民自卫军 500 余人；1927 年举行震惊九州的三次武装起义；1927 年 10 月，护送"八一"南昌起义军领导周恩来、贺龙、叶挺、刘伯承、彭湃、聂荣臻等老一辈无产阶级革命家安全抢渡香港；1927 年 11 月 13 日在陆城孔庙成立全国第一个县级苏维埃政权，在中国革命史上写下了光辉的篇章。在新民主主义革命时期，全市有 1057 名烈士和 2445 名群众奉献出宝贵生命。

改革开放以来，交通、能源、通信等基础设施建设有了较大的投入，投资环境得到明显改善；文化、教育、卫生等各项社会事业全面发展，人民生活大幅改善。2017 年，全市实现地区生产总值 269 亿元；全社会固定资产投资额 242.1 亿元；工业总产值 582.5 亿元；农业总产值 100.6 亿元。

全市人民在市委、市政府的领导下，发扬老区革命传统，发挥地缘优势、人缘优势，团结一致，深化改革、扩大开放，为建设经济繁荣、社会和谐、文明进步的新陆丰而努力奋斗。

历史沿革

秦朝以前，属南越。

秦始皇三十三年（前214年），秦平南越，在岭南设郡县，属南海郡博罗县。

汉高祖元年（前206年），赵佗立南越，仍属博罗县地。

东晋成帝咸和六年（331年），分南海郡界置东官郡，并析博罗县东置海丰县。

南梁武帝天监元年（502年），改东官郡为东莞郡，属东莞郡海丰县。

南陈后主祯明二年（588年），复东莞郡为东官郡，属东官郡海丰县。

隋文帝开皇十一年（591年），改东官郡为循州，属循州海丰县。

隋炀帝大业元年（605年），改循州为龙川郡，属龙川郡海丰县。

唐高祖武德五年（622年），复龙川郡为循州，析海丰县东置安陆县（陆丰始有县建制）。

唐太宗贞观元年（627年），安陆县撤销，复并入海丰县，属循州海丰县。

唐中宗嗣圣元年（684年），改循州为雷乡郡，属雷乡郡海丰县。

天宝元年（742 年），改雷乡郡为海丰郡，属海丰郡海丰县。

唐肃宗乾元元年（758 年），改海丰郡为循州，属循州海丰县。

五代南汉大宝元年（958 年），改循州为祯州，属祯州海丰县。

宋真宗天禧四年（1020 年），改祯州为惠州，属惠州海丰县。

宋徽宗宣和二年（1120 年），改惠州为博罗郡，郡治仍在惠州，属博罗郡海丰县。

宋高宗绍兴三年（1133 年），复博罗郡为惠州，属惠州海丰县。

元世祖至元十六年（1279 年），惠州升为路，属惠州路海丰县。

明太祖洪武元年（1368 年），惠州路改府，属惠州府海丰县。

清雍正九年（1731 年），析海丰县东部三都建置陆丰县，属惠州府。

1914 年（民国三年），属潮循道。

1925 年（民国十四年），属东江行政区。

1936 年（民国二十五年），属广东省第五行政督察区。

抗日战争胜利后，属第四行政督察区。

中华人民共和国成立后，属东江行政督察区。

1952 年 11 月 7 日，析陆丰县南塘区石牌村、屯寮村、北坑村、后湖村，建设陆丰华侨农场，安置印尼、越南等 13 个国家和地区的归难侨 6362 人，为副处级单位。1994 年 7 月，汕尾市委、市政府批准设立"汕尾市华侨管理区"，行使县（处）级行政管理职能，辖区面积 32 平方公里，人口 1.987 万人。

1953 年 1 月，东江行政督察区撤销，改属粤东专区。

1956 年 2 月，改属惠阳专区。

1958 年 12 月，改属汕头专区。

1983 年 9 月，划归惠阳地区。

1988 年 1 月，划惠阳地区海丰、陆丰二县设置地级市汕尾市。

1988 年 1 月 7 日，析陆丰县的河口、河田、东坑、水唇、新田、螺溪、上护、南万 8 个乡镇和吉溪林场设立陆河县。

1995 年 1 月 19 日，国务院批准陆丰撤县设市，以原陆丰县的行政区域为市的行政区域，属县级市，广东省委托汕尾市代管，市委、市政府驻东海镇。

2

第二章

响应五四　农运勃兴

第一节 革命思潮席卷陆丰

中国的现代革命历史发端于 1919 年。这一年，北京学生发起了"外争主权，内除国贼"的五四爱国运动，并迅速席卷全国，在中国革命史上开创了新的时代，形成一股新的革命潮流。陆丰也毫不例外地受到新潮流的冲刷。

在此之前，陆丰有部分人参加孙中山领导的辛亥革命，他们都是些不满清皇朝统治的知识青年和农民。1911 年 10 月，陆丰同盟会组织的领导人罗觉庵、曾享平、马桐轩、叶德修等人，利用农民抗清组织"三点会"（三合会、哥佬会、孝义会）的遗留势力为骨干，在大安、河口、博美、甲子等地组成各路民军，先后攻占了碣石卫城和陆丰县城，夺取了清皇朝在陆丰的统治权。辛亥革命结束了 2000 多年的封建帝制，却没有改变中国的半殖民地半封建社会性质。

1917 年俄国十月革命一声炮响，把马克思主义传送到中国。马克思主义在传播，中国的知识分子在思索，陆丰知识青年也在逐步觉醒之中。继马桐轩留学日本后，留学生逐渐有了增加，其中郑道之在留学日本期间加入了中国共产党。前往广州读大学或专科的青年和往惠州、汕头、海丰读中学的青年也逐年增多。陆丰邻近香港，商贾往来频繁，这些人把外面的新思想、新潮流带回陆丰，随之进步书刊也在陆丰销售。这期间，陆丰因新设了县立第二高等小学，原先唯一的高等小学也改称为县立第一高等小学，碣石、甲子、河田等圩镇也先后开办了高等小学，农村也不断开办初等小学。当时读高等小学的学生一般都在十六七岁，正是容易接受新事物的年龄。这些新型学校，讲授国文、算术、历史、地理、格志（公民课）、音乐、图画、体育课程，使学生接受到新的科学文化知识和民主思想。

在革命思潮的影响下，五四运动爱国热潮席卷全国时，陆丰县城第一、第二两所高等小学和青年教师迅速起来响应。他们在龙山中学礼堂举行集会，通过了响应五四爱国运动、开展宣传等决议。会后，大批学生上街游行，高呼"收回青岛""取消二十一条不平等条约""惩办卖国贼"等口号。1919年6月中旬，进步学生张威、庄梦祥、陈谷荪等，在第一高等小学进步教师郑重等指导下，串联了甲子、碣石、河田等地小学，召开全县学生代表大会，成立县学生联合会，通过了进一步发展爱国运动和号召群众举报与抵制日货等决议。暑假期间，陆丰在外地读书的学生纷纷回县，积极加入到爱国运动中，壮大了陆丰响应爱国运动的力量。他们组织演讲队、白话剧团，深入街头巷尾和附近农村进行抵制日货的宣传。县城的学生抵制日货的活动也得到店员工人的协助，他们在各大商店搜查到大批日本产的白糖、火柴、毛毡、布料、玩具等货物，然后把这些日货全部没收。广大群众亲睹学生的爱国运动，莫不拍手称快。当年广州《大同日报》曾报道："陆丰县城第一高等小学学生，发起组织陆丰学生联合会，联队巡行，分队演讲，对于各种爱国举动，甚为热心。昨日传息有潮商庄和祥运一车白糖数百元，德泰运火柴十余箱，希图漏入，后为学生查获，以寒奸商之胆。"陆丰学生的爱国举动，通过报道，影响全省。

同时，五四爱国运动还推动了此前兴起的新文化运动的进一步发展。陆丰知识青年在新思潮影响下，迫切要求变革现实。

1920 年以郑重、彭翊寰、李云阶等进步分子为首，发起组织了陆丰社会促进社。该社在成立宣言上疾呼，"鉴于世界潮流之趋势，咸急起直追，以革新社会为责任。大势所趋，风起云涌，有一日千里之势，而环顾吾邑，则黑暗如故"，并向公众表明"本社应世界潮流趋势，以革新社会，促进文化为宗旨"，"非设法剔除旧习惯，则新事业永无发展之望"。为此，该社制定社章社纲，倡导"（甲）革新教育；（乙）振兴渔农工商事业；（丙）破除迷信，增进普通人知识；（丁）提倡公德，化除私见；（戊）注重实利，改革社会上一切不良习惯（例如婚嫁、丧葬、祭醮各陋俗）"。促进社的总社设在县城。各区设分社，民主选举董事会。从社章社纲中可见，进步青年已认识到社会的黑暗，非急起改革不可，在当时，这种认识实在难得。此后，陆丰社会促进社有不少社员都能遵奉社章社纲，以革新社会，促进新文化为己任。面对封建势力主张保存国故，诋毁新文化，他们没有后退气馁，而是坚决斗争，积极推进文化改革，并作出了应有的贡献。

陆丰新文化运动代表人物是郑重。1919 年五四运动的浪潮很快波及全国，当这场运动影响到陆丰时，时任陆丰第一高等小学的青年教师郑重和一帮具有爱国思想的青年教师奋起响应。五四爱国运动在陆丰掀起了一场空前的暴风巨浪，而郑重正是这场暴风巨浪的推动者和弄潮儿。

1922 年冬，郑重又与张威、彭翊寰、黄振新、李云阶等进步青年成立"陆丰青年协进社"，并被推选为社长。协进社成立伊始就领导民众向恶势力进行斗争。欺压百姓的陆丰县县长丘梦元、贪污军饷的区官马成忠、贪污基建款的陆丰织布厂经理陈甫民，他们都受到协进社发动的群众的控告、清算而倒台。协进社还开展社教运动，办夜校、做演讲、演话剧等，做到了像协进社社歌中唱的那样，"嗟我陆同胞真不幸，受尽恶劣污吏肆欺凌，奋斗主义再接再厉，愿同志共牺牲，驱逐城狐社鼠清陆城，坚我宗旨，竭我血诚，美哉协进，灿烂文明，共视吾陆光荣"。这些都获得陆丰民众的拥护，使协进社青年在陆丰的威信大大提高。

划时代的五四爱国运动和新文化运动，推动着陆丰人民起来谱写陆丰新民主主义的历史开篇，陆丰社会不再是一潭死水，有知识的觉悟青年开始明白并诉诸反帝反封建的行动，新文化已成潮流，封建的文化阵地已被迅速取代。

第二节 矛头指向贪官污吏

1921 年 7 月，伟大的中国共产党在上海诞生。从此，中国新民主主义革命有了工人阶级先锋队的领导。这年 5 月，共产主义者彭湃从日本早稻田大学毕业，回到他的家乡海丰积极传播马克思主义。

在陆丰，进步青年经过五四爱国运动的洗礼和新文化运动的实践，政治思想有了新飞跃，他们日益不满旧制度，非常渴望变革社会。1921—1922 年，在海丰陆安师范读书的张威、庄梦祥等一批学生，聆听了彭湃宣传马克思主义理论，参加了社会主义研究活动。在广州读书的黄振新、陈谷荪等也把学习到的新思想与家乡的好友密切沟通。于是，在陆丰逐渐形成了一股以彭湃为表率、以青年教师郑重为代表的进步力量。

时任陆丰县县长的谢龙章是陆丰本地人，他依靠省里的高官作后台，又与陆丰地方势力狼狈为奸，便肆无忌惮地鱼肉民众。因此，陆丰进步青年将他视为仇敌，急欲解救陆丰民众于水火之中。他们不畏强权，不避艰辛，收集了谢龙章的大量罪行材料，然后于 1922 年 4 月以陆丰旅省同乡会的名义，铅印《揭发县长谢龙章罪行传单》，并大量散发。该传单开头写道："陆丰县长谢龙章，莅任以来，弊端百出，滥用私人、勒索民脂，种种违法，不可胜记。兹摘其罪状尤甚者，宣布各界诸公，伏望速起，共逐污吏，以解倒悬。"接着列举罪状 17 条，项项有据，有人有证。如：

"陆丰县置烟、赌、盗、斗等犯原寄禁于司法监狱。自谢龙章到任后，私设一监狱在队兵住房之后，令副队长谢业梅看守。每拿有钱者，无论其情罪虚实、重轻，即禁此私狱，交由谢亚梅非刑酷勒……"此外，对谢龙章"蔑法包赌""藉案勒索""枉法殃民""受贿纵匪""狎妓弄权"等，均有详细披露。① 此传单揭发出来的谢龙章大量罪状，引起了全县民众的公愤。民众群起要求驱逐贪官污吏，省当局碍于民愤，不得已于同年将县长谢龙章罢免。

陆丰进步青年联合民众驱逐贪赃枉法、危害百姓的县长之举，为振兴陆丰扫除了一大障碍，也在陆丰民众中树立了威望。1922年冬，由郑重、黄振新、颜国瑶、张威、庄汉翼等发起，成立了青年团体"陆丰青年协进社"。该社成立后，进步知识青年踊跃参加，不久便发展到40余人。该社组织学习宣传新思想，探索振兴陆丰的新途径。此时，彭湃已在海丰开始从事农民运动，这是协进社社员热烈讨论的话题，同时，他们决定继续与贪官污吏作不妥协的斗争。

这个抱有"主义"和"清陆城"为宗旨的团体，比之1920年的陆丰社会促进社更进了一步，最明显的是他们认识到推翻封建社会务必除根，并更重视诉诸行动。他们的行动目标之一是对准贪官污吏，减轻群众的军饷负担。陈炯明军队的汕尾筹饷局有一次向陆丰第一区征饷3000元，而区官马成忠却加征一倍，从中贪污。协进社在群众支持下，搜集了马成忠一贯加征勒索的证据，然后控告到汕尾筹饷局。由于证据确凿，群愤难平，军阀政府不得不把马成忠扣押查办。

---

① 参见《海陆丰革命史料》第一辑，广东人民出版社1986年版，第73—77页。

接着，协进社发现县公营织布厂经理陈甫民等人，贪污巨额公款，便通过组织群众代表查账，于是劣迹斑斑的陈甫民被拘押。当时丘梦元任县长，他是陆丰本地人，与豪绅、官员互相包庇，贪赃枉法，又与马成忠、陈甫民案有直接关系。协进社不惧权贵，发动群众连续向上告发。丘梦元也因劣迹有据，群情激愤，上司欲保不能，他这个县太爷只得灰溜溜地下台①。协进社社员们在这些斗争中受到锻炼，为彭湃领导的农民运动向陆丰发展奠定了相当深厚的群众基础。

---

① 参见颜国璠：《陆丰青年驱逐贪官污吏》，载《中国青年》1924 年第 757 期。

陆丰农运如火如荼

中国现代革命史上的大规模农民运动发端于海陆丰，其组织者和领导者是彭湃，陆丰的组织者和领导者是郑重、张威、林蕴川等。

陆丰、海丰二县毗邻，附城区的西南部乡村与海丰的可塘区相连，西北部的新田区与公平区接壤，平日这些毗邻地区的人们来往密切，投圩赶集、走亲访友都成为传播消息的渠道。彭湃舍家财，办农会，很快成为陆丰人的特大新闻。

为点燃陆丰农民运动的烈火，陆丰的农民和先进知识青年分别到海丰请教彭湃。彭湃于 1922 年 10 月末派余创之、林甦到陆丰开展工作。他们利用某些社会关系，在陆丰县接近海丰县的潭涌、东山、浮头等乡做宣传发动工作。这一带最先觉悟的农民林佛助、林水其、庄妈虾、庄妈窑等最早成为农会会员。到年底，这一带乡村如潭涌、东山、浮头、长埔等都建立了农会。陆丰的上陈、神冲、黄塘等乡村，在 1923 年元旦前后，都陆续建立了农会。

陆丰早期组织的基层农会，依照海丰农会的章程，参会自愿，一个会员代表一户，入会费二毫钱，作为农会费用。当 1923 年元旦海丰总农会成立时，陆丰各地基层农会都派出代表前往海丰城参加成立大会。

1923 年 4 月初，彭湃来到陆丰组织农会。这时陆丰农民运动已有了一定基础，又得到曾在海丰中学读书的老同学郑重等的大力支持。通过介绍，彭湃结识了不少热心农民运动的同志。彭湃、郑重等选择陆城旧圩六驿林氏祖祠，成立陆丰县农会筹备会，彭湃任筹备会会长、郑重任副会长，主要成员有陈淑炯、林蕴川、柯本色等人。彭湃在陆丰期间，他与郑重等在陆丰县城的马街头、真君庙前等热闹地方发表演说，引导民众团结起来，向田主进行减租减息斗争。

1923 年 6 月 23 日，在彭湃、林蕴川、郑重的主持下，陆丰农民代表大会在县城林氏祖祠隆重召开。大会通过了彭湃起草的农会章程，具体内容与海丰总农会相同。农会民主选举出县总农会执行委员 9 人，林蕴川[①]任会长，郑重任副会长。下设宣传、教育、仲裁、交际、农业、调查、财政、文牍、卫生、庶务 10 个部，林蕴川、郑重、颜国藩、柯本色、陈夏威、陈楚南、陈兆禧、庄梦祥、庄汉翼、林水其、陈淑炯、朱怀生等为委员，分别负责各部门工作。农会公章为圆形，表示与官府的四方印有区别。大会还决定采取彭湃设计的红黑两色分四块联合缀成的旗为农会旗。过去海陆丰地区农民有红旗派、乌旗派的封建派系组织，时常发生械斗，互相残杀。农会旗采取红黑两色缀成，表示农民清除成见，团结一致。农会还制发会员证，正面印上：农会会员证，姓名、某约某乡及"不劳动不得食，宜同心宜协力"两行字和发证时间，背面盖上陆丰总农会大章。6 月 25 日，代表大会闭幕，陆丰总农会正式成立。即日，在县城洛洲埔举行庆祝大会，到会农民有七八千之众。其时，锣鼓喧天，土炮轰鸣，舞金狮，奏乐曲，

---

① 林蕴川，陆丰附城潭阳人，在广州读过专科学校，参加过辛亥革命。见叶左能、邱海洲：《陆丰革命史》，中共中央党校出版社 2003 年版，第 18 页。

气氛十分热烈。彭湃、李劳工等在会上讲了话。到会农民个个精神百倍，破天荒高呼"农民万岁"！

陆丰总农会成立时，会员有 7000 户，每户以 5 人计，共有 3.5 万人，是继海丰总农会之后成立的又一个县级农会①。据史料考证，陆丰总农会是全国最早成立的第二个县级农会。有了县总会的领导，农会组织很快扩大到金厢、碣石、甲子等区。

陆丰总农会根据广大农民的要求，提出了"减租""取消地主收租的一切苛例""不拿陋规给警察""改良农业""增加农民知识"等口号。这些口号成了全县农会组织领导农民斗争的纲领，尤其是减租这个口号，它反映农民群众几千年来梦寐以求获得土地的愿望，在发动群众起来开展斗争的过程中，产生了极大的号召力量。各地基层农会成立起来以后，为争取农民利益进行了斗争。如处理农民与地主之间的各种产业债务冲突；领导农民反对贪官污吏逼勒；争取减轻军饷负担；排解农民之间的纠纷；举办农民福利事业等。

农会领导农民争取政治经济权益的斗争，得到广大农民积极拥护，在一定程度上打击了反动势力，军阀政府和地主豪绅因此十分痛恨农会。他们最初鄙夷农民"满脚牛粪，不配有组织"，造谣说农会"共产、共妻"，尔后则多方破坏。这种斗争伴随着农民运动的发展而不断加剧。

1923 年 7 月 26 日、8 月 5 日，海陆丰地区两次遭受强台风袭击，继而带来暴雨和海潮，造成农作物严重失收，房屋倒塌无数。灾情发生后，广东省农会执行委员李劳工、余创之到陆丰协助陆丰总农会组织救灾队，奔赴各灾区救援农民。在这种情况下，农民普遍要求解脱灾难，减租的要求尤为强烈。当时，省农会执委

---

①　参见《彭湃文集》，人民出版社 1981 年版，第 139 页。

遂决定"三成交纳"的减租办法，并印发《告农民书》在海陆丰散发。为汇合力量，壮大声势，达到减租目的，陆丰总农会于8月15日动员千余名代表前往海丰城参加彭湃主持的农民大会。

对此，海丰县公署和地主豪绅十分震惊，海丰县县长王作新于8月16日集中数百名军警突然袭击海丰县总农会，拘捕杨其珊等农会干部多人，并出布告取缔农会，通缉彭湃等农会干部。陆丰县县长罗辅平也紧步后尘，在全县贴出布告，宣布农会为非法组织，查封县总农会。农会干部被迫暂时躲避，部分乡、约农会干部遭到当地警署传讯或拘留罚款。反动派武装解散农会，使农民运动受到严重挫折。彭湃此后为营救被捕农会干部和恢复农会，找到陈炯明进行严肃交涉，终因陈炯明及其追随者害怕农民重新起来造反，交涉未果而再次失败。但是，彭湃在海陆丰农民中播下的革命火种是不会熄灭的。农会不能公开，即转向秘密活动，反抗斗争只是转换形式而没有完结。跟随彭湃走与工农相结合道路的先进知识青年也增强了斗争勇气，决心向旧社会宣战。

陆丰的农运，潭涌七乡、神冲、马安山等乡较具代表性。

潭涌七乡是指下芦、竹芦、新香、西门、月山、后山、陇尾围7个自然村（其时自然村称乡）。1923年6月，彭湃、张威、林甦、余创之等到陆丰下芦等七乡开展农会运动，11月，潭涌七乡点农会在下芦成立。该农会是陆丰农村第一个乡村农会，张威多次亲临农会指挥农民运动，掀起了轰轰烈烈反对反动军阀、土豪劣绅、地主阶级的革命斗争，在全国引起了很大反响，与全国的革命运动遥相呼应。

大革命时期，周恩来指挥国民革命东征军，驱除反动军阀武装势力时，潭涌七乡点农会武装积极响应，全力配合。同时农会更加发展，90%的农民加入了农会，并发展壮大了武装组织，选举林佛助、林亚倾、林景护、林亚赞等先后任农会会长，统一成立农民自卫军，提出"一切权力归农会"的政治口号，让世代受地主反动势力压迫和剥削的农民扬眉吐气。

1927 年蒋介石发动了"四一二"反革命政变，革命形势危急。中共陆丰县委根据上级的指示，派林铁史等同志到七乡以农会为核心，发动人民群众用革命武装保卫革命胜利果实，建立了农军中队。在中共陆丰县委领导下，林阮、林玉琴带领农军中队先后参加了三次武装起义，保卫革命政权。大革命失败后，潭涌七乡点农会遭到反动势力的疯狂报复。共产党员和革命群众有的流血牺牲，有的离乡背井远走他乡，他们的房屋被烧毁，财物被抢劫一空。白色恐怖笼罩着七乡，斗争非常残酷，革命转入低潮，农会也由此转入地下活动。抗日战争胜利后，潭涌七乡人民在共产党的领导下，对农会进行了恢复建设。1947 年，七乡人民缴地主枪支，征收地主粮食，支持人民解放军在前线打仗，直至全国解放。

陆丰第一个区农会在张威等的组织下，于 1923 年 7 月 18 日在上陈乡陈氏祖祠成立。农会推举陈兆禧、陈妈告、陈克材（村）为领导人。不久，又成立上陈乡农会，陈佳任乡农会会长。大革命时期，上陈乡的农民自卫军和赤卫队，在与国民党反动派的斗争中，牺牲了 20 多人，还有 30 多名村民被敌人杀害，农会会址陈氏祖祠及上百间民房被烧毁，农会骨干亲属被追杀，几欲毁村。因上陈乡紧邻县城，上陈乡的农民运动，在当时具有相当大的影响力。

1923 年 4 月，热血青年许国良串联乡亲郑三九、许乌番等人，发动农民，成立神冲乡农会，许国良为会长。

1925 年夏，许国良当选第一区农会执委，出席广东省第一次农民代表大会。开会回来，着手组建一区农民自卫军，担任区队长。此时，他加入中国共产党。10 月下旬第二次东征军进抵陆丰，许国良带领农军与东征军并肩战斗。省港大罢工期间，他带头发动农民捐款，组织农军占领港口，没收了上埔村大土豪林桃从香港偷运回来的一批煤油、牛油、白硝、硫黄等货物，把捐款和货款汇给省港罢工委员会。

由于神冲乡依山傍海，濒临县城，进可攻取县城，退可乘船出海，更兼群众基础雄厚。1927年11月初，工农革命军第二师攻打陆丰的营部，就驻扎于此。当时，陆丰农军团队先后收复了大安、金厢、博美、湖东等圩镇，占据了广大农村。11月4日，陆丰工农革命军团队与工农革命军第二师第四团刘道立率领的第二营分两路向陆丰城进攻，守城的两支保安队虽有400人枪左右，但如惊弓之鸟，经不起几番冲锋，便如鸟兽散，二营和农军很快就攻占了陆丰城。

西南镇马安山村，也是农运蓬勃发展的地方。早在1925年，就有刘乃双、刘华清、刘明通等40多名骨干加入农会组织。发动农民与旧势力开展斗争，打击田赋队、盐警队、保安团地方割据势力。1928年，革命陷入低潮，国民党军余汉谋部十一师直入海陆丰进行"扫荡""清乡"，反动统治者大肆追捕、屠杀革命党人，农军全部转入地下活动。由于敌人潜入共产党的奸细告密，当年4月1日马安山村18名农会会员被捕，反动派残忍地将18人用大铁线穿过手掌连成一排押赴刑场杀害。新中国成立以后，在村委、烈属后裔、外出乡贤和相关部门的大力支持下，在马安村螺河边为18名农运烈士修建了"革命烈士纪念碑"。

湖东是陆丰东南部的一个渔港，进步青年蔡德流1921年在广州拜师读中医期间结识了彭湃，深受彭湃革命精神影响，1924年毕业后被彭湃推荐到海丰可塘任教师，并秘密加入中国共产党，跟随彭湃投身到轰轰烈烈的农民运动中。1925年秋受彭湃派遣与谢庆文（海丰附城人）回陆丰组织农民运动，在家乡湖东成立了农民协会，于湖东镇内一公馆（吴爷宫后面）竖起了农会会旗，蔡德流任执行委员长、谢庆文任宣传委员、薛鸿儒任组织委员，他们宣传革命道理，领导发动民众与地主豪绅进行斗争。次年，陆丰保安团杨荻率部到湖东抓捕农会领导人和农运骨干，蔡德流等获信逃脱，湖东农会会址被捣，蔡德流祖屋被烧毁。

1927 年 6 月，地主武装陈子和率保安团到湖东"围剿"竹湖农会，蔡德流、谢庆文及赤卫队队长陈蓬带领赤卫队前往救援，在后林溪阻击战中 20 多名赤卫队员壮烈牺牲，谢庆文的尸体遭肢解并抛散于后林溪中。此后，为保存革命实力，陆丰县委安排蔡德流秘密出境避难，蔡在南洋积极发动侨胞捐资支援国内革命。

抗战爆发后，蔡德流随海陆丰旅港同胞回乡抗战服务团回到陆丰，继续投身到革命洪流。

海陆丰兴起的农民运动影响全国，从响应五四运动到兴起农民运动，陆丰的革命进程历经艰难险阻，一步一个脚印向前迈进，燎原之火，愈燃愈旺。

3

第三章

星星之火　势成燎原

第
一
节
支援东征

　　1925 年 1 月，广州革命政府为统一和巩固广东革命根据地，确定了进行东征，讨伐陈炯明的决策。此时，彭湃根据国民党和中共广东区委的有关指示，与在广州的海陆丰同志就如何配合和支援东征军作了研究与部署，并做了许多实际工作。其中主要是：

　　一是组织东征军先遣队，为东征军做向导。委任李劳工为先遣队队长，在广州的海陆丰籍的人力车工人俱乐部中，挑选出革命分子组成先遣队，在广州革命政府的帮助下武装起来，为东征做向导。这支队伍后来成为海陆丰农民自卫军的基础。它的组成，是海陆丰农民自卫军的开端。

　　二是事先派遣干部回海陆丰，发动农民策应。东征前夕，广州革命政府通过彭湃，物色了一些对地方情况比较熟悉，有一定工作能力和影响的人，事先派回海陆丰，做组织、宣传、情报及其他方面的策应工作。其中有海丰的郑志云、陆丰的张威等。张威在广州参加了中国共产党，这时受命为第四十四组组长，秘密潜回陆丰收集情报，发动农民响应东征。东征军到达海丰的第二天，周恩来、彭湃也随军到达，张威专程从陆丰到海丰向他们汇报陆丰敌军的情报①。像张威这样被先后派回海陆丰的革命分子

------

　　①　参见《海陆丰革命史料》第一辑，广东人民出版社 1986 年版，第260 页。

还有许多人，他们同当地的秘密农会相结合，在敌人的后方进行各种活动。此外，还有更多的海陆丰籍干部随军行动并担负一定的工作。

三是联系农民秘密组织，为革命军收集情报，以做内应。东征之前，为使进军顺利，革命军急需得到东江方面的情报。郑志云、张威等根据形势和广州方面的指示，通过"十人团""贫人党"等农民秘密组织，把东征的消息向海陆丰群众大力宣传，使之家喻户晓。广大群众得知东征军即将到来，都非常高兴，并将过去埋藏地下的土枪土炮挖出来，收集尖串、匕首等武器，准备参加战斗。他们还组织人力充当向导、侦察员、挑夫，安排慰劳和后方供给，制作党旗、农会会旗等欢迎东征军。

1925年1月30日，东征军分三路进攻盘踞东江的陈炯明军阀部队，其中右路军进军淡水、平山、海丰、陆丰，直取潮汕。

东征军于2月1日自广州沿广九线向石龙前进。陈炯明军队节节败退，东征军右路势如破竹。2月27日，东征军进抵海丰城，3月1日，东征军张民达部克复陆丰县城。在此前几天，陈军洪兆麟部从前方败退下来，在陆丰大肆抢劫，强拉夫役，一部刚走，后续部又来骚扰，土匪趁机哄抢，住屋、商店均被一洗而空，县城以东的博美、内湖圩等也大遭劫难。革命军进入县城后，立即上街宣传，张贴布告标语。人民群众看见革命军纪律严明，对人民群众秋毫无犯，社会秩序很快恢复，纷纷用不同方式向革命军表示欢迎和慰问。先期潜回陆丰的张威组织农民和进步的知识分子一起积极配合东征军。

3月2日，陆丰城各阶层民众在城郊洛洲埔举行了隆重的欢迎大会，附近乡村有很多农民前来参加，其中不少人手执青天白日旗和农会旗。革命军代表在大会上对陆丰人民群众的欢迎和支援表示热烈感谢和赞扬。张威在会上报告了东征军是一支纪律严明，为人民大众谋利益的军队，必定能战胜军阀，农民运动在国共合作的大好形势下必将得到更大发展。参会群众听后莫不欢欣雀跃，他们兴高采烈地高呼国民革命胜利之类的口号。

克复陆丰城的东征军张民达部只在陆城住了一宿，便向葵潭、普宁方向的敌军追击而去。在陆丰西北部，东征军旅长许济旅从海城、公平于 2 月 28 日来到陆丰新田宿营，溃退之敌 2000 余人闻风向河田方向败走。东征军闻讯后在西南、新田一带农民的支持下，星夜出发，至次日早，涉过螺河迂回包围了驻河田圩新庵的敌军一营，守敌措手不及，一马姓营长被击毙，余皆当了俘虏。与此同时，东征军还包围了河田圩街上的驻敌，迫使他们缴枪投降，统领杨作梅只身混入鸦片烟馆化装逃脱。许济旅在新田给总司令部写了一份报告，汇报洪兆麟残部在新田、河田狼狈逃窜情况，并说"职旅经过村落墟场乡民老少燃炮执旗欢迎，见我军秋毫无犯，敌人抢掠焚杀，故称述我军不置"①。

2 月 28 日、3 月 4 日，东征军先后离开海陆丰，分兵前进。东征历时 2 个月，除驻在惠州的杨坤如部被逼接受改编外，陈炯明军队残部逃往闽南。整个粤东即惠、潮、梅地区全部克复。广东省农民协会常务委员阮啸仙在报告中评价海陆丰的农民支援东征时说："第一次东征，海陆丰、五华之农民，集中万余人，欢迎革命军。事前或做向导，或做侦探，或担任运输，或扰乱敌人后方，或布疑阵，敌人不敢前进，其功甚巨，牺牲也大。"②

---

① 《海陆丰革命史料》第一辑，广东人民出版社 1986 年版，第 258 页。
② 叶左能、邱海洲：《陆丰革命史》，中共中央党校出版社 2003 年版，第 39 页。

恢复农会

1925 年 3 月，东征军击溃了陈炯明的反革命军队并将其逐出粤东，改变了整个粤东的局势。海陆丰农民运动也随之得到复兴，并出现了前所未有的好形势。很快，海陆丰恢复农会，重兴农民运动。

东征军到达海陆丰，第一件大事就是恢复农会。海陆丰农民运动得以复兴并发展，东征军起了重要作用。虽然东征军进军神速，在海陆丰的时间很短暂，但作为东征军指挥员的周恩来，对重兴海陆丰农民运动起了十分重要的作用。周恩来时任中共广东区委军事部部长、黄埔军校政治部主任，政治部有"专管与人民有关系之事"的职责。后又经国民党中央委派为东江各地党务组织主任，担负主持东江地区的党务和地方行政的工作。他在海陆丰期间，指示建立共产党、国民党的地方组织，派了许多共产党员、青年团员和其他革命分子来海陆丰担负各种工作，其中特别重视组建与训练农民自卫军，为保卫农民利益的武装力量。

海陆丰农民运动在政治上和组织上的真正领导者是中国共产党。早在 1922 年，由已经接受了马克思主义的彭湃发动和组织起农会，彭湃以他自身的行动在农民中树立了政治上代表无产阶级的形象。彭湃于 1924 年由共青团员转为共产党员之后，直接领导了海陆丰的农民秘密组织。1925 年 3 月，彭湃建立了中共海陆丰支部，亲任支部书记，张威任陆丰联络员。4 月 1 日，中共海陆丰支部扩大为以彭湃为书记的海陆丰特别支部。虽然党组织是秘密的，但农民信任彭湃，也信任共产党。以彭湃为首的海陆丰共产党组织，领导党员、团员和进步分子带头积极贯彻以"扶助农工"为主要内容的革命政策。

东征取得胜利后，农民心目中最大的事情，莫过于恢复农会。于是，陆丰农会于3月初宣布恢复，4月初召开各区农民代表大会，4月12日成立县农民协会，由庄梦祥、吴祖荣、郑重、颜国藩、陈宗尧、陈淑炯、陈自强、陈兆禧、林佛助、张威、黄振新、林水其、陈谷荪、黄侬侬、黄泽光等担任执行委员，以庄梦祥为委员长，吴祖荣为副委员长。

陆丰农民协会

下辖组织：

附城区农会	委员长	许国良
碣石区农会	委员长	曾海宾
	特派员	翁太和（先）
		林翰藩（1925年11月以后）
甲子区农会	委员长	田德明
	副委员长	刘友仁
	特派员	黄志文
金厢区农会	委员长	黄侬侬
	特派员	颜恽
南塘区农会	委员长	黄秀文
	特派员	林翰藩（1925年夏至秋）
		陈德平（后）
大安区农会	委员长	杨奠禧（先）
		黄泽光（后）
湖东区农会	委员长	蔡德留（先）

薛鸿如（后）

博美区农会　委员长　　□庆义（1925 年夏 —1927 年青）

林　香（1927 年夏—1927 年冬）

林　影（1927 年 12 月—1928 年）

陆丰县农民协会为恢复和发展基层组织，采取了自上而下和自下而上相结合的方针，着力领导各区乡恢复和建立农会组织。县农民协会首先集中了前期农运的骨干和积极分子，吸收了进步知识青年，作为县农民协会的特派员、宣传组织员，派到各区乡进行宣传组织工作。农民协会的章程按照中共广东区委的要求制定，名称正式定为农民协会，设执行委员会，又将过去以"约"为单位，改以"乡"为单位。在各乡农民协会成立的基础上，各区先后召开农民代表会，成立区农民协会。同时，各种革命团体组织应运而生。在此过程中，前期发展农运的乡村起了率先恢复的带头作用。

1925 年 3 月成立共青团陆丰县特别支部。

共青团陆丰县特别支部

书记　张　威（1925 年 3 月—1926 年 8 月）

宣传　卓　挺（卓俊才，1925 年 11 月—1926 年 8 月）

组织　刘明德（1925 年 11 月—1926 年 5 月）

　　　蔡　俊（1926 年 5 月以后）

下辖小组：

农军小组　组长　王伟群

中学小组　组长　卓俊才

农会小组　组长　刘明德

书店小组　组长　蔡　俊

甲子小组　组长　蔡　成

碣石小组　组长　蔡毓珣

新田小组　组长　蔡举鸿

博美小组　组长　黄万里

1925年5月成立陆丰县工人联合会。

陆丰县工人联合会

委员长　王天民（1925年5—8月）

　　　　曾昭钦（1926年6月—1927年1月）

　　　　黄　波（1927年2月以后）

秘　书　郑邦英

组　织　王帝成

宣　传　鄞茂镜　黄妈火

1925年5月成立新学生社陆丰分社，书记卓挺。

1925年5月成立陆丰县教师联合会，会长陈谷荪。

1926年1月成立陆丰县劳动童子军，大队长刘明德。

1926年4月成立陆丰县商民协会，会长陈荫南。

1926年5月成立陆丰县学生联合会，执行委员会委员：黄柏琴（负责组织部工作）、卓挺（负责秘书处工作）、陈普、陈淑（中学生代表）、陈永固（陆城二高小学生代表）、梁德东（甲子一高小学生代表）、李展轮（甲子一高小学生代表）、陈作明（碣石二高小学生代表）、王德明（碣石二高小学生代表）。

1926年6月成立陆丰县妇女解放协会，执行委员会主任沈素芳（先）、彭坚（后）。

1926年冬成立陆丰县农工商学联合委员会，主任张威。

组建农军

彭湃于 1922 年开始组织农会时，已把农民需要自卫的内容列入农会纲领，但未组织农民武装。他在奔走营救在狱农民的过程中，与经过前期农运中遭受挫折的农民群众大都吸取了惨痛教训，包括懂得需要有农民武装自卫，而迫切要求组织自己的武装。彭湃这时特别强调："当此镇压反革命之时，农民非有武装不成，而且农民协会之根本亦非农民武装不成。"[1]

1925 年 4 月，陆丰县农会选送了张大伦、陈汉枢、余达书、卢育、林作仁、徐鉴、郑道文、郑仁夫等一批青年积极分子到省第四届农讲所学习受训，作军事人才之资。5 月间筹建陆丰县农军中队，队部设在陆丰县东海镇旧圩的军阀罗觉庵别墅"觉庐楼"。

陆丰县农军中队

中队长　张大伦（1925 年 5—11 月）

　　　　周朝侯（1925 年 12 月—1926 年 2 月，后调广州）

　　　　余达书

教　官　曾绍文　刘楚材（均湖南人）

战斗序列：

一小队　队长　郑仁夫

---

[1]　《彭湃文集》，人民出版社 1981 年版，第 85 页。

二小队　队长　陈汉枢

三小队　队长　余达书

四小队　队长　徐　鉴

根据县农会决定，先后在各区设立常备农军小队。其人数视各区大小，从几人至几十人不等。他们拥有武器，执行维持乡村革命秩序、指导乡农军训练及担负传达、勤务任务。各乡农会成立时，都建立起农民自卫军后备队的武装队伍。随着 1926 年农民运动走向高潮，这种武装的数量越来越大，全县有四五千人。除县、区、乡脱产与不脱产的农民武装外，其他各界也有组织武装和进行军事训练，如县总工会组织的工人纠察队。农民武装从无到有，组成了县常备武装、区常备武装和乡村不脱产的武装队伍。这些农民武装队伍的武器装备，有多方面的来源，其中有革命政府直接拨给的、有东征军从缴获的敌人武器中分发一部分的、有农军收缴当地反动分子及敌军散落下来的。由于农军坚决收缴反动派的枪支，影响甚大，使一部分地主民团也被收编为农军，如碣石、甲子、湖东等地。

县农会还通过发动群众，从农民内部收集各种比较低劣的武器来武装区乡农军。区农军多使用钢枪或"土六八"单响枪，而大量不脱产的乡农军的武器，则以火药枪、尖串、大刀为主，也有少量从军阀地主那里收缴来的钢枪与"土六八"枪。有些乡农军还拥有土炮——百子铳、袷枪、"过山龙"等。陆丰西北部山区农民为防野兽损害庄稼，历来大多备有鸟枪之类的武器。而地主为防匪盗，也多置有武器，所以乡农军武器来源较多。

对于农民自卫军如何更好发挥作用的问题，周恩来、彭湃总结了 1924 年在广东部分县建立农民自卫军的经验，十分重视脱产农军和非脱产农军的训练，使之在国民革命斗争中具有一定战斗力。

1925 年第一次东征后，海丰、陆丰相继建立了农军教练所，周恩来先后派来外省籍 10 余位黄埔军校学员，担任两县农军教练所军事教官，或是农军总队、中队领导人。另外，海陆丰籍的黄埔军校潮州分校的毕业学员，一部分回到海陆丰参与农军工作。这些人大都是共产党员、共青团员，朝气蓬勃。他们参照黄埔军校的训练内容和方法，对农军教练所学员、农军常备队员进行了严格的卓有成效的培训。黄埔军校派来海陆丰的学员，绝大多数都忠诚于革命，恪守职责。他们中的杰出代表是担任海陆丰农军大队长的吴振民，他在海陆丰农民乃至各界群众中享有很高的威望。

起初，对农军进行军事训练是相当困难的，因为"农人素少训练"。但在县、区农民协会重视下，农军组建起来后大都采用不同形式，在不同程度上进行了军事政治学习。各乡农军，一般是晚上集中在农军教练所学习操练。农军不仅要学习基本操法，还学习一般军事知识，如号音、冲锋、防御、退却等等。后来，由区农会挑选各乡农军骨干共 40 多人，集中举办了一期训练班。这期训练班在结业时接县农民协会通知到县里作示范，示范操练时有许多农军和群众观看，并获得一致好评。经过军事训练，农军的战斗力增强了。

县常备农军由县农民协会农军部指挥，其 1925 年的供给基本上靠当地筹集，来自缴获和没收反动分子的财物，或是对不法分子的罚款及农会本身的经费。还有一部分在县政府税收项下拨给。1926 年，海陆丰两县的常备农军在中共海陆丰地委领导下进行了合并整编，按省农民协会章程以县为单位组建，故整编后的常备农军公开名称为海陆丰农民自卫军大队，吴振民任大队长，下设 2 个中队，共有 200 余人，枪械和服装与正规军一样，分驻海丰城、陆丰城，必要时各中队还进行调防。同时，省政府明令海陆丰农民自卫军大队接替驻防海陆丰的国民革命军，与正规军一样，其经费由省政府按月拨款补助并补充装备。

第四节　支援省港大罢工

　　1925 年 5 月 30 日，上海发生了英帝国主义屠杀爱国示威群众的惨案。6 月 19 日，香港工人为声援上海五卅运动，举行了大罢工。6 月 23 日，香港罢工工人和广州各界群众 10 万人在广州举行大会和示威游行。当游行队伍行至沙基路时，遭英国军警的排枪射击，当场被打死 50 余人，重伤 170 多人。惨案的发生，激起了省港人民的更大反抗，省港工人举行了联合罢工。

　　陆丰毗邻港澳，深受帝国主义祸害，破产农民又多在省港做工，所以，当五卅运动和省港大罢工发生时，在陆丰立即得到强烈反响。为声援五卅运动和省港大罢工，陆丰广泛地开展了宣传运动，并成立了陆丰支援省港罢工委员会，由李国珍、张威等人负责领导罢工斗争，给省港罢工委员会以有力的支持。陆丰农民协会支援省港大罢工的措施：一是安置和招待从香港返回陆丰家乡的罢工工人；二是由农会发动农民，每户捐一毛钱援助省港罢工工人。

　　为了支援罢工，各界人民节衣缩食，踊跃捐款。9 月上旬，陆丰农民协会集中了各家各户捐献的白银 2000 元，派黄振新等人为代表，带往广州省港罢工委员会。那时，东征军已回师广州，退踞闽南的陈炯明军队已开始反扑东江，形势非常紧张。黄振新、黄潘等人分成两组，各带 1000 元，化装成卖脯料的商人，先坐轿到汕尾，然后改乘轮船到香港，再转广州。当他们各自乘船到香港时，黄振新一上岸便被密捕、白银被没收，后被押至汕头杀害。黄潘所带的 1000 元交罢工委员会。10 月 31 日，罢工委员会专门开会请他作报告介绍情况。省港罢工委员会机关刊物《工人之路特号》（1925 年 11 月 4 日出版）报道说："昨陆丰县农民协会代表，特携来一千元助罢工工友伙食。据闻此一千元，系每家捐一毛所凑集，其热诚实为难能。"

陆丰支援省港大罢工的活动，因陈炯明军队反扑东江而暂时中断。但随着第二次东征的胜利，支援省港大罢工的斗争，又以更大的规模再度开展了起来。

支援省港大罢工的斗争中，首先是扩大反对帝国主义的政治宣传。在县城和各区乡，充分地运用某事件和纪念日等，举行群众集会、示威游行和其他形式的活动，反对帝国主义对中国的侵略与干涉。举行一系列的活动中，以"五卅"周年的集会规模最大。后来发生的英国水兵炮轰万县事件，陆丰也举行群众性的悼念和抗议运动。陆丰县农民协会等群团制发的《陆丰各界追悼万县被难同胞扩大反英运动宣传标语》，其中就有"万县惨案是英帝国主义继续'五卅''六二三'的屠杀政策""反对英帝国主义在华的屠杀政策""扩大反英的经济绝交"等口号。

为支持省港大罢工，陆丰再次掀起了募捐活动。省港大罢工后，港英政府以强硬态度与中国人民为敌，一再威胁和破坏工人罢工。为支持工人坚持罢工斗争，陆丰分别组织了各界援助罢工委员会和对英经济绝交委员会。1926 年 2 月中旬，陆丰举行了援助罢工运动周，在县城召开了支援省港大罢工的示威大会，到会的农民和各界群众 7000 余人，持着火药枪、大刀、尖串、木棍，喊着"打倒帝国主义""为死难工人兄弟报仇"的口号，第二次发起"一户一毫钱"的募捐运动。

省港罢工委员会为更有力地打击英帝国主义，1925 年 11 月

25 日，根据第二次东征和南征的胜利形势，决定扩大武装封锁香港的范围，把原来仅对东从深圳沙鱼涌、南至台山广海为止的珠江口的封锁，扩大到东起汕头、西至北海的漫长海岸线。陆丰沿海各港口均属封锁范围。根据省港罢工委员会部署，陆丰农民自卫军兼负罢工纠察队任务，在乌坎、金厢、碣石、湖东、甲子等港口设防封锁。沿海各区的农军及工人纠察队，在对英经济绝交委员会指挥下封锁了港口，抵制英货。当时规定，内地的土货不准运往香港，也不准煤油、布匹等英国货入口。封锁港口是一场严峻的斗争，少数败类和不法奸商为图暴利，偷运货物，破坏罢工斗争的事屡有发生。陆丰在封锁港口过程中，态度坚决，如第一区农民协会，在 1926 年 4 月中旬查获没收了上埔乡地主一批运入濂海乡的英国货，计有煤油 500 罐，牛油、白硝、硫黄等各 10 箱。甲子港也缉获运往香港的物资多批，其中一次在海上拦截一艘从汕头开往香港的货轮，船上货物皆没收。陆丰农会封锁港口的强硬措施，有力地配合了省港大罢工的斗争，共同为反对帝国主义作出了贡献。

第五节 两次驱逐国民党右派县长

参与领导东征的周恩来高度赞扬海陆丰农民，同时也指出海陆丰农民运动必然引起蒋介石为代表的国民党右派分子的仇视。周恩来后来写道："海陆丰一带的农民运动在彭湃同志领导下，已有很大发展，农民自卫军在军队①到来以前已经占领了（海丰）县城，选举了彭湃同志的哥哥当县长。蒋介石去后成了客人，这自然不能不引起蒋介石对民众运动的畏惧。"②

事实正是如此，乘国民革命大潮之机混入革命队伍的老官僚，或原本是旧军队军官的那些人，东征后有的被委任为地方官员，他们依然像过去那样骑在人民头上，作威作福，胡作非为，草菅人命。原粤军某部副官、老官僚徐健行被委任为陆丰县县长，他仇视和百般破坏农民运动就是一例。徐健行到任2个月，"对于地方，毫无设施，且日以铲地皮为事，将各区区长，作为商品，或赂以三百、四百元之人，即派为区官，任之为非作恶，民间受其苛勒之惨，不堪言状，显明较著者有几件：甲、再追缴前日陈逆所派军饷；乙、沟通劣绅勒索贫民军需；丙、苛收无理杂捐，如牛捐、猪捐、棺材捐……该县城资本家，倚借徐县长势力，批勒杂捐，并骗买人家妇女，卖为娼妓"。在徐健行庇护下，"各区警

---

① 指李劳工率领的广州海陆丰籍人力车工人组成的东征先遣队。
② 《周恩来选集》上卷，人民出版社1980年版，第118页。

察，每到乡村收勒税时，常发其淫威、叱男惊女、掠鸡杀狗，苟索勒不遂，则拿人封屋，土匪之害，不过如此"。"现陆卡县长于收鸦片烟灯捐之外，仍派沈某为专员，征收鸦片烟苗捐，种种办法，仍照逆军旧章"。① 凡此种种，不胜枚举。

陆丰县农民协会在发现徐健行的劣迹后，曾派代表向他交涉，严正指出其明目张胆地违背了国民党和广州革命政府关于保护农工利益的决议、法令。但徐健行不仅拒绝接受劝告，反而以武装驱赶农协代表。时负陆丰党、团、农会领导职务的张威、庄梦祥等集合了各方意见，认为徐健行完全是个右派分子，必须与之斗争，才能扫除陆丰农民运动的障碍。

1925 年 5 月 4 日，彭湃、吴振民率领黄埔军校 10 余人，海陆丰农民自卫军 40 余人，农民运动讲习所 40 余人，全副武装，前往陆城县衙质问徐健行。彭湃一到陆丰便找徐健行，而徐已闻知彭湃率武装前来，早已逃往汕头粤军司令部躲避，并要求他的上司庇护。彭湃因徐不在，遂协同陆丰各团体晤见县公署总务科长订立以后应行条约：

一、各机关职员，不是国民党员者撤职；二、即时组织粮食救济会（办法另详）；三、筹出本党农民协会费 5000 元，并将该县议会所有款项，拨给农民协会为常款；四、以后筹捐饷，绝对不能要无产农民负担；五、对于各区反对农民运动之劣绅，一经县协会报告确实，应即拿办；六、取消各项陋规。②

第三天，陆丰县农民协会召开会员大会，到会人数八九百人

① 《海陆丰革命史料》第一辑，广东人民出版社 1986 年版，第 291、292、270 页。

② 参见《海陆丰革命史料》第一辑，广东人民出版社 1986 年版，第 293 页。

（多为各区代表），由彭湃、吴振民、张威相继讲话。最后决议，"驱逐徐县长、选举新县长，取消杂捐，取消40元以下所提军需，要求县署将所提军需一概列出"。

在海陆丰党组织的领导下，经过对徐健行的坚决斗争，终于撤销徐健行的职务，并将其驱逐出陆丰。这是陆丰农民第一次驱逐破坏农民运动的县长，这在广东也属首例。

不久，中共海陆丰特支通过统一战线关系，争取委派刘琴西到陆丰任县长。刘琴西，紫金县人，1922年在广州读书时参加中国共产党，随东征军到海丰后，任汕尾市政局长，政绩卓著。刘琴西到任后，迅即清查监狱，把被前任县长投入监狱、被迫害受冤屈的农民及其他人全部释放，并在县公署门口召开释放受迫害人员群众的大会，此举震动颇大。刘琴西主政实行民主领导，凡是重大问题都取决于县、区政府与团体代表的联席会议。这种会议由县长主持，县农民协会、县总工会、国民党县党部的代表与县、区政府主要官员一起议事，开创了陆丰旷古未有的民主新风。同时，协助李劳工筹措经费，组建县农军。刘琴西对于贪官污吏、破坏农民协会的土豪劣绅严惩不贷，以及尽量减轻农民对军需和捐税负担。刘琴西主持县政，真正代表了人民的利益。1925年11月，第二次东征胜利，张威代理陆丰县县长，农会又迅速恢复。

1926年1月，陆丰的县政权又发生变化，省政府委派李崇年任县长。此人是国民党内新右派分子，他一上任就对陆丰农民运动进行多方指责，对工人运动、学生运动也诸多限制，气焰十分嚣张。李崇年最为农民反对的是纵容豪绅地主压迫农民，突出的事件如五云洞乡农会与上砂乡反动分子发生矛盾，五云洞数名农会会员被上砂地主武装杀害。李崇年竟然颠倒黑白，污蔑五云洞乡农会为"农匪"，公开袒护上砂反动分子，要五云洞农民协会与上砂反动分子具结了事。但此时的陆丰已不是前一年徐健行当政那种局面，农民协会已逐步健全成熟，中共组织进一步加强了对农民运动的领导，各群众团体也先后组织起来参加国民革命。另一情况是周恩来自 1925 年冬起担任东江各属行政委员，管辖着东江地区 25 县，在周恩来和彭湃的领导下，东江许多县组织了农民协会。鉴于上述情况，在中共海陆丰地委的领导下，陆丰农民协会联合各群众团体决定驱逐国民党新右派县长李崇年。2 月中旬，陆丰开始了各界游行集会，揭露李崇年的罪行，要求上级政府撤换陆丰县长。共青团发动陆丰龙山中学师生组织了演讲队，携带标语传单到附近城乡发动农民群众，在县城出版揭发李崇年罪状专刊。县农民协会还发动各区农民团结起来，开展"驱逐李运动"①，并于 3 月间在县城举行了驱逐李崇年的农民武装集会。首先是县农会领导在会上发言，然后全体武装农民到县公署门前高呼"打倒李崇年""把破坏农民运动的李崇年驱逐出去"等口号。农民武装的巨大威力，迫使李崇年仓皇逃离陆丰。

不久，李秀藩接任陆丰县县长。李秀藩任职期间能够按革命政策办事，尊重农民协会意愿，接受农民协会及各团体的监督。陆丰农民协会也得以参政议政，使农民的政治地位有了很大的提高。

陆丰不到一年，两次驱逐国民党右派县长，特别是第二次，更显示出农民组织起来的力量。此举使国民党右派十分震惊。1926 年秋，任职东江绥靖委员的何应钦和东江行政委员的徐桴，联合署名出布告，指责农工会"或要挟官吏，或干预诉讼，或武断乡曲，或挟怀宿怨，诬害人民，或聚众示威，图缴团械，或武

---

① 《海陆丰革命史料》第一辑，广东人民出版社 1986 年版，第 464 页。

装游行，惊扰闾阎，或散发传单、驱逐县长"①。这些指责农工运动之词，显然主要是针对陆丰农运而发的。

1926年冬，海陆丰农军大队在吴振民率领下，平息陈炯明余党罗觉庵、罗一东等组织盘踞在陆丰西北的"讨赤军"据点后，中共海陆丰地委鉴于国民党右派分裂活动猖獗，国共两党摩擦事件横生，为应付时局突变，抽调海陆丰两县农军精壮分子150名，组建海陆丰农军模范队，集中海丰加紧军事训练，同时决定两县在原农军中队基础上各组建一支农军大队。12月间，农民自卫军陆丰县大队在东海镇成立，并以各区农军小队为基础，在东南、西北、中片建立中队，名为农会武装，实则由中共海陆丰地委领导。战斗兵员200余人。

农民自卫军陆丰县大队

大队长　　张绍良

副大队长　林其夏

战斗序列：

直属中队　队长　张大伦

附城中队　队长　许国良

东南中队　队长　林其夏（兼）

西北中队　队长　杨奠禧

---

① 叶左能、邱海洲：《陆丰革命史》中共中央党校出版社2003年版，第77页。

三次举行武装起义

一、讨蒋起义

1927 年 4 月 12 日，蒋介石在上海发动反革命政变，大肆屠杀共产党员和革命群众。广东军阀也紧步后尘，4 月 15 日，广州全城戒严、实行大搜捕，被捕杀的共产党员和革命群众有成千人。紧接着，汕头、惠州等地国民党军队也实行大搜捕。

4 月 20 日，农军大队长吴振民接到国民党广东特别委员会的电报，要吴振民率部"清党"，中共海陆丰地委和农军大队这才知道蒋介石已发动反革命政变。

获悉"四一二""四一五"反革命政变消息后，中共海陆丰地委在与上级失去联络的情况下，派人到邻县联系，采取了应变措施：成立了中共东江特别委员会，以指挥党务、政治与军事；在海陆丰成立了海陆丰工农救党运动大同盟，作为公开指挥群众斗争机关，改农民自卫军为工农救党军，成立工农救党军陆丰县大队，隶属于公开的工农救党运动大同盟领导，以拯救国民党为由，武装割据海陆丰两县政权，回击、声讨蒋介石镇压革命群众的反革命政变。

工农救党军陆丰县大队

大队长　　张绍良

副大队长　林其夏

战斗序列：

直属中队　队长　张大伦

东南中队　队长　林其夏（兼）

西北中队　队长　杨奠禧

新田中队　队长　范照南

河口中队　队长　朱作鸣

叶彩中队　队长　叶　彩

根据上级指示，中共海陆丰地委决定在4月30日夜间发动讨蒋起义，次日庆祝五一劳动节。

4月30日深夜，海陆丰两县城及各区的讨蒋起义同时爆发了。

在陆丰，县长李秀藩是国民党左派人士，支持海陆丰地委的讨蒋行动。4月30日晚由中共海陆丰地委宣传部部长李国珍与李秀藩，共同宴请县公署及各机关官员，席间李国珍揭发蒋介石与广东反动派罪行，宣布海陆丰讨蒋起义，然后由李秀藩下令县公署的武装队伍与警察放下武器。此时驻陆丰县城的工农救党军常备中队也已分头包围了警察署，收缴了全部枪支，并暂时扣押各官员。各区也同时起义包围各区公署，收缴枪支，逮捕反动官吏及地主豪绅。海陆丰人民在共产党领导下的这次武装起义，一夜之间，便获得了胜利，并成立陆丰县临时人民政府。选举李秀藩（原县长起义后离任）、李国珍、张威、庄梦祥、陈谷荪、吴祖荣、林铁史、林树岳、陈淑炯、陈宗尧、郑重、陈自强、陈楚南、陈兆禧、李子尧为陆丰政府委员，发出布告，通告施政纲领。

5月1日早上，县城沸腾起来，宣传队上街宣传，街头巷尾贴上红红绿绿的标语、传单、布告，无数群众涌上街头，在传播4月30日晚讨蒋起义的事，有人燃放鞭炮，表示庆祝，工农救党军荷枪列队上街巡逻，学生集队高呼"打倒蒋介石""打倒国民党右派""人民团结起来"等口号。上午 10 时，陆丰县城举行了庆祝五一劳动节大会。

讨蒋起义取得胜利后，极大地鼓舞了陆丰人民的革命激情，随后，陆丰人民乘势举行抗租斗争。

二、抗租斗争

国民党右派掌握政权后，军政官员结党营私，胡作非为，设立名目繁多的苛捐杂税，横征暴敛，导致民不聊生。1927 年 6 月中旬，正值早稻登场，地主收租时期。中共海陆丰地委决定联系广大贫苦农民的切身利益，领导农民进行坚决的抗租斗争。在当时认为"我们并不希望农民能够全部或大部分不交租，我们只希望因此问题引起更大的斗争，同时宣传土地农有"①。并认为"土地农有的口号能喊得普遍，就是抗租的胜利"。

中共海陆丰地委提出"土地农有"，与孙中山的"耕者有其田"，两者虽有共同之处，但又有其实现方法上的不同。前者主张通过农民与地主的阶级斗争来实现，后者主张通过政府干预来实现。彭湃与海陆丰党组织在领导农民最终为解决土地问题的实践过程中，证明了阶级斗争是实现土地农有的是唯一途径。这个口号在中共广东特委和中共中央八七会议之前提出，并且不只是停留在宣传上，而是与实行武装抗租结合起来，这对于共产党在探索如何解决土地的问题上，无疑是一个积极的行动。

在陆丰，抗租与武装斗争互为关系，造成了巨大的革命声势。7 月 21 日、22 日，大安、金厢、博美、湖东等区先后掀起抗租暴

---

①　叶左能、邱海洲：《陆丰革命史》中共中央党校出版社 2003 年版，第 124 页。

动，数百上千名农民参加了战斗。暴动的农民用火药枪、土炮、尖串、大刀等，赶跑了当地的保安队与民团。从金厢逃跑的敌军在乌坎渡口被击毙数名。湖东的巡官被农军抓获当场处决。博美的税捐站被农民没收。在张威、张绍良等人组织指挥下，7月29日凌晨，陆丰东南几个区的农民武装集合起来，以迅雷不及掩耳之势攻入碣石城，官员如鸟兽散，四处藏匿。农民捣毁区公署，没收了许多物资，当日下午才撤退。碣石城是海陆丰的重镇，被农军攻陷后，震动很大。在陆丰活动的几支保安队，也到处受到袭击。陈子和保安队在南塘站不住脚，流窜到湖东，骚扰竹湖村村民。该村农民立即鸣锣吹角，持械抵抗，邻近的后坑村、竹林村的农民闻讯，也一起出动夹攻，直把陈子和保安队打得大败而逃。

土地农有，抗租抗税，中共海陆丰地委以此广泛地发动了农民群众，也使部分农民得到了利益。如陆丰的湖东、金厢一部分佃农没有交租。两县其他反动势力较弱的区乡，地主都不敢向佃农收租。农民对于组织抗租的农军，争先挑新谷以作粮食。影响所及，税收人员不敢下乡收税，苛捐杂税也就有名无实。

土地农有，抗租抗税，使海陆丰革命斗争一变而为完全进攻的形势。中共海陆丰地委从中深刻地认识到，"于此可以得个总论：民众的暴动不是一个命令可以起来，'肃清反革命'之类纯粹政治的口号也是不能鼓动群众起来的，只有是群众切身的需要、经济的要求可发动群众的暴动。再则，农村的争斗，不能即刻希望夺取县城，不然是没有方法可以起来，夺取县城的失败，将引起群众更大的灰心与失望，而且也只有各乡村更不断的骚动可以牵制敌人制胜敌人以夺取县城。抗租运动的时候，攻打县城是不可能的……只有坚强的党可以领导群众，党的坚决领导是暴动胜利的保障，我们完全相信"。①

三、秋收起义

海陆丰抗租高潮期间，7 月 15 日，汪精卫在武汉举行"分共"会议，决定同共产党决裂，第一次国共合作全面破裂，持续三年多的中国大革命失败了。

中共海陆丰地委从报上获知汪精卫"分共"的消息，虽然没有被震惊被吓倒，但"几个月来最苦的是党少有整个计划"，不明白中共中央的决策，中共广东特委也很少通告，只知道要继续暴动，破坏反革命政权的稳定，而不知道革命的真正出路到底往何处去。

8 月 1 日，南昌起义爆发，打响了武装反抗国民党反动派的第一枪。8 月 7 日，中共中央召开了紧急会议（八七会议），会议批评了大革命后期以陈独秀为首的中央所犯的右倾机会主义错误，确定了土地革命和武装反抗国民党反动派的总方针，号召农民进行秋收起义。八七会议是一个转折点，它为中国革命指明了新的出路。

8 月下旬，中共海陆丰地委先后收到了中共中央关于秋收起义的计划、中共广东省委改组和《暴动后各县工作大纲》等文件。通过文件学习，认清了全国的形势，明确了革命方向，清楚了当前的行动纲领与政策。同时认识到海陆丰前段退守农村所采取的一系列措施，如整顿健全党与农会等群团组织，加强农军的训练与扩大，结合农民切身利益，宣传土地农有，全力领导抗租斗争，争取在农村中积聚雄厚革命力量等等都是正确的，符合八

---

① 叶左能、邱海洲：《陆丰革命史》中共中央党校出版社 2003 年版，第 126、127 页。

七会议精神与广东省委的行动纲领。

这时，海陆丰的抗租斗争没有停止，而且日益扩大。8 月下旬，中共广东省委派黄雍以特派员身份到海陆丰，任务是组织海陆丰暴动委员会（简称海陆丰暴委），以作为公开机关，指挥海陆丰的武装斗争。

9 月初，据悉南昌起义军即将入粤，为接应起义军，并为把握住海陆丰的大好时机，中共海陆丰地委、暴委决定举行秋收起义，"以全力驱逐或者收缴海陆丰的反革命武装"。并总结了前段斗争情况，"经过数月的经验，深知不是一发动就可以驱逐或消灭敌人，占据所有的城市和乡村，而是要各处一齐起来骚动，使军心动摇不愿作战的军队及恐慌的民团保安队应付不来，兵力分散，才来缴械克服所有的地方。"[1]

为此，中共海陆丰地委决定在海陆丰原有区乡农军的基础上，挑选精干组建两个大队，由林道文和杨望率领，分别在西北和东南两大地区活动。在陆丰，以新田、大安的区乡精干农军为主，并由黄雍联系紫金炮子的农军 20 余人，集结新田，成立一个大队，队伍由刘琴西、张威负责指挥。刘琴西、张威两人曾在 1925 年担任陆丰县长、代县长，在陆丰民众中有很高威望。这次两县组建的常备队，称为工农讨逆军，民众仍按习惯简称其为农军。陆丰总指挥张威，工农讨逆军陆丰大队大队长张绍良、副大队长林其夏，下辖 3 个中队、11 个区常备队，武装人员 2402 人。

海陆丰工农讨逆军

总 指 挥　刘琴西

副总指挥　林道文

---

[1] 《海陆丰苏维埃》广东省委 1928 年 3 月编：《海陆丰革命根据地》，中共党史出版社 1991 年版。

下辖战斗序列：

海丰总指挥及大队（略）

陆丰总指挥　张　威

工农讨逆军陆丰大队

大　队　长　张绍良

副大队长　林其夏

下辖3个中队和11个区常备队：

直属中队　中队长　张大伦

东南中队　中队长　林其夏（兼）

西北中队　中队长　杨奠禧

附城区　　队　长　许国良

碣石区　　队　长　林国忠

甲子区　　队　长　李烈坤

河田区　　队　长　李石安

金厢区　　队　长　胡汉奎

南塘区　　队　长　郑　贞（郑　尧）

湖东区　　队　长　吴少波

大安区　　队　长　刘明通

河口区　　队　长　朱作鸣

博美区　　队　长　林国慰

新田区　　队　长　肖河源

海陆丰"各处都积极起来了"，踊跃参加秋收起义。起义按原来部署，先攻敌人力量较弱的陆丰县城。

9月7日，刘琴西、张威、黄雍率领在新田集结的农军400余人枪，于是日突然攻袭大安区所在地大安圩，击毙国民党大安区巡官、民团团长，缴获区署队兵及民团枪械，并没收地主当铺与粮食，分给贫苦民众。这一仗打得干净利落，震动很大。驻守陆丰县城的杨作梅保安队，得到从大安逃出来的队兵报信，说有数千农军攻占大安。大安距离陆丰城只有 15 公里，两三小时即到。杨作梅保安队那时只有百余人枪，知道不能抵挡，便于 8 日凌晨向碣石镇仓皇逃窜。是日早上，农军不战而占陆丰城。陆丰城的街头巷尾，到处可听见民众传闻，刘琴西县长回来了，自家人张威县长回来了。农军赶跑了横征暴敛的杨作梅保安队，民众热烈拥护农军。

进城前夕，党组织与陆丰暴委做了进城后建立政权的准备，因为只有建立新的县政权去接替被推翻的国民党县政权，才能表明工农执政，稳定人心，不出现县政权真空。所以进城后第一件事就是出布告，发宣言，宣告县临时革命政府成立，委员有张威、黄泽光、张绍良、吴祖荣、庄梦祥、黄依依、范照南等。临时革命政府宣布区、乡政权由农民协会接管，区、乡农民协会即区、乡政府。

这次建立的区、乡政府，公开表明它是在中国共产党领导下的工农民主专政性质的政权。它不仅继续高举反帝反封建的革命旗帜，而且要打倒中国的反动资产阶级，进行彻底的土地革命，标志着革命进入了土地革命阶段。

海丰方面，9 月 8 日农军克复青坑，9 日驱逐了梅陇的保安队，11 日汕尾也被农军及工人纠察队攻占。17 日，海陆丰两县各路农军攻占海丰城。

海陆丰工农群众的九月秋收起义胜利了。

陆丰第二次武装起义占领县城共 18 天。后由于国民党驻惠州十八师师长胡谦部大举反扑海陆丰，县临时革命政府撤到新田山区。

四、十月起义

中共海陆丰组织，是一支党员队伍特别大，又经过实际斗争锻炼的地方组织，因而，在"四一二""七一五"两次反革命政变发生时，显示出有胆识、有力量、特别能战斗的独特优点。1927年10月下旬，有着丰富实践经验和较强政治敏感性的中共海陆丰县委，便敏锐地觉察到一个重要的时机就要到来了，它判断"伟大的十月革命纪念到来了，尤其是在这时广东张发奎、李济深的冲突，已由暗斗而开始明争了"。海陆丰的农民，一面为纪念这伟大的革命，同时为利用军阀冲突，也即统治阶级崩溃的时机，再次进行武装起义。

10月10日，从东江调驻广九路的李济深部的一个营，同张发奎部发生冲突，并被缴械。10月24日，张发奎派部队赴惠州，将李济深的十八师师长兼惠州警备司令胡谦所部包围缴械，扣押胡谦后将其就地枪决。于是李济深与张发奎的冲突公开化了。

当时，驻防海陆丰的陈学顺一团，是胡谦所属。他面临张、李公开冲突，无疑不可能孤留海陆丰。此时正值秋收之际，地主必将向佃农催租，为数颇众的佃农必然要为保护自己的利益而斗争。尤其是，南昌起义军二十四师余部已改编为工农革命军第二师第四团，并经过休整，战斗力大为提高。中共海陆丰县委认为："农村中增加了这一大批的武装，在我们看来是了不起的。党员及群众都以为海陆丰农民能够以自己的力量两次夺取海陆丰，现在当然更可以暴动。"

于是，中共海陆丰县委决定：把握住时机，举行第三次（十月）武装起义。首先将海丰、陆丰的主力农军分别组建为工农革命军团队。10月20日前后，海丰团队部成立，团队长林道文；陆丰团队部成立，团队长谭国辉（中共广东省委派的军事干部）。

团队部除领导直属常备武装外，区乡农军也归县团队部指挥。接着制定起义计划，主要内容是：

1. 动员所有农民武装，组织起来暴动。凡持有步枪的农军，用以攻打地主民团、保安队，攻占各圩镇以及围攻县城。

2. 作战步骤是：先占领各区，围杀各区反动分子，然后进逼县城。海丰方面，以梅陇、赤石农军占领梅陇圩，公平农军进占公平圩，东南农军联合大队，进占青坑，进逼汕尾；陆丰方面，以西北各区农军占领河口及大安圩，东南各区占据金厢圩，围攻碣石城；在敌人逃跑的各路口，事先派农军截击，注意在县城内做好内应工作。

3. 第四团除一连留守后方外，均出面帮助农军作战，并以他们为主力，尽量歼灭地主民团、保安队。

4. 起义日期定为 11 月 7 日[①]。此时，驻在海陆丰的敌军陈学顺团，已感到处境危险，惶惶不可终日。

11 月 1 日清晨，陈学顺率领他的部队匆匆撤往惠阳吉隆。在海丰城的 400 多名保安队队员，除部分作鸟兽散外，其余的分两路逃跑，一部往陆丰，一部往捷胜暂避。

中共海陆丰县委、工农革命军第二师特委获悉敌军集中，预备逃走的情况后，遂决定将起义日期提前，命令第四团及两县工农革命军团队，按原定的部署即刻举行起义。

陈学顺团逃遁当天（11 月 1 日），工农革命军第二师第四团第一营与工农革命军海丰团队长驱直入，进占了海丰县城[②]。

在陆丰，工农革命军第二师第四团第二营按原部署开至陆丰城附近神冲村。其时，陆丰农军团队先后收复了大安、金厢、博

---

① 参见中共广东省委：《海陆丰十月暴动略记》（1927 年 12 月）。

② 参见中共广东省委：《海陆丰十月暴动略记》（1927 年 12 月）。

美、湖东等圩镇，割据了广大农村。陆丰县团队于 11 月 4 日在大安集结新田、河口、大安等数百农军，当晚进攻陆丰城。进抵县城旧圩时，发觉从海丰逃来陆丰城的戴可雄，与原在陆丰的杨作梅两支保安队已有准备，加上又未见四团行动，乃退回河图岭驻扎。原来，在这一天下午，四团第二营曾从西南方向攻击，因为陆丰工农革命军团队没有准时配合，打了一阵后，便撤退到附近农村。戴、杨两支保安队受到两次攻击，已心惊胆战，预备逃走。11 月 5 日早，陆丰工农革命军团队与四团第二营同时从两个方面向陆丰城攻击。守在城内龙山的两支保安队虽有 400 左右人枪，但如惊弓之鸟，经不起几番冲锋，戴可雄保安队便往碣石城败走，杨作梅保安队则退向八万，沿陆丰与惠来边界山区逃走。陆丰又回到人民怀抱[①]。

国民党在陆丰的县、区政权，9 月下旬在陆丰第二次撤出县城后，已处于半瘫痪状态。委任的区长有的不敢到职、有的在地主民团和保安队支持下上任。县长靠着陈学顺团上任，但管辖范围越来越小，在县城克复前他们已逃之夭夭。

纵观海陆丰始于 10 月 30 日掀起的第三次起义的胜利，是由于"农民革命情绪的高涨，反动统治势力的动摇和崩溃，与豪绅地主阶级之危惧，都使暴动急剧的爆发"。而重要的一点，是共产党抓住了军阀内讧的时机。

中共海陆丰县委、二师特委、东江革委等机关及第四团团部，于胜利后从农村迁入海丰县城办公。陆丰、海丰两县的临时革命政府及群众团体也迁入县城。海陆丰起义提前 7 天取得胜利了。在九月秋收起义胜利后建立的县临时革命政府立即回城接管国民党的县政权，努力维持社会秩序，并进行筹备举行纪念十月革命

---

① 参见中共广东省委：《海陆丰十月暴动略记》（1927 年 12 月）。

活动，筹备召开工农兵苏维埃代表大会。

11月7日，陆丰隆重举行了纪念俄国十月革命胜利大会[1]，陆丰县有四团第二营全体官兵及工农民众代表500余人参加。大会主席致词，说明纪念十月革命胜利的意义，报告海陆丰当前的革命任务，公开号召工农优秀分子参加到中国共产党组织中来。

海陆丰第三次起义胜利后，中共海丰县委、陆丰县委联名致电中国共产党中央、共产国际汇报海陆丰人民经过三次不屈不挠的武装起义，终于为实现伟大的目标迈出了重要的一步。

---

① 参见中共海陆丰县委：《关于海陆丰第三次暴动胜利后的形势和党的工作报告》（1927年11月9日）

4

第四章

全国第一个县级苏维埃政权在陆丰诞生

陆丰苏维埃政权的形成

1927 年 3 月 17 日，彭湃作为出席中共五大代表，与中共广东区委书记陈延年、工运领袖苏兆征等离开广州，前往武汉参加中共五大。3 月 30 日，由粤、湘、鄂、赣农民协会代表发起，在武汉组成了中华全国农民协会临时执行委员会，彭湃被推为临时执行委员，旋又兼任秘书长。他与毛泽东同住在武昌都府堤 41 号。彭湃随后和毛泽东一起领导全国农协工作。他在一次土地委员会扩大会议上发言，明确提出"要解决农民的痛苦，必须解决土地问题"，而农民如不掌握政权与武装，则土地问题是无法解决的。[①] 4 月 27 日至 5 月 9 日，中国共产党第五次全国代表大会在武汉举行。彭湃在这次大会上当选为中央委员。

8 月 7 日，中共中央在汉口召开了紧急会议（通称"八七会议"）。彭湃没有参加这次会议，他在会上被选为中共中央临时政治局委员。

10 月末，彭湃在香港得知海陆丰出现革命新形势的消息，迅即乘船在汕尾登岸，回到海丰。他对再次举行海陆丰起义进行了具体部署，并参加了中共海陆丰县委会议，着手筹备海陆丰两县召开工农兵代表大会，成立苏维埃政府。筹备会确定了召开代表大会的指导思想和要求。"第一，使工农兵及一切贫苦

---

① 参见《土地委员会第一次扩大会议记录》（1927 年 4 月 19 日）。

的民众与各代表更明白的了解土地革命和苏维埃政权的意义；第二，使一切代表可以尽量的发表关于土地革命的意见，所以代表所说的话，就是只一句，也都把它记录下来以作参考的材料；第三，使一切民众及代表明白这次没收土地，夺取政权现在还不能说是胜利和永久的巩固，只有更加积极的前进，更坚决的斗争，促进各地农民暴动一直到全广东全中国的工农兵都起来，没收土地，夺取政权，建立工农兵苏维埃政权，才有胜利的保障，才有巩固的基础，即使反动势力反攻，我们也绝不因之而恐惧灰心，只有英勇的斗争，只有坚固的团结，只有不怕死的战斗，才能取得最后的胜利；第四，使民众和代表更明白只有共产党才是彻头彻尾为工农贫苦民众而奋斗，只有共产党才是真正领导工农贫苦民众作英勇的斗争，只有共产党才是真正代表工农贫苦民众的利益，一切工农贫苦民众只有团结在共产党的旗帜之下才能得到永久的胜利和解除一切的锁链”①。并确定“在这几点原则上面，定出各种具体的报告及决议案”。

如何产生全县工农兵代表问题，即代表的分配与选举办法。中共海陆丰县委依据 1922 年以来组织农会、工会团体，以及 1927 年两度建立临时县政权的实践经验，并参考 9 月间中共广东省委《暴动后各县市工作大纲》，决定了工农兵代表大会组织法规：1. 县工农兵代表人数定 300 人，农民代表占百分之六十，工人代表占百分之三十，士兵代表占百分之十。工农兵的代表是由全县职业团体及兵营选出，代表人数之多寡分配于各区、乡产生出来。2. 区政府即是区农民协会，其组织法及选举都照农民协会办法。3. 市苏维埃代表会（海陆县城 2 个，汕尾 1 个）人数 150

---

① 《中国第一个苏维埃》（1927 年 11 月 25 日）。

人，成分是工人占百分之六十，农民占百分之三十（这些农民是指离城市五里以内者），驻防士兵百分之十。4. 乡政府即是乡农协……①。随后又作了具体补充：农民代表"由农会按照各区人数之多寡分配名额，由各区农民代表大会互选出来。工人则以职业种类及人数多寡分配代表数额，由会员直接选举出来。兵士是由集中驻防的农军和第四团分配代表人数，直接选举出来"②。会议最后决定，限海陆丰于5日内召集工农兵代表大会③。

彭湃于11月8日到陆丰县城后，即派张威、林铁史火速去东南地区组织发动工农武装，准备攻击碣石城。10日，彭湃在陆丰县城召开干部会议，讨论召开陆丰全县工农兵代表大会问题。10日晚，彭湃、董朗率工农革命军第二师第四团在张威、林铁史等组织领导的东南各区工农武装共2000多人的配合下，兵分数路（乌坎、望尧农会准备粮食、组织船只运载部队到金厢），11日上午攻下碣石城，为陆丰成立苏维埃政权扫除了障碍。

1927年11月13日，在中共中央临时政治局委员彭湃的领导下，陆丰全县工农兵代表大会在陆城孔庙隆重开幕，正式成立陆丰县苏维埃政府。300名工农兵代表参加会议，嘉宾有第四团团长董朗，海丰县农民协会和海丰县总工会代表等，还有第四团的军乐队10余人列席了开幕会议。军乐队奏起了雄壮的《国际歌》，使大会大为增色。会议在张威致开幕词后，彭湃作了政治报告。他纵论世界、中国广东和海陆丰的政治形势，热烈期望陆丰广大工农兵群众联合起来，建设自己的政权，实行土地革命，

---

① 参见中共海陆丰县委：《关于海陆丰第三次暴动胜利后的形势和党务工作报告》（1927年11月9日）。

② 《中国第一个苏维埃》（1927年11月25日）。

③ 参见中共海陆丰县委：《关于海陆丰第三次暴动胜利后的形势和党务工作报告》（1927年11月9日）。

砸毁一切反动枷锁。然后，各位来宾先后致辞。出席会议的代表们受到极大的鼓舞，围绕着各项提案纷纷发言，逐一通过了没收土地、镇压反革命、改善工农兵生活等多项决议。接着，采取差额选举办法，选举张威、庄梦祥、陈兆禧、黄泽光、吴鉴良、陈谷荪、范照南、张绍良等15人为陆丰县苏维埃政府委员，组成陆丰县苏维埃政府。接着选举以陈兆禧、黄泽光等14人组成的县苏维埃政府裁判委员会。代表大会会期3天，于11月15日下午胜利闭幕。

11月16日上午，陆丰各界民众在陆丰龙山中学的操场上举行了庆祝陆丰县工农兵苏维埃政府成立大会，陆丰城到处红旗招展、锣鼓喧天、舞金狮、奏乐曲。庆祝大会的主席台上高悬马克思、恩格斯、列宁的画像，上挂"庆祝陆丰县苏维埃政府成立大会"的横幅，左右插着八面红旗，打着花结的丝绸红带斜绕两侧，整个主席台铺上红布，布置得很庄严。前来参加大会的有近2万人，会场上及整个龙山的坡坡坎坎都是人群。执行主席在庆祝大会上报告了全县工农兵代表大会召开经过，宣布陆丰县苏维埃政府正式成立，提出实行土地革命，"土地归农"及有关政策。接着，当选的苏维埃政府委员集体向大会宣誓，誓词为："我们决心要为工农兵的利益而奋斗。不怕死，不要钱，不偏私……坚决执行土地革命，打倒一切新旧军阀及帝国主义，实行世界革命。如有偷懒退缩，愿受代表大会枪毙。"他们铿锵的誓言，豪迈的革命气魄得到了代表们的高度赞扬和长时间的热烈掌声。霎时，口号声、爆竹声、土炮声响彻了整个陆城。当晚，城内演戏4台，户户挂灯，盛况空前。

接着，海丰县工农兵代表大会于11月18日开幕，随后正式成立了海丰县苏维埃政府。

关于苏维埃县政府的行政机构，根据实际需要，设置有秘书处，裁判、经济、军事、宣教、建设、工商、交通等委员会，各个委员会设委员长；县苏维埃政府还直接领导各区、乡。裁判委员会则对代表大会负责。随着形势的发展，县政权有必要进一步完善。1928年2月，陆丰县召开第二届工农兵代表大会，改变原来县苏维埃政府为县苏维埃人民委员会，委员会设主席团，常务执行委员会由7个成员组成。县苏维埃人民委员会（群众仍习惯称苏维埃政府）下设秘书处和9个委员会、各区苏维埃政府。各委员会委员长改为主席。另增加政治探访局，专司收集情报和秘密交通之责，局设主任。全县各区、乡的赤卫队则由县赤卫队队长统一领导。

陆丰县苏维埃人民委员会

主席团　林铁史　陈兆禧　吴祖荣　庄梦祥　黄侬侬

　　　　张绍良　黄泽光　范照南　许国良　陈宗尧

　　　　刘友仁　彭英其　林佛助　韩列僯　胡汉奎

常务执行委员会　林铁史　吴祖荣　黄泽光　陈兆禧

　　　　　　　　张绍良　黄侬侬　庄梦祥

秘书长　姜英毅

1927年12月以前是以区、乡农会执政，1928年2月以后成立区苏维埃政府。区设执委11人，裁判委员会委员5人，然后两会互选5人为主席团，内设秘书、裁判、宣教、经济建设、卫生、土地、实业、交通8个科。

下属区苏维埃政府

附城区苏维埃主席　许国良

　　　　委员　庄汉天　张汉青　韩列僯　李永吉

碣石区苏维埃主席　戴志梅

　　　　委员　林国忠　温　妹　丘昌荣　卓　来

　　　　林英凡

甲子区苏维埃主席　　叶　莫
　　　　　　委员　林正朝　梁存谋　卓炳忠　李凤坤
　　　　　　　　　陈祥我
金厢区苏维埃主席　　林广顺
　　　　　　委员　胡兆轩　黄依禄　李炳权　黄伍祥
　　　　　　　　　李　禄　黄芝圈
南塘区苏维埃主席　　马鸿飞（1927 年 11 月—1928 年 7 月）
　　　　　　　　　魏瑞如（1928 年 8 月—12 月）
　　　　　　　　　郑开云（1929 年 1 月—？）
　　　　　　委员　张关羽　张光秀　郑开云　魏瑞如
　　　　　　　　　陈质君　林红如
湖东区苏维埃主席　　蔡其玉
　　　　　　委员　薛亚门　薛宗藩　蔡鸿勋　吴少波
　　　　　　　　　卢廷章　林妈庇
大安区苏维埃主席　　杨奠禧
　　　　　　委员　叶　占　刘明通　林汉章　黄　应
博美区苏维埃主席　　林　香（1927 年 11 月—1928 年 1 月）
　　　　　　　　　林　影（1928 年 1 月—7 月）
　　　　　　　　　林振福（1928 年 7 月—？）
　　　　　　委员　林守文　林国慰　林妈月　孙　鹅
　　　　　　　　　孙天佑　林妈宝　蔡哑仔

　　陆丰县苏维埃政府设在县城原国民党县政府所在地。大门口的牌子变换了，拥有政权的主人也变换了。昔日是官僚、豪绅地主统治劳动人民的县衙，今天是工农苏维埃政府机关。

　　陆丰县苏维埃政府全盛时期管辖的范围，除上砂乡一隅未克复，管辖人口 30 余万。

　　就这样，中国近代史上第一个县级苏维埃政权在陆丰宣告成立，对于中国革命而言，用毛泽东的话说："……它是站在海岸遥望海中已经看得见桅杆尖头了的一只航船，它是立于高山之巅远看东方已见光芒四射喷薄欲出的一轮朝日，它是躁动于母腹中的快要成熟了的一个婴儿。"①

① 《毛泽东选集》第一卷，人民出版社 1991 年版，第 106 页。

苏维埃政权的各项建设

一、实行土地革命

海陆丰苏维埃政权成立后首要任务是实行土地革命。这场革命已成为广大农民的迫切要求。

彭湃回来后，在陆丰、海丰两县工农兵代表大会上一再宣传必须实行土地革命的道理。他分别在两县工农兵代表大会开幕式上演说，把土地革命、夺取政权和武装斗争的关系说得非常透彻。故此，在两县工农兵代表大会上，分别顺利通过了《没收土地决议案》。

海陆丰的《没收土地决议案》，是在当时中共中央、广东省委没有具体政策，全国也未有哪个地方有过实践的情况下产生的，它是具有法律效能的土地法规，虽然没有后来几个革命根据地的土地纲领那么完善，但它第一次接触了实际，提出了许多具体问题，其中有些内容很有创见。在1927年冬，通过中央刊物《政治通讯》《布尔什维克》向全党披露后，都在后来其他革命根据地被提出来作为借鉴。海陆丰两县苏维埃政府设立土地委员会，专门负责领导实施没收分配土地的工作。在县之下，区设土地科，乡农会设土地委员或由农会直接领导。分田之前，区、乡派出人员，将区域内应该参加分配的人数进行核实，重新丈量土地，作出分配方案。然后以较大的自然村为单位，召集各户代表进行酝酿，插上红旗，准备分配。分田时县土地委员会或区土地科派出工作人员，主持各乡村的土地分配。

由于处在巩固与扩大革命根据地的战争环境中，没收分配土地的做法多有不同。很多乡村按原区域人口多少平分，除反动地主及其爪牙、奸细以外，不论老少强弱，每人一份，开明地主的儿子参加革命工作者也照样分得一份。参加革命者（含参加脱产的工农军士兵）多分1斗种耕地（约0.7亩），如家里有两人参加革命工作，这两个人参加分田以外，还多分2斗种耕地。环境比较安定，基础又较好的区、乡则采取在原耕地基础上调整的办法，按人口平均计算各户应得田地亩数后，不足部分根据土地远近肥瘠搭配补平，因此掘去田坐者不多。而且绝大多数农民对铲田坐不赞同，因为这样会不利于耕种。由于以大自然区域为单位，村与村之间农民得到土地的数量多寡也不同。大概每人可分得3斗种（1斗4升合1亩，3斗种约2.1亩），已够农民耕种。

土地革命从1927年11月展开，至1928年2月止，陆丰县已分配土地约占40%①。其中新田、金厢等区做得较好。没有分配的地区，土地使用权在原租耕地主田地的农民手里。没有分配土地之前，农民已完全得到秋收的收获。分配土地后，农民既得土地耕种，又解脱一切债务契约的锁链，于是"个个兴高采烈，欢欣鼓舞，俨然过新年一样"。农民自觉把自己的命运同苏维埃政权的成败连在一起，积极生产，热烈拥护苏维埃政府，支持工农军队肃清残余敌人、巩固与扩大根据地的斗争。

总的来说，海陆丰的土地革命在全国开了一个先例。中共中央和广东省委为此号召全国和广东各地向海陆丰学习。

———————

① 参见《中共陆丰县关于2月至6月的斗争情况给省委的报告》（1928年7月）。

二、巩固军事占领

南昌起义军千余人到达海陆丰后，顺利地进行整编，这与海陆丰的革命基础和中共海陆丰组织的重视有极大关系。

中共中央和广东省委对于加强党对第二师的领导非常重视，但在如何处理军队党组织与地方党组织的关系上，却是全党当时迫切需要探索的新课题。例如，党的二师特委按省委原先指示，受设在香港的省委直接指挥，并作为公开机关与各县委发生联系，如此的领导关系是否符合地方实际和瞬息万变的形势呢？对此，彭湃和颜昌颐等作了认真的考虑。1927 年 11 月下旬，经报告省委批准，在海丰县城成立了中共东江特委，彭湃任书记，颜昌颐任东江特委军委主任。这样，地方党组织和军队党组织便统一起来，由东江特委领导地方党组织与军队党组织，原来党的二师特委撤销。

第二师于 10 月下旬进行整编，工农革命军第二师是个番号，实际只有一个团，即第四团，有师党委之设，而没有师部。对于扩军问题，中共中央非常重视，在《关于广东工作计划决议案》中指出："海陆丰之工农革命军应号召群众尽量扩充志愿兵额。"[1]海陆丰县委在 11 月初也曾计划扩充工农革命军，曾在海丰、陆丰两县设立招募处，欲招足 1000 名，后因省委无法供给枪弹而未果。同年 12 月依照省委指示，东江特委积极扩充第二师，"成立第五团，第五团均由海陆丰农军与青年团中拣选约五百二十人充战斗兵而成立者，团长刘立道。二师师长初以党代表颜昌颐代，至 12 月末，省委命董朗代师长，颜昌颐为党代表，王备为师参谋

---

① 王备：《关于海陆丰苏维埃政府成立之前后及影响的报告》（1928年 5 月 26 日）。

长"。五团的党代表由张寿徽担任,该团设两个营,一营营长高山子,二营营长于以振。不久,董朗任师长。在这次扩充时正式成立师部,全师官兵夫役约1800人。师部设参谋处,师党代表下设办公厅。师部直属有军需、交通情报、医院等部门,以及原南昌起义军二十四师保留下来的一支军乐队。

有了正规军,还需要实行全民武装。对这问题,彭湃在海陆丰两县工农兵代表大会上作了深刻的阐述。他指出:"豪绅地主时时有乘机反攻的可能,尤其在整个反动势力没有完全推倒之前,他们无时不有报复的机会和可能。"他还指出:"工农阶级武装起来,扩大有训练的军队,才能保障土地革命的胜利。"由于共产党的明确指示,所以,工农兵代表大会对"组织各乡赤卫队,编练工农革命军"作出决议,并由代表大会发出通令,令县及各区各乡严密组织赤卫队,以巩固苏维埃政权。

在全民武装方针的指引下,相继成立了农民自卫队陆丰县中队、农民自卫军陆丰县大队、工农救党军(后改为工农讨逆军)陆丰县大队;先后成立了陆丰县工人联合会、新学生社陆丰分社、陆丰县教师联合会、陆丰县学生联合会、陆丰县商民协会、陆丰县农工商学联合委员会。在原有的基础上,各方面的群众都武装起来,海陆丰组建了如下各种武装组织:

县、区赤卫队。1927年9月,为实行抗租及发动第三次起义,海丰、陆丰分别把原来常备的农民自卫军改编为工农革命军团队部,陆丰团队长谭国辉。县苏维埃政府成立后,按工农兵代表大会的决议,县、区、乡的工农武装一律改称赤卫队。陆丰县赤卫队队长许国良。县常备赤卫队(习惯称县团队),陆丰有300人左右,部分用五响钢枪。县赤卫队有统率训练各区赤卫队之责。区的常备赤卫队人数不等,以该区的人口、经济而定,有的区建1个中队,有的区建1个小队。

乡村赤卫队。这是一支一手拿锄头、一手拿武器的不脱产队伍。原称农民自卫军,建立苏维埃政权后改称赤卫队。当时是"全乡农民年(龄)在18岁以上,45岁以下者,均为赤卫队队员"①。因此,乡村赤卫队是一支庞大的队伍。陆丰的赤卫队员人数,据后来调查有1万多人。有的乡农民协会还为赤卫队置备了伙食担子,及队员随身携带的口盅等日用品。

工人赤卫队。在陆丰城及较大的圩镇以手工业工人、店员为主组织起来,由总工会和区工会办事处指挥,他们也参加战斗。

少年先锋队。由共产主义青年团负责组织,"凡16岁以上25岁以下之少年",都加入少年先锋队,"训练为侦探、响应及有作战之任务"。两县都有少年先锋队总部,"各有数千组织","内部编制与普通军队相同。每与反动派作斗争,少年先锋队也很勇敢的参加"。

妇女粉枪团。有部分区把16岁以上、26岁以下的妇女组织起来加以训练,成为一支"草鞋竹笠,荷装束带""装束与男子同""遐迩周知的武装组织"。"各区中年以上的农妇,均加入农协……陆丰亦有3000余人的组织,至每次攻击反动派也均有农妇参加,非常勇敢"②。当时各个地方发展不平衡,在陆城、城郊和金厢发展得比较好。

儿童团。这是由共青团负责组织和领导的队伍。县设有总队部。他们也学习军事,进行训练,"以红棍代替之童子团,亦精神奕奕,颇为可观"。儿童团在监视地主和反革命分子活动方面起到很好的作用。

成立第一支苏维埃海上别动队。1928年初,陆丰苏维埃政府

---

① 《海陆丰革命史》第二辑,广东人民出版社1986年版,第339页。
② 《巡视员给中央的报告》(1928年4月)。

在金厢蕉园港口成立了第一支海上巡逻别动队。该队队员原是碣石、金厢一带海边的渔民、游民，在海上游弋。金厢区苏维埃政府把他们收编过来，金厢区委书记（党代表）章旭东，赤卫队队长李禄、郑吾干统一领导的一支有 10 多艘船只、近 100 人的队伍，在海上执行巡逻任务。他们持枪驾船在金厢碣石湾负责沿海地区的警卫与巡逻，追捕逃亡地主、反革命分子，配合陆地上赤卫队的对敌战斗，保卫陆丰苏维埃政权的海上安全。这支海上别动队，曾护送红四师部分官兵安全出海。这是共产党苏维埃政权领导下的第一支海上部队。

为提高各个武装团体的军事素质，苏维埃政府组织了多种形式多种层次的军事训练，就连国民党政府撰写的文章也作了如此记述："举凡赤卫队、少年先锋队、劳动童子团，无不加以训练，使得到相当之军事常识，以备将临阵应敌之用。故每日在朝曦初上，或金乌西坠之时，荒郊旷野，咸见有武装队伍之演习。"

工农武装的发展壮大，对于保卫苏维埃政权、巩固军事占领、铲除境内反动残余势力发挥了重大作用。

三、发展财政经济

开拓财源保障供给。海陆丰苏维埃政权是靠武装斗争胜利取得的。要保持和扩大武装占领，建设好这个新生的政权，就必须有一定的物质保障。所以，在 1927 年 11 月初胜利占领陆城后，县委和县苏维埃政府，把发展财政经济列为刻不容缓的任务。

开拓财政经济来源，主要有如下几条渠道：

没收和征收地主豪绅以及反动商人的资产。此项筹款是强制性的，它不仅是摧毁封建经济基础的一种手段，同时也是取得财政收入的一种手段。

征税。县苏维埃政府在废除名目繁多的苛捐杂税的同时，保留了烟税、酒税、屠宰税、盐税和对外贸易（指与国民党统治区及香港之间的贸易）的商品出入口税。其部分商品的收税具体标准是：烟叶30斤收税1元4角；猪按大小等收税，大猪每头6角，小猪每头4角；对外贸易的人口税是照货值收5%。

税收是苏维埃区域广大民众为了自身的根本利益而交给工农民主政府的一部分劳动收入，它取之于民，用之于民。加上税收项目不多，税负又都比较轻，与从前差别很大，所以大家都乐于交税。据当时统计，过去海陆丰两县每年给捐棍承包税收达4万元，现在因为取消了奸商的中间剥削及贪官的茶资，所以在消费者方面都乐于接受。至于涉及到占人口90%以上的农民的农业税（即土地税），苏维埃政府曾作过决议，要求按10%的比例征收，并且奖励"提早缴纳税款者"。但由于土地革命正在进行中，征收土地税实际上尚未实行。

征收粮食。粮食的征收被列为首要任务，军队不能一日无粮，而且还要预留粮食，以备反动派反扑时，便可退入山区坚持斗争。所以，东江革委早在1927年11月初就发动征收粮食。此次征收粮食数额，陆丰1000石。征收标准是："佃户以免租所得的一部分（即从前向地主所纳租额之一部分），以及有十亩地以上之自耕农，此种数额之分配，于各区乡农民负担一石米左右。"[1] 征收粮食获抗租胜利的广大农民热烈拥护，征收到"秋收谷子约有五千石以上，其他粮食亦足供二千人以上之二月伙食"[2]。

苏维埃政府组织财政收入的重要目的之一，是为了保证工农

---

[1]　中共海陆丰县委：《关于海陆丰第三次暴动胜利后的形势和党务工作报告》（1927年11月9日）（疑"各区乡"系原文有误，可能是每乡一石米左右——引者注）。

[2]　王备：《关于海陆丰苏维埃政府成立之前后及其影响的报告》（1928年5月26日）。

武装和政府工作人员的供给，主要用于军事费用和行政费用，而军事费用支出又占了主要部分。

加强商品物资流通。在工农革命武装攻占陆丰县城前后，不少商店特别是大商店的老板纷纷逃往港澳，资金抽走，商店关门，一方面给市场的商品流通带来困难，农产品与工业品商业交易出现"剪刀差"现象异常突出。另方面又造成不少工厂和商店的工人失业。在此情况下，苏维埃政府为了活跃市场，解决工人失业问题，遂决定创办工农业贩卖合作社。这种合作社有两种：一种是靠政府投资（即没收反动派资产所得）办起来的。由政府负责经营，它属于公营经济的性质。另一种是由苏维埃区域的工农群众自己集资办起来的，一般是失业工人或自愿参加的农民每人出1角钱，它属于集体经济的性质。当时，陆丰县城、各区都有开办。工农业贩卖合作社成立后，开展收购土特产品和销售日用生活必需品的经营业务。

为了沟通城乡物资交流，平抑市场物价，苏维埃政府在主要圩镇开设了平卖市场，把主要的农产品统一规定价格。例如，陆丰城平卖市场对几种主要农副产品的价格规定为："稻谷一担（140斤）2元，番薯每毫80斤，猪肉每斤2毫，食盐每毫20斤。"① 通过采用这种措施，对限制和减轻商人的中间剥削，安定城乡人民的生活起了积极作用。

在开展对内贸易的同时，还经营对外贸易（即与国民党统治区及香港之间的贸易）。因为陆丰地处沿海，盛产鱼盐，交通又比较方便。甲子、碣石都有通往广州、香港和汕头的轮船。海陆丰十月武装起义胜利后，敌人为了置新生的红色政权于死地，对陆丰实行严密的经济封锁。但是，经过克服种种困难，陆丰的对

① 曾桂蝉：《第一、二次国内革命战争时期海陆丰金融史料汇编》。

外贸易并没有因此而中断，相反还得到一定的发展。当时的进出口贸易，主要由苏维埃政府负责经营，即在中共东江特委经济委员会领导下，由海陆两县苏维埃政府的经济委员会、工商业委员会具体组织进行。由于陆丰的商人过去与香港、广州、汕头等地有较广泛和密切的商业联系，因此，政府也允许私商经营一部分，或利用他们的商业联系，与他们合作。进出口贸易主要是通过这样两种形式进行的：一种是组织苏维埃区域内的民船（包括轮船和木船）以及商人到香港、广州、汕头等地进行贸易。当时进口的物资有：棉纱、面粉、煤油、布匹、火柴和西药等。出口的货物有：盐、猪、牛、鸡鸭、鱼虾和水果等。在出口的货物中以盐为最大宗，仅此一项的收入，就非常可观。由于市场商品流通渠道的基本畅通，以及农民在前一冬不交地租，购买力有所提高。当时海陆丰地区经济很繁荣，东西很便宜，群众生活有显著的改善。

建立金融新体系。随着革命进程的发展，工农苏维埃政治制度的建立，使与之相伴相生的金融体系也必须彻底改革。苏维埃政府采取的措施是：

1. 废除高利贷制度。革命前，陆丰同全国其他地方一样，地主阶级把高利贷作为盘剥农民的重要手段，利息率高达50%至100%，相当多的农民成了高利贷的债务者。有的农民为了偿还债务，被迫卖掉土地，甚至离妻鬻子。

县苏维埃政府成立后，严令"取消一切债务"。高利贷的废除，把农民从封建剥削制度的枷锁中解放了出来，农民无不吐气扬眉，欢欣鼓舞。过去农民进城，因恐怕债主碰见，一步也不敢在街上停留。自废除高利贷后，农民不仅大摇大摆地在街上行走，甚至还到茶馆里坐下来饮茶。[①]

革命前，在陆丰地区还流行一种以货币作为资本谋取高利，以收取物品作为抵押的当铺。它同高利贷一样，也属于封建性质的债务关系。因此，苏维埃政府成立后，立即对境内所有当铺予以没收，从而取消了这种高利贷机构。中共广东省委指示海陆丰："当铺没收后之农民物件，不必拘于五成要农民赎，尽可能无代价归还农民。"[②] 这种做法，深得人心，贫苦民众，闻之狂喜，凡当铺中所有当入的衣服器具，均于数日认回。

2. 成立海陆丰劳动银行与发行纸币。1927年10月海陆丰起义胜利后，海陆丰苏维埃政府就开始酝酿成立工农自己的银行。1928年2月将救济金融、便利市面交易列为议题，决定成立海陆丰劳动银行，"使工农贫民在推翻资产阶级革命进程中，有此借贷机关，得以从事生产，发展社会经济"。海丰、陆丰两县苏维埃政府立即正式联合成立"海陆丰劳动银行"，制定《海陆丰劳动银行发行条例》。该条例内容有："一。本行为利用交易起见，特设此项银票。二。本行纸币……并由两县人民委员会加盖印章发行，俟纸币印就，即由该银行收回……三。此项银票分10元、5元、1元三种，暂发行10万元，十足通用，不折不贴。四。此票俟换回纸币后，可随时到行兑现，必要时，再设分行，以便各地就近兑换；五。自布告日起，两属人民，须一律通行此项银票，不得拒绝使用；六。如有拒用此项银票者，即以破坏金融论，与反革命同科。"[③] 当时这种代用纸币在海陆丰发行后，得到人民群

---

① 参见刘立道：《海陆丰农民的生活和斗争》，载《红旗周刊》1929年第9期。

② 《中共广东省委关于占领海陆丰的工作致海陆丰县委函》（1927年11月）。

③ 《海陆丰革命史料》第二辑，广东人民出版社1986年版，第233页。

众的支持，它作为苏维埃区域的法定货币，在市场上正常流通。连国民党也不得不承认说："劳动银行成立后，人民得此银票，在市场行使，初称便利，可以现洋换取之。"

第三节 中国共产党在海陆丰的组织建立与发展

中国共产党组织在海陆丰地区的活动较早。早在 1922 年，陆丰青年郑道之在日本留学期间加入共产党，并介绍海丰留日学生柯麟①入党。1924 年，海丰、陆丰知识青年郑志云、李劳工、张威等在广州加入中国共产党。1925 年 2 月，国共合作领导的东征军讨伐陈炯明，收复东江，彭湃等共产党员随军回来恢复农民运动；3 月初，中共海陆丰支部成立，同月，共产主义青年团分别在海丰、陆丰成立特别支部；4 月 1 日，改中共海陆丰支部为中共海陆丰特别支部；10 月 29 日，改中共海陆丰特别支部为中共海陆丰地方委员会。1926 年 1 月成立中共陆丰特别支部，书记李国珍、委员张威，下辖若干支部或小组。前期党员：张威、莫秋心、颜国藩、陈自强、黄依依、陈谷荪、庄梦祥、郑重等人。

共青团海陆丰地方委员会也于 1926 年 3 月成立。1926 年秋，党组织在陆丰设特别部委，隶属海陆丰地委管辖。书记李国珍（1926 年 9 月—1927 年 5 月，后调福建任省委常委兼宣传部部长）。后张威接任书记（1927 年 5—8 月）。委员：陈谷荪、张威。

1927 年春，海陆丰有共产党员约 4000 人，占全省总党员数近半。海陆丰党组织的强大力量，为推动农民运动进入高潮和

---

① 柯麟（1900—1991 年），广东海丰县人，1900 年 9 月出生于海城镇一个工商业者家庭。中国共产党杰出的地下工作者，著名的医学教育家。

1927 年 4 月下旬海陆丰声讨蒋介石叛变国民革命的武装起义，提供了组织保证。

当讨蒋起义因敌人进攻而失败后，党内有少数不坚定分子表现动摇。海陆丰党组织及时清理了自己的队伍，并在抗租和 9 月、10 月两次武装起义的斗争中，党员又恢复到 4000 余名，而且党员比较纯洁和比较成熟。曾经于 1926 年、1927 年 10 月两度在海陆丰战斗过的刘立道写道：“海陆丰的党，可以说是广东最有基础的一部分。”①

1927 年 6 月，中共中央在新修订的党章中规定，不设地方委员会，县设县委，下设区委、支部。海陆丰党组织的领导机构依据这一规定，于 9 月间将原中共海陆丰地方委员会改称为中共海陆丰县委员会，即两县仍联合为一个领导机构。迫至 10 月中旬，省委致海陆丰县委函，其中指示：“海陆丰分设县委……县委名单由各区负责同志会议选举，或由前县委决定，报告省委批准。张善铭同志调任省委组织部。”两县遵省委指示于 11 月中旬分设县委，海丰首任县委书记杨望，陆丰首任县委书记张威。

此后，县委、区委的机关公开，挂牌办公，通过各种形式，公开宣传共产党的性质、任务，号召工农积极分子和先进的知识青年加入到共产党的队伍中来。共产党的支部则继续保持秘密活动。以前大家只知道农民协会是共产党主张办的，一切都听从农民协会，所以农民协会的威信很高，而今共产党的领导机关已公开宣传和发布文告，清楚地说明是共产党领导苏维埃政府议论翻身大事了。于是，觉悟起来的积极分子纷纷自动要求加入共产党组织，党员人数迅速增加了。陆丰的党员从原来 1000 多人，发展

---

① 刘立道：《海陆丰过去的经验和今后的任务》（1928 年 4 月 21 日）。

到 5000 多人①。

随着党员人数的增多，县委注意到各级组织的严密与健全工作的重要性，要求党内生活制度化并有严格的纪律。曾在陆丰工作几个月的省委派遣干部谭国辉，在 1928 年 1 月 3 日《关于东江党的组织和工作谈话》中说："在海陆丰各支部的会议，能经常开，经常会是每周一次，有时临时发生，常一星期开会数次。"陆丰县委非常注重加强党的思想建设，分别举办了支部书记、区委书记训练班，以及组织部分党员参加中共东江党校学习。共产党各级领导亲自向学员讲授马克思主义和党的基本知识，分析当前的严峻形势，要求大家积极投入斗争。

此外，还通过自办报刊来教育党员，提高党员的思想认识。如东江特委的机关刊物《东委通讯》，陆丰县委出版的报纸《工农兵》，刊物《暴动周刊》《县委通讯》等。由此可见，中国共产党陆丰组织具有很强的战斗力，它领导了三次起义，创建了革命根据地和苏维埃政权，能够及时地把党的路线、方针、政策向党员贯彻，同时也向广大群众宣传，提高他们的革命斗争勇气，动员他们投入革命斗争。

---

① 关于海陆丰两县党员人数，由于领导人变动，及后来机关被破坏，记载有差异，陆丰有 3000 人、5000 人、6000 人记载，海丰亦有两个数据，分别是 14650 人和 18000 人。

海陆丰苏维埃政权的历史功绩

一、在全国最先打起苏维埃旗帜

1927 年 11 月海陆丰苏维埃政权建立后，12 月，中央机关刊物《布尔什维克》发表了《中国第一个苏维埃》的长篇文章给予充分肯定。1928 年 1 月 3 日，中央政治局的决议指出："各县暴动之中，以海陆丰的胜利为最大"，海陆丰"第一次组织成工农群众的无限制政权"。周恩来在《关于党的"六大"的研究》一文中也谈道："正确方面是放弃国民党的旗帜，打出苏维埃的旗帜。"①

二、施政纲领覆盖军事民生

实行工农兵代表大会制度，组成工农民主政府。工农兵代表采取分配名额，由基层选举产生，再由代表大会民主选举政府主席团，实行主席团负责制。县苏维埃政府下设军事、人民、财政、土地等委员会及各区苏维埃政府。1928 年，第二届工农兵代表大会改县苏维埃政府为县苏维埃人民委员会，从而使代表会议制度不断完善。

实行民主制定纲领。代表会议组成提案审查委员会，由代表

---

① 《周恩来选集》上卷，人民出版社 1980 年版，第 172 页。

提出议案，交代表大会讨论，然后表决通过没收、分配土地，镇压反革命，改善工农生活，抚恤遇难烈士及遇祸工人农民家属，取消苛捐杂税等决议案，作为苏维埃政府的具体行政纲领。后来又作了许多具体补充，如发展经济方面，采取统一财政，实行单一税率，创办工农业贩卖合作社与海陆丰劳动银行，保护商业、商船，与商人订立从香港运进物资条约，缩小工农产品剪刀差，等等。这些政纲和措施反映了广大人民的根本利益。

强化统治机器，对敌人实行专政。一方面除红军二、四师外，两县苏维埃政府设立团队部，辖有工农革命军海丰 600 余人枪，陆丰 3 个大队三四百人枪，各区有脱产赤卫队，还有不脱产的乡村农军数以万计，形成了正规军、地方部队和赤卫队三个层次的军事系统。

县、区苏维埃政府设立了裁判委员会，负责审判反革命分子。工农武装在红军帮助下，横扫反革命据点，歼灭反动武装，使海陆丰在这个时期内比较稳定。

三、在全国及国际上有重大政治影响

在 1927 年全国少数根据地初创阶段，海陆丰是颇有影响的一面红旗。中共中央 1927 年 12 月 31 日指示湖南省委，"应在湘赣边境或湘南创造一个深入土地革命的割据局面——海陆丰第二"。1928 年 1 月 3 日中央政治局决议案指出："海陆丰政权之丰富材料，它的胜利，它的经验，应当充分运用到一切农民暴动中去"，"中央及地方都应当在自己的报纸、杂志、传单、宣言中运用广州及海陆丰暴动的材料"。随后，中共广东省委编写出版了 5 万余字的《海陆丰苏维埃》小册子，在全国党内发行。全国报刊报道了海陆丰革命斗争很多消息，鼓舞了广大群众的斗争。海陆丰的革命斗争还震惊了国内外反动派。设在上海的中外资本家的联合

机关华洋义赈会，在各报刊登启事，极力诅咒海陆丰革命。上海租界帝国主义宣传工具《字林西报》和广州、香港的反动报纸更是大登刻意诋毁海陆丰革命的消息。港英当局深为不安，不但对海陆丰实行经济封锁，还公然时常派遣炮舰梭巡于海陆丰沿海。

四、驱逐反动外籍传教士

海陆丰苏维埃政府拘留了一名在当地违法的英籍传教士，并把危害苏维埃的外籍传教士集中起来准备驱逐出境。港英当局闻讯派了一艘兵舰直抵汕尾港，意欲武装恫吓。驻汕尾的工农革命军立刻布防海边，严阵以待。后经 4 次函件往返谈判，才同意将传教士释放出境并严正警告帝国主义者："须知吾人有全中国而至世界无产阶级的伟大力量。同仇敌忾，万众一心，一切恶势力俱不足怕。更有甚者，嗣后贵舰莫再擅越吾界自由出入本港，否则吾人自有相当对待，莫谓言之不预也。"回击了帝国主义的炮舰政策。中共中央机关刊物《布尔什维克》刊登了《海陆丰苏维埃政府的外交》一文，赞扬了海陆丰苏维埃政府维护民族尊严的正义立场。

5

第五章

老一辈无产阶级革命家在陆丰的足迹

二次东征转战陆丰

一、第一次东征

1925 年 1 月 30 日，东征军分三路进攻盘踞东江的陈炯明军阀部队，其中右路军进军淡水、平山、海丰、陆丰，直取潮汕。

右路军以建国粤军司令许崇智为总指挥，统率粤军张民达的第二师 2 个旅和许济的第四师 2 个旅，另加余鹰扬的 1 个团。右路军的骨干力量是黄埔军校的 2 个教导团（第一、二团），它由黄埔军校的学员编成（被称为学生军）。学生来自全国各地有志于革命、觉悟较高的热心青年，在军校学习期间，受到优良的政治教育和严格的军事训练，由周恩来等一大批共产党员、共青团员参与领导和指挥。周恩来以军校政治部主任的资格兼任黄埔军校前方政治部主任，主持军校教导团两个团的政治工作，对官佐士兵进行思想政治教育，保证了军队的纪律严明，对群众秋毫无犯。政治部还成立了以共产党员为核心的政治宣传队，在前线开展政治宣传，动员和组织人民群众支援革命战争。

3 月 1 日，东征军张民达部克复陆丰县城。

3 月 2 日，陆丰县城各阶层民众在城郊洛洲埔举行了隆重的欢迎大会，附近乡村有很多农民前来参加，其中不少人手执农会旗。

同日，周恩来率黄埔军校教导团及校本部官兵到陆丰县新田，校本部官佐宿于新田圩天主堂。周恩来在新田"派吴振民同志留海丰为本部代表，办理党务及宣传工作，并协助农会训练自卫军"。"致函校长，调宛旦平、卢德铭两同志去海丰协助农会训练自卫军；致函颜国瑶同志，委托去陆丰进行党务及宣传工作"。3月3日，周恩来及校本部官兵宿营陆丰县黄塘，指挥东征，又"调陈烈同志去海丰农会，训练农民自卫军"。周恩来在陆丰西南镇黄塘期间，黄塘乡农会和赤卫队积极做好安全保卫及后勤保障等工作。

二、第二次东征

1925年9月下旬，国民政府为扫除东江陈炯明的军事势力，进而统一广东革命根据地，决定再度出师东征，任命蒋介石为东征军总指挥，周恩来为总政治部主任，率领东征部队于10月初出师。

10月20日，周恩来和第一师师长何应钦率领第一纵队第一师到达海丰赤石。22日下午克复海丰县城。第二天，东征军进占海丰公平，陈部弃公平向河田撤退，东征军紧追不舍。当天，周恩来与部分指挥员宿新田圩。25日下午，周恩来、何应钦指挥第一、第二、第三团在河田附近的黄塘埔击败敌军李云复的一个师及罗觉庵部。26日，东征军占领陆丰县城，陈军向惠来、普宁方向逃窜。

第二节 南昌起义风云急 陆丰海上大营救

1927 年 8 月初，南昌起义部队按中共中央的原定计划南下广东。

南昌起义军进入潮汕之前，两广军阀李济深、黄绍竑已调集重兵，分几路压来，局势十分严峻。起义军南下广东后经沿途几次激战，再加上酷暑行军，故部队减员很多，而缴获的武器又很多，以至出现枪多人少的情况。为补充兵力，周恩来和中共前敌委员会（简称前委）派刘立道前往海陆丰，拟招兵 2000 人，并请中共海陆丰县委支持招兵费用。

刘立道毕业于黄埔军校，曾受派遣到海陆丰教练农军，对海陆丰的情况比较熟悉。他于 10 月 2 日赶到海丰黄羌圩，见到海陆丰县委书记张善铭，陈述了前方情况和前委的紧急要求。海陆丰县委和东江革委认为招兵是关系到南昌起义军成败的大事，便当即决定"招足 3000 人（他们原定 2000 人）"，同时拿出 1 万元的招兵费用。海陆丰人民的革命热情是十分高涨的，他们日盼夜盼南昌起义军能顺利地进入粤东，并相信对于"海陆丰是有很大帮助的"。当参军的号召发出后，各区农民便纷纷响应，星夜赶来报名的有千余人。4 日一早，刘立道和林道文带领第一批参军农民 700 多人，经河田赶到揭阳河婆圩。与此同时，海陆丰县委、东江革委组织了 30 个挑夫，挑着银元经普宁赶赴汕头，从经济上支援起义军，并按原定计划加紧准备进攻陆丰城。

可是，战争是瞬息万变的，就在刘立道受命离开潮汕前往海陆丰招兵的时候，驻汕头的叶挺、贺龙主力开赴揭阳，9月28日在揭阳山湖地区与敌军激战，此役双方伤亡严重。起义军29日撤出战斗，得知三河坝与潮州均失守，便于10月1日改道集中于揭阳炮台。行军途中，彭湃告诉贺龙："我接到农民协会报告，海陆丰30万农民已经起来响应我们。"同在山湖战斗这一天，留驻汕头市的起义军受到日、美、英等帝国主义10艘炮舰的陆战队登陆袭击。起义军在工农武装的配合下击退了敌人。但汕头已无法固守，9月29日晚，前委、革委遂决定放弃潮汕退海陆丰。于是当晚撤出了汕头市，10月1日到达揭阳炮台，与从山湖退下来的部队会合，于第二天抵普宁流沙。

10月3日下午，前委书记周恩来在流沙天主教堂主持召开起义军领导人的最后决策会议（史称"流沙会议"）。参加会议的有：贺龙、叶挺、刘伯承、恽代英、彭湃、李立三、聂荣臻、张国焘、谭平山、郭沫若、贺昌、徐特立、吴玉章、周逸群、廖乾吾，国民党左派人士张曙时、彭泽民、陈公培。中共汕头地委书记杨石魂也参加了会议。会上周恩来作报告，他在报告中首先检讨了起义军撤退的原因，接着又提到"收集整顿，向海陆丰撤退，今后要作长期的革命斗争。这些工作已经做得略有头绪了。非武装人员愿留的留，不愿留的就分散。已经物色了好些当地的农会会友作向导，分别向沿海撤退，再分头赴香港或上海"。会议还作出一个重要决定：起义军易帜，抛弃国民党旗、树起工农革命军旗帜。

与此同时，在普宁莲花山战役被冲散的前委、革委领导人员，或三五人、几十人临时组合，或由长官收集散兵，大部分人经惠来葵潭进入陆丰东南部，在农村中找到中共陆丰组织或农民协会，派向导带领他们先后到达陆丰甲子港、湖东港。

当时，敌情是险恶的，距离甲子100华里的陆丰城内有200余名敌兵，且有二十军一、二师正在向敌人接洽投降。距离甲子100多华里的流沙有陈济棠一师三个团兵力不明是否跟踪而来；距离甲子很近的惠来城、几十里远的陆丰碣石城，都有保安队。他们虽不能打仗，但出城缴起义军散兵的枪械则十分可能；再者农村中也有一些坏人存在。

甲子，在明、清两朝设所城，是边防水师驻地，墙高坚固，城里商贾、渔霸聚居，封建势力较强。1925年，甲子区农民协会设在城内，曾组织起区农民运动对城内豪绅有颇大冲击。城外渔民多，在1926年成立了渔业工会。渔民靠小木船捕鱼，也有为数不多的木帆船，替商贾载货往返香港。渔民与船工曾对支援省港罢工、封锁港口作过贡献。

10月5日，先后到达甲子的领导人有：起义军总指挥贺龙、参谋长刘伯承，中共中央临时政治局委员彭湃，革委主席团成员恽代英、谭平山，革委秘书长吴玉章，财政委员会主席林伯渠，工农委员会主席张国焘，政治保卫处处长李立三等。

7日，他们陆续乘木船离开甲子，安全到达香港。[1] 还有时任营长的陶铸及不少团、营级官佐，也从甲子乘船前往香港。

在甲子港乘船过香港的还有江西省政府代主席、国民党左派人士姜济寰及其他一批人。

起义军总政治部主任郭沫若一行，先到陆丰湖东，然后转往惠来县神泉乘船去香港，也有一批起义军官兵在湖东地下党员陈宗尧和农会会长蔡德流等的安排下乘船过香港。

起义军团长徐成章率残部携有百余支枪，到了陆丰与农村党组织联系上后，把枪支送给碣石、金厢洲诸村的农军，然后，由

---

[1]　参见李立三：《"八一"革命之经过与教训》（1927年10月）。

当地农军护送他们乘船去香港。徐成章从香港转赴海南，后任琼崖工农革命军东路总指挥，1928 年 2 月在战斗中英勇牺牲。

起义军（工农革命军）第二十军第一师、第二师余部进入陆丰，在陆丰地下党组织成员张威、郑志云等及农军的引领下，经陂洋、博美、大安等地，冲破敌人的重重封锁，进入到陆丰新田激石溪。

第三节 南昌起义军将领金厢渡海脱险

　　起义部队进入潮汕后,在普宁莲花山遭到敌军强势袭击,部队溃散,周恩来奋力指挥警卫营护卫领导干部突围。突出重围后,周恩来、叶挺、聂荣臻等起义军将领在汕头地委书记杨石魂护送下,到达陆丰甲子,后到南塘,计划到湖东港渡海去香港。湖东地下党区委接到陆丰县委密令,担负护送起义军转移的任务后,立即投入落实租用船只行动。陆丰县委派出湖东团委书记黄万里在湖东协助做好起义军的转移护送工作,黄万里在南塘与汕头地委书记杨石魂接头后,将周恩来等护送到了湖东,准备在后坑村的蔡氏祖祠下榻。因这时已住在祖祠里等待去香港的有一名姓李的起义军营长及部分战士,还有在湖东一次战斗中受伤的区税收人员也在该祖祠养伤,人员比较纷杂。于是黄万里与农会干部薛鸿儒、蔡鸿勋等将周恩来等几位重要领导转到湖东村薛氏宗祠下榻。有部分起义军官兵在湖东镇内"书馆""妈宫戏台"宿营。

　　中共湖东区委把湖东港口所有可以去香港的船只全部租用。因为租用的船只少、人员多,只得分批运送。周恩来等同志,不便在这样拥挤的情况下登船西渡,加之周恩来当时身体欠佳,经不住海上劳顿,遂决定不在湖东渡海,由叶挺、聂荣臻二位将领陪同转移。其他战士在湖东港乘船渡海安全转移。

　　南塘区的区委书记黄秀文是金厢人,杨石魂在1925年就与其认识,很适合由他安排周恩来等领导人在金厢渡海的相关工作。

在湖东安排了遣散工作和留给枪支等事项之后，由杨石魂带领湖东区地下党同志护送周恩来等返回南塘区，在李厝乡大厝内住卜。经与南塘区商联会会长郑绪文前来接头后，由郑绪文接到兰湖村。

兰湖村在南塘西南面十公里，是碣石东北面十公里的山岭脚下的一个小村庄。那里几个村落统称为"岭下"，比较偏僻，地瘠民贫，但群众基础好，革命热情高。村里的郑阿仲，是南塘区的财粮干部，周恩来等同志到兰湖后，住在郑阿仲隔壁其堂兄郑端阳的茅屋。次日郑阿仲的弟弟郑阿健带着杨石魂的信到金厢联系黄秀文，下午得到黄秀文的回信，他表示要迎接周恩来等一行到金厢来，出港一切事情由他负责安排。磋商后杨石魂又通知他在金厢做好一切准备，后从兰湖村出发，转移到金厢黄厝寮黄秀文家中。出发前，郑阿仲、郑端阳、郑尧等找来了10多套便服，周恩来等领导人和警卫人员都脱下军装，换上便服，取道金厢。

周恩来见郑家一贫如洗，郑母用破破烂烂的麻包袋作被子。当时已是深秋季节，临别时周恩来遂将随身用的一床红色毛毯送给郑端阳的母亲，并送给房东郑端阳一件军用虎皮毯子。周恩来说："多谢你们的精心照料，这两床毛毯送给你们作个留念，作为我们的伙食费用。"郑端阳的母亲望着身体仍然十分虚弱的周恩来，说什么都不肯收下，最后经杨石魂再三劝说才收下这份十分珍贵的礼物。

后来红色毛毯为郑端阳的堂弟郑阿仲保存，至1949年交陆丰县文物管理馆收藏，20世纪80年代中期，北京博物馆予以复制，并在南昌、广州等地博物馆展出。

周恩来在兰湖村青年郑妈葵、郑妈均、吴成、郑阿健护送下向金厢方向走去，到达大岭顶的时候，金厢区的农民武装10多人已在岭上等候。周恩来等同志立即被接进黄厝寮村黄秀文家中。

黄厝寮村是碣石湾海边的一个小村，往北4公里是金厢圩，往南 15 公里是碣石镇，村后是大岭，通往东南各区，与县委东南交通站所在地溪碧村只一岭之隔。周恩来等同志，被安置在黄秀文靠山边的一座房子居住（该屋后被反动派烧毁），由黄秀文的父亲黄依成专门照料客人的生活。第二天，当他与周恩来见面时，周恩来高兴地握着他的手说："麻烦你了黄大叔。"随后交给黄依成 20 多块大洋，风趣地说："我们的伙食标准每人每天 2 毛钱，你老人家就按这个标准给我们当管家了。"

当黄秀文接到南昌起义领导要在金厢渡海去香港的信件后，一方面布置接待和寻找船只，一方面报告在溪碧村指挥碣石、金厢东南各区工作的县委宣传部部长陈谷荪。由于船只一时难以搞妥，加上碣石镇驻有保安团，周恩来的病情急需争取时间医治。陈谷荪决定转送周恩来等领导到溪碧村，边治病、边待船。在溪碧村期间，住在农会积极分子陈水珠家中。

距离溪碧村六里地有一个大塘村，村内有一位医术高明的老中医卢阔，人们称他"阔先"。陈谷荪决定请"阔先"给周恩来治病，并知道陈水珠与"阔先"过往甚密，就请他去完成这个任务，同时要求一定要保密。陈水珠佯装慌张着急地到"阔先"药店，称家里人得急病，非请他亲自出诊不可。"阔先"出于世交的感情，就跟他来到溪碧村。

为了使周恩来的病情得到系统治疗，又避免他在溪碧村医病的风声泄漏，说服了"阔先"暂时不要回大塘，留在溪碧村给周恩来医病。他诊断之后，开了药方，再由陈水珠到大塘村买药，并对"阔先"的家属说家里人得了疑难杂症，需要老先生留下几天。这样就解除了"阔先"家属的忧虑和不安。经过卢阔老医生的精心诊治，周恩来的病情有明显的好转。陈水珠、陈妈家陪同杨石魂、陈谷荪护送周恩来等返回金厢黄厝寮村。临别时，周恩来为感谢陈水珠和陈妈家的悉心照顾，把带在身上的一支"关勒铭"金笔送给陈妈家留念。

黄厝寮村后有一小山，在山边的丛林处，有一山洞，俗称"虎洞"，洞口有几块大石遮掩。在距黄厝寮村 8 里处，有一座山岭，名为观音岭，与南海接壤，在海边有一巨石洞，俗称"龙洞"，洞内有 2 处平台。周恩来等在黄厝寮村期间，晚宿黄秀文家，白天天刚蒙亮，有时到山后的石洞隐蔽、有时到观音岭的石洞隐蔽，食物有时自带、有时由黄秀文父亲送去。周恩来等领导人在洞内谋划革命方略和前景，在此艰难危险关头，依然时刻惦记着革命事业。

为保证周恩来等领导渡海的绝对安全，陆丰当地的船只不适合，黄秀文落实洲渚村农民武装战士黄明东前往海丰秘密联系。黄明东从海丰雇请来 1 艘 5 吨位的运输船"彪刀号"，全程租金 100 大洋，停泊于洲渚村对面海域待命。

1927 年 10 月 23 日晚，周恩来、叶挺、聂荣臻等南昌起义领导人和杨石魂及警卫人员 10 多人，从黄厝寮村出发，向海边方向走了 4 里路到达洲渚村海滩，先登上由洲渚村渔民黄妈扶撑的小舢艇驳上"彪刀号"，黄秀文和黄妈扶同船西渡，晚上 8 点起航，乘着强劲东风，船如插翼，第二天到达香港。在香港地下党组织的接应下，其后从香港乘船抵上海。[①] 周恩来到达上海后，任中共中央军委书记。

新中国成立后，著名书法家、诗人赖少其为纪念周恩来、叶挺、聂荣臻等老一辈革命家抢渡碣石湾时的情景，写下"洲渚夜如釜，遥天一砥柱。抢渡碣石湾，猛如下山虎"的诗句。

南昌起义部队领导人周恩来、贺龙、叶挺、聂荣臻、刘伯承、彭湃、李立三、恽代英、吴玉章、郭沫若、林伯渠、徐特立、张

---

① 参见萧克主编：《南昌起义》，人民出版社 1979 年版，第 64—66 页。

国焘、谭平山等，进入陆丰期间，安全渡海转移、抵达香港。他们走后，国民党反动当局大搞清算，甲子、湖东、南塘、金厢等地先后有一大批护送南昌起义军领导人的党组织成员、革命群众被杀害，一大批房屋被烧毁，一大批革命者被追杀，如：桥冲镇张厝村（原称营盘村），多名农会领导和赤卫队员被杀害，全村房屋被烧毁。陆丰人民为安全转移付出了沉重的代价，创造了起义军领导人在陆丰期间没有一位被捕、被杀的伟大奇迹。

红四师和红二师胜利会师

一、奔向海陆丰

广州起义失败后，教导团、警卫团和工人赤卫队陆续集中花县，把 1200 余名指战员整编为一个师，即工农革命军第四师（又简称红四师），叶镛任师长，袁裕任党代表，徐向前任参谋长兼第十团党代表。

红四师领导层决策：鉴于海陆丰二县，已于 1927 年 11 月，分别建立了全国最早的苏维埃政权，那里的群众革命基础雄厚，南昌起义的部队也在海陆丰落脚。于是决定奔向海陆丰、会合红二师。

1928 年 1 月 5 日，红四师抵达海丰县城，受到中共东江特委和当地群众的热情欢迎和慰问。为欢迎红四师，东江特委在海丰县城广场上召开了 1 万多人的群众大会。特委书记彭湃发表了热情洋溢的讲话。徐向前对彭湃的讲话印象最深的有两点：一是广州起义失败了不算什么，革命难免有挫折，有失败，失败了再干，革命一定会胜利。二是共产党领导穷人闹革命，要坚决消灭地主军阀，保护穷人利益。他富于鼓动性的讲话，博得了一阵阵的热烈掌声。接着，红二师和红四师胜利会合。从此，这两支年轻的红军队伍在东江特委的领导下，并肩战斗，揭开了东江游击战争的新篇章。

红二、四师会合后，海陆丰地区的革命力量，进一步增强，群众斗争情绪高涨。东江特委决定"迅速扩大红区"，旋即制定东江暴动行动计划：由红二师北上紫金、五华地区发展农暴；由红四师东向惠来、普宁推进。部队在海丰城驻扎了3天，即奉令东进。徐向前每天都找很多人谈话，了解敌情、地形、道路，制定作战方案。部队到达陆丰，不战而克。接下来攻打甲子，这一仗打得比较厉害，防守的地主民团依托土工事顽抗，部队强攻了几次，终于结束了战斗。继而攻打普宁果陇，这个村庄是硬钉子，武器弹药不少。师部令十团担任主攻任务，十一团、十二团助攻，打了3天，牺牲了二三十位同志才攻下来，使陆丰和普宁的革命阵营连成了一片。

5月间，东江特委召开行动会议，决定彭湃、袁国平、颜昌颐等离开东江赴上海。彭湃等同志离开东江后，红二、四师根据特委决定，一起回攻海丰。由于敌强我弱，部队又只能辗转进入山区打游击。

二、挺进惠普潮

红四师指战员作战都很勇敢，以少胜多。但战斗频繁，伤亡过大。

1928年1月9日，红四师十一、十二团在彭湃、叶镛、袁裕、徐向前等率领下离开海城，开赴陆丰攻打"白旗队（会）"。红四师十二团追歼白旗队至南塘北坑村（现为华侨管理区所辖），在北坑村休整约一周。在当地农会的协助下，得知白旗队匪首肖觉已带其残部退据其家乡惠来县的百岭村。于是决定集合了金厢、碣石、湖东、南塘、甲子、甲东、甲西各地农军于1月16日进攻百岭村，经过激烈战斗，终于在第四天晚上取得了攻打百岭的最后胜利。攻打百岭反动地主武装取得胜利后，乘胜攻下了甲子港。

随后，红四师进攻惠来葵潭，守敌闻风而逃。但时隔数日，葵潭复被敌占领。20日，红四帅在陆丰、惠来农军的配合下，再克葵潭。

在东江大暴动中，以海陆丰为中心的红色区域扩大到紫金、惠阳、惠来、普宁、潮阳等县乡村，引起了蒋介石极大的震惊。

21日，彭湃在惠来召开红二、四师负责人会议研究攻城策略，三天后，红二、四师与惠来工农武装攻打惠城，毙敌七十七团团长向卓然。在彭湃的指导下，惠来县苏维埃政府成立。

彭湃又召开了红二、四师负责人会议。决定红二师留下1个营外，其余开赴普宁，红四师开赴潮阳，"将潮普惠三县造成一个新的割据地"。

2月28日，国民党军香翰屏第三十二团进抵陆丰县城，大肆搜捕苏维埃政府和工农会干部，原中共海陆丰地委委员郑重因患重病躺在家中不能走动，遭捕后随被枪杀。2月29日，李振珠第三十一团占领海丰县城，3月2日占领海丰重镇汕尾。海丰、陆丰两县城失陷。

3月2日，东江特委策划反攻。红四师接到命令后，师长叶镛、师参谋长徐向前率领5个连队从大安奔赴汕尾，会同海丰东南区域工农武装队伍包围汕尾镇区，3日凌晨发起进攻时，遭敌猛烈反击（汕尾国民党军1000多人），随之国民党海军炮舰陆战队上岸增援，造成敌强我弱，只能撤出战斗。鉴于海丰县城方向有国民党强敌驻守，商议后，决定由师长叶镛带领4个连队从大湖渡海至对岸的陆丰金厢蕉园乡休整，由师参谋长徐向前带领1个连队（第十团二连）断后准备阻击敌军。徐向前率其部队从海丰赤坑到陆丰的上英，按陆丰地下党组织的安排，分批乘船到螺河边的陆丰深草洋村（深埔）。

徐向前部队到达深草洋村时得到了农会负责人李乃輋的接应。

部队在该村东北面一处地名叫"龙官田铺"的一个小湖边扎营休整，同时派出深埔地下党联络站负责人李乃月到金厢与叶镛师长联系。

徐向前的部队一驻下，李乃孽就杀了自家养的2头60多斤重的猪和其兄长自养的鸡犒劳部队。在部队驻扎期间，李乃孽积极发动村民为部队提供粮食、蔬菜等，还秘密到邻村购买粮食给部队补充给养。其妻周哺知带领3名妇女夜以继日用碓臼为部队将稻谷捣脱壳成米。李乃孽还安排胞兄佛妹、佛佑和数名进步村民以放牛、砍柴、捕鱼等为由日夜在外围巡逻放哨，确保了部队的安全。

有一夜，徐向前在与李乃孽谈心时，得知乃孽有兄弟5人，为感谢其对部队的支持和表示友情，随之将"乃孽"改名为建成，将其四兄"乃月"改名为建明，并特别高兴地说：有大家的革命精神，新中国一定能建成，前途光明。当夜建成回到家中，召集兄弟5人并欢喜地告知徐向前首长给他和四兄改名一事，也就此将大兄"佛妹"改为建妹，二兄"佛佑"改为建佑，三兄"乃串"改为建串，兄弟5人名字一直沿用。

徐向前率领部队在深草洋村驻扎期间得到了很好的休整和补充给养后，告别了李建成、李建明等农会干部，拔营前往金厢蕉园与先前渡海的部队会合。3月7、8日，红四师在师长叶镛、师参谋长徐向前率领下渡海到达惠来神泉港，上岸后抵达惠来葵潭兵营乡后，踏上新的革命征途。

徐向前率部离开深草洋村5天后，国民党军60多人全副武装进深草洋村搜查，李建成随即安排大兄李建妹往金厢寻找徐向前部队，向其汇报情况，李建妹从此一去没有音讯，下落不明。

不久，国民党陈铭枢部的新编十一师从福建开来，以惠城作据点，进攻惠普潮苏区。红四师开始虽打垮了该师的向卓然团，攻下了惠来，但终因敌人力量过大，不得不退入普宁三坑。

三、回师海陆丰

惠来县城失守，红二、四师在潮阳、普宁各地的军事行动均不能成功的情况下，中共东江特委于 1928 年 4 月 8 日，在惠来林樟召开有红二、四师负责人参加的紧急联席会议，研究红二、四师以后的行动方向等问题，并通过了打回海陆丰的决议。是日，红二、四师一部在惠来与普宁交界的盐岭遭敌黄旭初部袭击，损失严重，余部 600 余人辗转回海陆丰。

4 月 30 日，红二、四师负责人参加由中共海丰县委召开的联席会议，根据东江特委决定，成立海陆丰总指挥部，部署反攻海丰县城。赵自选任总指挥，三天后他在攻城时不幸牺牲。

6 月 17 日，红四师在海丰埔仔峒白木洋遭敌袭击，师长叶镛因患严重疟疾，无法随军突围，隐蔽在一个地方，被敌人搜捕，后在广州英勇就义。红四师由徐向前任师长，带领部队继续坚持斗争。

7—8 月，中共广东省委派陈郁来了解情况。他感慨地对红四师的官兵说："省委的同志知道你们的处境困难，想不到难到这个地步！"他传达了省委对形势的分析，认为革命处于低潮时期，分批转移、保存力量乃是唯一出路。

12 月 6 日，中共广东省委同意送 170 多名红军将士离开海陆丰。此后，海陆紫特委成立转送红军出港委员会，开始转送红二、四师官兵出港工作。至 1929 年 5 月 12 日，大部分红军撤离海陆丰。

1929 年 5 月初，红四师师长徐向前、党代表刘校阁和红二师师长董朗等军事干部先后离开陆丰。

徐向前在海陆丰革命老区期间，与老区人民结下了深厚的革命感情，海陆丰人民为革命做出的巨大牺牲，徐帅始终记在心里。1958 年 7 月，徐帅在《人民日报》发表的革命岁月的名篇《奔向海陆丰》一文中最后一段写道："人民永远和红军一条心。山外的青年、老人和妇女时常冒着生命的危险，往山上送粮食。有时粮食接济不上，战士们下河抓小鱼，到山坡上找野菜充饥。冬天，没有住的地点，自己割草盖房子，没有被子盖，便盖着稻草过夜。敌人每到山上'围剿'，一定把草房放火烧掉，可是等他们过去后，我们又盖起来。东山烧了西山盖，西山烧了南山盖。正像我们伟大的诗人白居易的诗句所写的'野火烧不尽，春风吹又生'。年轻的红军，在极端困难的情况下，斗争、成长……"。

新中国成立后，徐向前的外孙女出生时，徐帅将她起名为"熊陆丰"。其用意，是对那段峥嵘岁月的深情纪念，让后人记住老区人民前赴后继跟党走的赤胆忠心。在纪念海陆丰苏维埃政权成立九十周年大会上，熊陆丰来到会场，自豪地介绍："我叫熊陆丰，姥爷帮我起的名字。我们要传承红色基因，让革命精神永存"。

6

第六章

海陆丰苏区的扩展

第一节 白旗暴乱　铁腕平定

　　1927年11月，经中共广东省委批准，在海陆丰成立中共东江特委。东江特委成立后，在领导海陆丰进行土地革命，建设和完善苏维埃政权的同时，积极谋求向外发展。

　　东江特委考虑到要发动邻县暴动，必须先稳定海陆丰，做到有比较稳定的根据地而后再向前推进。东江特委考虑到军阀战争虽然不会发生在海陆丰，但惠州、汕头的驻军已分别武装海陆丰周围各县的民团保安队，正时刻准备骚扰入侵海陆丰，留四师第十团在海丰就是为对付惠阳的蔡廷辉保安队等。而此时，陆丰东南部已受白旗匪徒侵扰，红军向惠来、普宁发展暴动之前，彭湃决定率红军先肃清陆丰的敌人。

　　据1926年统计，陆丰全县10个区、510个乡建立有农民协会，虽然曾掀起打倒土豪劣绅斗争的高潮，农村政权也基本上转移到农民手上，但是农民运动发展不平衡，后进乡村尚多，尤其是一部分大姓族大乡村的族权没有根本动摇。大地主大劣绅逃走了，各个家族房派的小头目仍在，他们表面上对苏维埃政权唯唯诺诺，暗地里却向逃往外地的大地主大劣绅通风报信，并利用后进农民的宗族姓氏观念发挥其影响作用。再是陆丰东南地区的群众也很迷信，精神枷锁沉重，神权时时在作祟。落后的封建思想观念，常常被反动分子所利用，成为社会不安定的重要因素。同时，陆丰境外有较强的反动武装在等待时机，这又是个不容忽视的情况。

1927年12月28日，海丰发生了误报敌情而引致机关和军队撤出县城的事件，史称"二八事件"。这一事件暴露了东江特委及海丰、陆丰县委和县苏维埃政府严重缺乏战备观念，因而给陆丰内外敌人留下可乘之机。

先是博美圩附近有个产田村，有人组织"长发党"，集众进攻博美，焚烧革命乡村，后被赤卫队杀死3人，并将其击退。"长发党"并无多大武装，只有少数粉枪，其余都是佩着"宝剑"。他们穿着布满"神符"白衣背心，领头的装作"神仙"的样子，戴头盔，手执拂尘，扬言说，他们刀枪不入，打下去又会爬起来。陆丰县委12月30日向东江特委报告，在他们再次来攻时，又杀他们10余人①。紧接着，谣言四起，少数落后群众惶惶不安，不自觉地成为谣言传播者。后来查出谣言的始作俑者是上埔乡的反动头子林桃，有名的"上埔林"这一大姓族成了林桃的保护伞。

从海陆丰败退到葵潭的陈子和、马思邈，认为东南区局势动荡，人心不安，正是反扑的好时机，于是立刻密约陆丰的反动头子北湖陈少权、水墘陈世鉴、上埔林桃，以及惠来县百岭乡反动头子肖觉等人会商，决定利用乌红旗帮派残余观念，鼓动这些乡村的族长、房长起来，与共产党苏维埃对抗。他们蛊惑人心，四处游说，纠集500余人枪，并举马思邈为总指挥，扯起白布为反革命旗帜，称白旗队，趁海丰"二八事件"红二师撤往黄羌、中峒那几天，攻陷了南塘圩、博美圩，并进攻陆丰城。驻陆丰县城的工农革命军团队仓促应战，后主动撤到大安，察看动态。原东江革委会领导人刘琴西此刻正在陆丰。他在陆丰很有威望，此时与陆丰县委一起指挥工农革命军团队及大安、河口、新田等区常

---

① 参见《东江特委给省委报告》（1927年12月3日）。

备赤卫队于 1928 年 1 月 9 日早上收复陆丰县城,白旗匪徒遂败走博美。次日,陆丰县委、县苏维埃政府在县城召开四乡农民武装大会,揭露白旗队罪行。白旗队获悉后便指使上埔乡几十个农民颈佩红带,背负枪械假装赴会,期约白旗队来攻时做内应。而上埔乡农民未等白旗队到达先行开火。刘琴西、许国良知事变,即指挥队伍一面准备迎击白旗匪徒,一面追击参加反革命暴乱的上埔农民。未料到达上埔时,遭到早有准备参加械斗的村民重重包围。工农革命军因不熟悉地形,误入沼泽内,结果牺牲近百人,于是白旗队再占县城。

1928 年 1 月 8 日,彭湃亲率到达海丰的红军第四师第十一、十二团,前到陆丰镇压白旗队叛乱。白旗队闻讯,弃城逃跑。

彭湃抵达陆丰城,一方面邀请老人开敬老会,又亲手替被工农革命军捕获的几十个上埔乡农民解开麻绳,对他们说服教育,释放他们回家,并以东江特委名义出布告,及用各种宣传形式,粉碎反革命谣言,恢复社会秩序。一方面,由叶镛师长指挥一部分红军追击白旗队。这些匪徒本是乌合之众,听说红军来到陆丰,便夹着尾巴逃到博美。适陈耀寰率戴可雄、杨作梅两支保安队急驰增援。红军的机枪大显威风,红军战士为保卫苏维埃人人冲锋在前。敌人不支,败退到河边。红军正拟包围歼敌,忽有身佩长剑、手执拂尘、穿着白背心、口中念念有词的一群人从正面扑来。红军见状十分怪异,先是不敢开枪,当知道他们是号称不怕刀枪的反动组织"长发党"时,一排枪打过去,应声倒下一片,"长发党"白旗军四散奔逃。博美圩、南塘圩即由当地两个区的赤卫队收复。

白旗队暴乱时,大安区石寨乡也跟着暴乱。白旗队失败后,他们仍凭坚固的寨城固守。在此前后,陆丰县委书记已两度调动,张威调紫金任县委书记,接任的书记丁丁是外地人,不熟悉陆丰情况。发生了白旗队叛乱后，东江特委调海丰县委书记杨望到陆丰接任。杨望是彭湃的得力助手，在海陆丰很有声誉。他认为石寨的农民绝大多数是受蒙蔽的，相信贫苦农民一定愿意跟着共产党闹革命。因此，在武装包围石寨的情况下，先采取喊话，抛进宣传品，然后，杨望亲自登上城墙，向寨子里的群众演说。杨望说话深入浅出，至情至理，他不怕危险的惊人之举和一片真诚，深深感动了石寨人。于是村民打开寨门，承认错误，表示服从苏维埃政府。此事不费一枪一弹，和平解决，影响非常之大。省委通报表扬了杨望的胆识。

红四师在平息了白旗队叛乱后，留驻在陆丰县城和南塘北坑村休整。后来陆丰县委在给省委的报告中曾说到白旗队叛乱后，"尤以东南各区，决定极力整顿之……党的工作极有进步，在组织上不比以前散漫，亦有相当之发展，与县委关系颇密切。对于教育工作（一般党员及干部人才之训练）做得多。当时党已是转机之势，日向于健全之路走"①。

① 《陆丰县委关于二月至六月的斗争情况给省委报告》（1928 年 7 月）。

第
二
节

年关暴动　扩大苏区

　　在年关暴动计划中，东江特委决定红军二师向紫金、五华发展，从而为紫金年关暴动提供了重要的外部条件。紫金的第三区包括炮子、洋头等乡村，地理位置与海陆丰的西北部相接壤，革命基础比较好。虽然军阀混战影响紫金，但红二师仍按计划于1月18日进攻南岭。南岭农民武装踊跃上阵参战。这次战役还有距离南岭较近的陆丰新田区、海丰公平区及高潭区的赤卫队参加，遂将南岭攻破。接着攻破黄布地主堡垒。使第三区与海陆丰革命根据地连接在一起，达到了扩大革命根据地的目的。

　　在普宁，许多地方1923年已受到海陆丰农民运动的影响，部分贫苦农民组织起农会。1926年1月，普宁广大农民与县城（洪阳）方姓为主的地主豪绅展开了大规模的斗争。普宁的中国共产党组织也在领导工农民众运动中建立和发展了起来。1927年海陆丰第三次起义建立苏维埃政权，再一次影响了普宁。1927年11月，中共普宁县委成立；12月中旬，普宁成立了工农革命军第六团；同月下旬，普宁县委根据省委和东江特委指示，开会决定通过实行年关暴动，实行土地革命。并定于12月31日至1928年1月2日一连三天召集广大群众总暴动。

　　红四师十一团在师长叶镛、师参谋长徐向前等率领下，从陆丰南塘，经惠来五福山、普宁三坑，于1月31日径抵赤水，帮助普宁继续进行年关暴动。随同部队前往助战的有陆丰南塘农民赤卫队及海丰农民赤卫队。

在惠来，因该县毗邻陆丰，两县关系源远流长，大革命以来受陆丰的影响颇大。在陆丰苏维埃政权成立后，惠来的地主豪绅势力与国民党军队互相勾结，严密控制地方。在与陆丰边界的惠来一侧，有威胁陆丰、惠来两县的反动据点葵潭圩和百岭乡，在陆丰一侧又有甲子城盘踞的国民党百余名士兵。这使惠来的革命势力难以发展，陆丰的东南部也不得安全。1927 年 11 月下旬，中共惠来县委成立。年关大暴动开始后，彭湃指示"陆丰东南的农民应向惠来发展并准备惠来的暴动"，以及从海陆丰抽调一批骨干组成宣传队到惠来开展宣传活动和武装工农群众。但形势仍然严峻，反动派在葵潭、百岭及陆丰的甲子城继续为非作歹，白旗队就是在这三个据点发难的。他们被红四师击败后，其残部又退据这些地方。故此，海陆丰革命根据地与惠来仍然被隔断。

东江特委为扫除惠、陆、边三个反动据点，彻底消灭残余之敌，遂决定逐一予以歼灭。分析情况后，决定先打百岭，此役由红四师十二团担任主力，南塘、碣石、甲子、湖东、金厢、甲东、甲西各地的赤卫队配合，于 1928 年 1 月 16 日开战。

顽固的敌人利用 1 丈多高的坚固寨墙、天主教堂的高楼和一座座的地主宅院作为作战工事，在寨墙下各主要路口密布竹钉，甚至把农民的犁耙都集中堆置在村内道路中间作为障碍物，他们认为层层设防，已经固若金汤。可是，红军十分英勇，他们冒着枪林弹雨，一次次冲锋，不攻下百岭誓不罢休。惠来农军与南塘、碣石赤卫队表现甚勇敢。这一仗打得十分激烈，围攻三天还不能拿下。红四师党委书记唐维在前线观察敌情时，不幸中弹牺牲。为替唐维及牺牲的 20 多位红军指战员报仇，部队发起猛烈冲锋，终于在第四天晚上把百岭攻下。

1 月 22 日，即农历除夕这天，彭湃到达陆丰南塘红四师十二团驻地。当晚，彭湃主持召开会议，提出攻打甲子城的方案，决定乘除夕敌人不备之机，一举而歼之。为此他建议组织敢死队，以红四师警卫连为尖兵，四营作后盾。他即席掏出一张白纸，自己首先在敢死队名单上签名，随之他的夫人许冰和红四师连级以上干部个个参加签名。攻打甲子城指挥部设在甲子禾头村，村农会会长李学烺，赤卫队员李骞、李尚民、李尚容、李尚丰等为攻打甲子城积极提供敌情和后勤保障。

甲子城，在明、清两朝与海丰捷胜城同属南海军事重镇碣石卫的所城。城内国民党军队自恃城墙坚固，负隅顽抗。敌人欢度除夕醉饮之后，凌晨4时尚在梦中。红军在南塘、甲子四乡的赤卫队配合下，突然号声枪声四起，敢死队迅速爬城。当敌人惊醒时，红军已登上城墙，打开城门，大部队一拥而入。敌人没有多少抵抗，便慌忙向葵潭逃跑。胜利后，甲子区和甲子区苏维埃政府从乡下迁入甲子城内，设在一座地主大宅院里，把楼顶"可庐"两字铲掉，改写上"CP"（共产党的英文缩写）。

随后，红四师从海丰调到南塘，准备与海陆丰两县赤卫队一起进攻葵潭。葵潭圩地处要道，是汕头到海陆丰、惠州、广州的必经之路，历来兵家都以重兵扼守。当时驻有桂系钱大钧部的补充营，此外常驻有地主民团、保安队。陆丰农民攻破碣石城时，戴可雄、马思迳、陈子和就逃到葵潭圩（随后戴、马两队到河婆归陈耀寰的海陆丰保安队统辖）。甲子城、百岭被攻陷时，残敌也逃进这里保命，所以葵潭"是惠来、陆丰地主民团的大本营"。葵潭的防守十分严密，圩外围有铁丝网，圩内遍布碉堡炮楼，易守难攻。

在进攻葵潭之前，红四师领导们一起研究作战方案，一方面派人回海丰运来从蔡廷辉匪部缴获的两门迫击炮，一方面组织惠来、陆丰数千农民武装参战，组织运输队、救护队。

2月13日夜，红四师第十团与数千工农武装一起包围了葵潭圩。次日早，敌人发现红军和工农武装后才开火，激战一直在圩外围进行。叶镛师长亲临前线指挥作战，参战的工农武装有很多是没有实战经验的，战斗力不强，"惟碣石、金厢的农军则极勇敢，且能冲锋"[①]。时值隆冬，又逢下雨，冷饿交加，工农部队依然坚守阵地，敌兵却不堪其苦。15日，红军把迫击炮对准敌人炮楼——敌方指挥中心，同时部署队伍分两翼包抄攻击。发第一门炮时出现故障，炮手被炸伤，第二门炮正好命中敌人炮楼，又把铁丝网炸开缺口。敌人听见大炮声，即时乱了阵脚，红军则两翼出击，数千农民武装也蜂拥而上，冲入圩内，首先击溃了钱大钧的补充营，其残部及民团一齐逃出葵潭圩。

拔除了国民党军在葵潭、百岭、甲子城3个据点后，海陆丰与惠来、普宁连成一片，为以后帮助惠来推进乡村暴动和后来红军再度东移攻打惠来城打下基础。

陆丰的北部与五华县接壤。1924年在广州读书的古大存等人加入共产党。1925年国民革命军第一次东征后，古大存以省农民协会特派员身份回五华从事农民运动。古大存后来回忆此前五华农运与海陆丰的关系时风趣地说："五华的农民运动是农民到海陆丰挑盐头（食盐）挑回来的。"

海陆丰苏维埃政府的成立，为五华工农群众树立了榜样，并受到极大振奋，他们还专门组织参观团到海陆丰参观，以古大存为团长的五华参观团于1927年12月22日到海陆丰。参观团回到五华后，马不停蹄地分别到各区宣传建立苏维埃政权，推进土地革命和年关暴动等，并首先在农民运动基础较好的第八区筹建区苏维埃政府。

---

① 《东江特委给省委的报告》（1928年2月18日）。

1928 年 6 月，五华第八区苏维埃政府成立及胜利攻占塘湖，使五华与紫金的炮子、陆丰的螺溪联结起来。自此，海陆丰与五华、紫金、惠阳的高潭连成一片，海陆丰革命苏区得到了扩大。

历经艰难　坚持斗争

　　海陆丰在大革命时期是粤东农民运动的中心区域，从 1927 年 5 月 1 日发动讨蒋起义，9 月第二次起义（秋收起义）建立了海陆丰革命根据地，10 月第三次起义后建立了海陆丰苏维埃政权；到 1928 年 1 月春节前后年关暴动向邻县发展；1928 年 6 月，海陆惠紫苏区由此形成。

　　海陆丰革命苏区的扩大，对国民党当局造成了极大的威胁，蒋介石下令国民党集中强大兵力"围剿"海陆丰革命根据地，对共产党员大肆捕杀，对农会疯狂摧毁，海陆丰革命斗争陷入了艰难的白色恐怖时期。根据形势变化和斗争需要，陆丰县委迁移到河西镇卧龙村、陂洋镇芹菜洋、棉輋村等地秘密开展活动。

　　正当海陆紫受国民党反动派和封建地主阶级摧残最严重、革命斗争处于最困难的时候，广东省委常委陈郁于 1929 年 1 月出席了海陆紫特委在海丰山区召开的党代会，传达了中国共产党第六次全国代表大会的精神和广东省委 1928 年 11 月扩大会议精神，与会代表们在艰难困苦的环境中看到了革命的前途和曙光。

　　海陆紫党代会闭幕后，国民党军大肆进攻山区，陆丰县委失去了与海陆紫特委的联系。于是，根据会议精神，县委组成西北特别委员会领导西北各区坚持斗争，将县委机关迁往东南，在东南地区恢复和发展革命力量。1929 年夏收前后，分散在农村中的武装人员恢复活动，县委把他们重新组织起来，在激石溪和内洋各成立 1 个连，分别在西北和东南地区开展游击活动。

1929 年 9 月，海陆紫特委遵照广东省委指示，决定组建红军，定名为中国工农红军第六军第十七师第四十九团，团长彭桂、政委黄强，下辖 3 个营。陆丰此前成立的 2 个连归属第三营编制，编为第七、第八连。第三营肩负发展陆丰的任务。1930 年春，营长林君杰率部攻打陂洋地主民团、博美警卫队，挥戈东南，推动了东南各区的群众在逆境中起来斗争。

1930 年春，红四十九团移驻陆丰东南山区南风凹，吴祖荣（原陆丰县委书记）调任四十九团政治部主任，陈允厘接任中共陆丰县委书记。经半年多的努力，至 1930 年冬，已发展为两河（河口、河田）、附大（附城、大安）、新田、金碣（金厢、碣石）、南博（南塘、博美）、湖甲（湖东、甲子）6 个区委、区苏维埃政府。建立了 7 支区连队，共 300 余名武装，形成了以激石溪为中心的陆丰西北根据地和以深坑为中心的陆丰东南根据地，人口近 8 万。同时，在两块根据地再次开展土地革命，这是土地革命复兴时期的全盛阶段。

武装斗争推动了区乡苏维埃政权的恢复。当时东江最大的根据地，一是海陆紫，二是以大南山为中心的潮普惠。为了把这两块根据地连成一片，不致被敌人从中间截断，西南分委于 1931 年春，决定把陆丰东南部及惠来北部山区成立一个县，为陆惠县。陆惠县以陆丰东南部为主，包括金厢、碣石、湖东、南塘、博美等区，党和政权合并为金碣区、南湖甲区、金碣博区、南博区及惠来的环中区。是年 6 月，陆惠县委正式成立，先后由陈醒光、马毅友、古大存、卢世光担任县委书记。陆惠县委机关设立在陆丰陂洋镇深坑塘麻地，开展对敌斗争活动。

陆惠县委成立后，在深坑、塘麻地、棉輋带领赤卫队配合和支援红一团三打甲子，攻湖东、击碣石、扰金厢，有效地打击了敌人，解决了红军给养和充实常备队的装备。东江特委和军委机关也二度迁到陆惠山区，在陆丰陂洋镇的深坑、塘麻地、棉輋建立根据地。

1932 年冬，陆惠县委在棉輋南寮竹仔凹设立苏区红军医院，国民党当局得知后，派兵"围剿"苏区红军医院，为保护四十九团团长黄强、政委林君杰和医院医护人员及伤病员安全转移，红军卫生员黄吉顺，农会干部黄祥民、黄依忠和 10 多名红军战士在战斗中壮烈牺牲。

1932 年 12 月，国民党重兵进驻海陆紫和陆惠苏区，为巩固其基层统治，强迫群众实行保甲制，即 10 户为 1 甲、10 甲为 1 保，设保长、甲长，保、甲连坐，一户"犯罪"，一甲同科，企图用保、甲连坐制，杜绝共产党员进入农村活动。到处筑碉堡，全面封锁苏区，实行"进剿""屯剿"和"清剿"。海陆紫和陆惠苏区人民在此期间又进行了英勇、艰苦的反"围剿"斗争。

为适应斗争形势，陆惠县的金碣区划分所城区和东南区，南博区划分为潭头、六乡两区。

在国民党疯狂的"围剿"下，红一团撤进海陆丰山区，分散坚持斗争。1933 年夏秋期间，海陆紫县苏维埃主席、东江特委委员林潭吉，红一团团长（原四十七团）彭桂，中共第五届中央委员、海陆丰农民运动早期领导人杨其珊先后遭叛徒杀害。是年 11 月，海陆紫县苏维埃主席团成员钟一强率县机关及赤卫队队员 188 人，在激石溪长坑卧闷兜山被敌包围，在突围战斗中全部壮烈牺牲。

在国民党的残酷屠刀下，陆丰河西镇石柱党支部等多处党组织和农会骨干转入了地下隐蔽斗争，一直坚持至抗日战争爆发，而后他们又跃身投入到抗御日寇的战斗行列。

7

第七章

浴血抗日　救亡图存

第一节 抗日救亡运动的兴起

一、日伪军的暴行

从 1938 年开始,日军为封锁东南沿海,多次派飞机轰炸陆丰城镇和交通线。据当年随军入侵作战的日本人浦车彦后来搜集的资料证实,1938 年 10 月至 12 月,日军海军飞机曾经 5 次轰炸陆丰。1939 年共 8 次轰炸陆丰,范围遍及甲子、碣石等沿海地区及河田等山区。

日本海军的飞机对陆丰进行轰炸,陆丰遭受到严重损失。农田、渔船、码头和大批建筑物被炸毁,平民被无辜炸死,广大人民流离失所、家破人亡,惨不忍睹。沿海的金厢、碣石、湖东、甲子、甲东等地有几十艘渔船被日本炮舰炮轰炸毁,100 多名渔民被炸死(其中,甲东洋尾村有 8 名渔民被炸死;湖东港有 20 多名渔民被炸死)。如 1938 年 8 月 18 日,日本 7 架飞机轮番轰炸甲子港。他们在上午、中午、下午 3 次向甲子镇进行轰炸,炸死了老百姓数人,大批房屋被炸毁,许多渔帆船被炸得粉碎,到处是炸弹的爆炸声。老百姓四处逃难、小孩被吓得哭爹喊娘,整个甲子镇到处弥漫着浓烈的火药味。

1941 年 3 月,沿海地区形势突然紧张,陆丰国民党县政府和驻军闻风逃往西北山区。3 月 28 日,日本侵略军乘炮艇在乌坎港和海仔村海滩登陆。当天下午 4 时,日军侵占了陆城。日寇进城后进行烧杀掳掠、奸淫妇女。日军在陆城驻扎了 3 天，无恶不作，烧毁了县政府和几十间民屋、许多商铺、祠堂，对陆丰人民犯下了滔天罪行。一天，他们在马街头将抢来的饼干糖果散丢在街上，诱骗许多小孩和路人争抢，然后突然往人堆中投掷手榴弹，当场炸死炸伤几十人。日军士兵还在一旁哈哈大笑，以杀人取乐。同时，日军还到处强拉挑夫，强拆民房门板构筑工事，有的民工被抓后就从此失踪。

1945 年 1 月，日军第二次攻陷陆城，占陆丰人口半数以上的东南部和中部地区，沦陷于侵略军的铁蹄下，时间达 8 个月之久。在日军控制的地区到处修筑碉堡、战壕、地道、封锁沟。他们对沿海地区进行疯狂地破坏和掠夺，仅湖东港就被烧了 3 次，烧毁渔船 20 多艘，有几十名渔民被炸死炸伤，加深了陆丰人民对侵略者的仇恨。

在陆城沦陷前夕，陆丰国民党当局就把县机关撤往八万、河口、河田等山区。县长陈藻文在陆丰沦陷期间，以抗日为名，勾结土匪，巧立武装名目，委任双手染满人民鲜血的陈少岐为特务大队队长、无赖陈振波为便衣大队队长、土匪头子罗祖光为别动大队队长。陈藻文通过他们到处设卡收税，大肆掠夺，如在敌占区以检查、封锁为名，对过往食盐、柴炭、水果、杂货等课以重税。同时，陈藻文指使罗祖光、自卫队中队长黄文陶等到处抢劫掳勒。一次，罗祖光带队到东海镇油槎街掳勒陈悦盛之子，逼迫陈悦盛交 150 万元赎款，罗祖光所得之款与陈藻文以四六分赃，即上六下四。后来陈藻文为销毁罪证，密令陈振波将罗祖光暗杀于后坎。黄文陶也曾掳勒大安商人杨访琴，东海商人李大鹏等，勒索巨额赎款。另外，陈藻文还指使部下投敌，与敌伪建立密切联系。在陈藻文的指使下，陈振波带着他的兵丁，投到陆丰城充当伪军。他们还约定，每月由陈振波"敬奉"陈藻文 30 万元，陈藻文还派徐宝銮常驻陆丰城与陈振波联络，然后由陈振波协助征收陆丰城屠捐。

除上述罪恶外，陈藻文还偷卖田赋谷，走私资敌。陈藻文趁日寇进犯之机，派员到各区偷卖田赋谷共 4000 余石，这些赋谷皆由奸商以贱价所得运入龟灵岛转运香港资敌，所得款项一部分由集中仓库副主任钟化雨之手转交陈藻文。

此外，陈藻文还指使他的妻子梅云英协同爪牙收购钨矿，运赴碣石，与敌交换棉纱。由此可见，陈藻文实际上是包匪、纵匪、坐地分赃的土匪头子，是顶着国民党招牌的汉奸。

盘踞在陆丰城的日寇，为了稳定在陆丰沦陷区的统治，积极向地方反动头子诱降。1945 年 7 月中旬，日寇致函郑邦英，邀请他担任陆丰伪维持会会长。在日寇的诱降下，郑邦英征得他的上司（军统）的允许，于 7 月 20 日公开投敌，任陆丰伪维持会会长，充当日寇鹰犬。1 个月后，日寇被迫投降了，郑邦英这些本应受到人民制裁的汉奸卖国贼却备受保护。在日寇临投降之前，国民党县政府即给区、乡政府下了个秘密通知，说郑邦英投敌是政府派他打进敌人内部去的，汉奸此时摇身一变成了"功臣"。

1941 年，由于日本侵略者占据香港，封锁了香港与内地的海上交通，使陆丰大灾荒失去外援而大量饿死人。1943 年的干旱，从 3 月开始到 5 月份。其实旱情时间不算长，但却造成了非常严重的后果。那时全县 51.5 万多亩耕地中，有 24.5 万多亩丢荒，占耕地总面积 48%，全县天灾人祸两相煎，造成陆丰历史上空前未有的饥荒和民众的大量死亡。

据后来不完全统计，全县 1943 年总人口 50.52 万多人，死亡人数达 11.71 万人，加上逃荒外地失踪的 1.676 万人（大部分死亡他乡），总共 13.39 万人，占总人口 26.5%。其中绝户的有 9269 户，并散掉 57 个村。据调查，几个主要地区情况如下：

1. 湖东。原有人口2.67万多人，饥荒期间死亡1.288万人，占总人口48％。其中最严重的是湖东镇枞港内渔民。湖东镇当时全镇居民有1.06万多人，死亡7019人，占总人口66％。从以后建起公墓的碑文里，可以看出当时情景，文中写道："盖当癸未饥荒之年，适逢中日战争进入最后阶段，烽火连天，战祸所及，交通梗塞，海寇乘机抢劫。湖东海僻之地，素称缺粮，且时逢苦旱，野绝青草，纵有金钱，何由获食……。"由此碑文可以看出，日本侵略者封锁香港海路外援，是陆丰当年大量饿死人的原因之一。

2. 碣石镇。当年全镇总人口有2.7万多人，据后来统计共死亡1.119万多人，其中绝户的有894户，4980人；还有逃荒外地的649人，离妻卖子的有889人。严重的如沙井居民区，几乎十室九空。

3. 甲子镇。它是全县人口最多的市镇。从2月份开始就有人死亡，至4、5月份出现大量死亡。严重时，每天单到善堂报知要收尸的约有200具。6月以后，又发生一场霍乱病，贫病交迫的穷人又死去一大批。当年全镇4.2万多人，饥荒期间竟死亡1.9万多人，其中绝户的有1300多户。最惨的是港内渔民，上万人中死亡7600多人，加上逃荒外地的，仅存下800多人。

4. 甲东。属渔、农、盐生产混合的地区，这一年饥荒死亡、逃荒人数之多，也不在上述3个镇之下。整个甲东当年共有2.63万多人，死亡数达1.34万多人，其中绝户的1159户。还有外出逃荒的2970多人，其中有1240多人没回来，据调查，这些人大部分死亡在外地。

5. 东海镇。是县城所在地，在1.89万多人中，死亡9100多人，占总人数49％；属产粮区的博美地区，4.1万多人中，死亡7000多人，占总人口17％；属山区的陂洋地区死亡2580多人，占当年总人口21%。

二、恢复党组织活动

九一八事变后，东北三省迅速沦陷。1937年7月7日，卢沟桥事变爆发，日本侵略军大举进攻中国。中共中央立即通电全国，号召抗战，指出"只有实行全民族抗战，才是我们的出路。"中华民族已到了生死存亡的关键时刻，在全国人民强烈要求抗战的压力下，国民党政府宣布自卫抗日，并承认中国共产党的平等地位。于是，第二次国共合作正式建立，形成抗日民族统一战线。

8月下旬，中共中央召开洛川会议，通过《关于目前形势与党的任务的决定》。会议还决定，为加强党对各地抗日运动的领导，应尽快恢复、健全被破坏的党组织，重建各省省委领导机关①。会后中共中央派张文彬来广东恢复发展党组织，发展抗日民族统一战线，推动国共合作。

广东的党组织恢复后，陆丰的党组织也逐步恢复活动。1937年8月，流亡海外的刘腾光②，在香港受中共南方临时工委张秋云的派遣回到陆丰，重建中共组织。刘腾光回陆丰后不久便和海丰的蓝训材去到博罗，通过刘俯与中共南方临委的蒲特（饶彰风）接上关系。接着，成立了中共海陆丰支部。1938年4月发展为中共海陆丰区工委，负责人为蓝训材、刘腾光。

刘腾光受命回陆丰后，以教书为职业进行掩护，积极联系土

---

① 参见尹林平：《纪念张文彬》，载《广东党史通讯》1984年第3期。

② 刘腾光（1905—1959年），又名刘碧，陆丰人。1926年考入黄埔军校潮州分校，后任陆丰总工会驻甲子特派员，1932年后在大南山苏区工作，任部队政治委员、中共揭阳县委书记等职。土地革命失败后流亡海外，1937年回国，任中共陆丰支部书记、中共陆丰县工委书记等职。1959年病逝。

地革命时期的老党员与参加过革命工作的人员。此时，中共南方
工委①又通过统战关系派党员黄鑫到陆丰，在查缉所任职作为掩
护，协助刘腾光工作。他们先后吸收了陈性初、柳静山、黄基、
李甦等人入党。1937 年 10 月，在东海成立中共陆丰支部，刘腾
光任书记。同年冬，吸收了杨良、郭坚等入党。1938 年 3 月，在
东海下龙潭刘家祠，召开了中共陆丰组织恢复重建以来第一次全
县党员大会，出席会议的有来自东海、甲子、碣石、大安等地党
员，以及刚回到陆丰的旅港回乡救亡服务团的中共党员共 10 余
人。会议学习了《中共中央为公布国共合作宣言》和毛泽东发表
的《反对日本进攻的方针、办法和前途》等文件，使与会者认清
了当前的形势和任务。然后，选举产生中共陆丰县工作委员会，
刘腾光任书记，朱荣任组织委员，郭坚任宣传委员，黄鑫任统战
委员，杨良任青年委员，林瑞任农村委员。会议决定一方面扩大
抗日民族统一战线，推动各区成立抗日救亡团体，促进全县抗日
救亡工作的发展；另一方面继续吸收新党员，扩大党的组织。这
次会议后，附城、大安、甲子等地的党支部相继成立。②

　　1938 年 7 月，郑重受广东省委委派，回海陆丰整顿组织，统
一党的领导，成立中共海陆丰工作领导小组，审查原有党员，发
展新党员。同年 10 月，党组织在汕尾举行了海陆丰党员代表会
议，选举产生中共海陆丰工作委员会。1939 年 2 月，中共东江特
委成立，郑重参加会议并当选为特委委员。根据东江特委决定，
同年 3 月正式成立中共海陆丰中心县委，郑重任书记③。

---

　　① 　根据中央指示，1937 年 10 月正式成立中共南方工作委员会，统一
广东党组织的领导。1938 年 4 月，撤销南方工委，成立中共广东省委。
　　② 　根据郭坚、杨良等人回忆。
　　③ 　参见郑重：《故土恋》，天津人民美术出版社 2000 年版。

1939 年 9 月，中共海陆丰中心县委书记郑重在陆丰召集陆丰县工委扩大会议。出席会议的有刘腾光、柳静山、林瑞、张文彬、杨良、庄岐洲、陈编、蔡泽南、郭坚、陈性初、蔡李桃等。会议由郑重主持，总结检查了陆丰党组织在恢复重建以来的经验教训，批评了在组织发展过程中的右倾思想和组织生活不健全，同时也分析了海陆丰的抗日形势，并要求争取时机、发展组织，并提出坚持抗日、坚持团结、坚持进步三大要求。会议根据东江特委指示成立了中共陆丰县委员会，受海陆丰中心县委领导，指定郭坚为书记，刘腾光为组织委员，杨良为宣传委员，庄岐洲为青年委员。会后不久，中心县委考虑到刘腾光过于暴露，不利于党的掩蔽和安全，由郑重找刘腾光谈话，要他暂时停止组织生活，刘腾光接受了组织的意见，随即停止组织活动。海陆丰中心县委根据省委第五次执委会议精神，开展审查党员及整顿党组织的工作。陆丰党组织恢复初期吸收的党员大多是土地革命时期的革命活跃分子，容易暴露，有的则素质不高。经审查后，一部分被劝退离开党组织，而对一些不起作用的支部，如葫峰、碣石支部则秘密放弃。通过这次整顿，陆丰党组织得到了进一步的掩蔽。那些被劝离开党组织的人，大都能遵守组织纪律，没有暴露党的机密，有些人在党外还继续为党做工作。

1940 年夏，陆丰县委改组，马克昂[①]任书记，郭坚任组织委员，陈颂明（5 月到任）任宣传委员，庄岐洲任青年委员。夏秋间，东江特委派黄闻任陆丰县委书记，马克昂改任组织委员。原组织委员郭坚因过于暴露，改任东南区委书记。经过恢复、发展、

---

① 马克昂（1914—1943 年），广东海丰人。1939 年任中共陆丰县委组织部长，次年任中共陆丰县委书记。1942 年参加东江人民抗日游击总队。1943 年 6 月在东莞塘厦作战负伤后被捕牺牲。

整顿、充实，党的组织增添了新鲜血液，增加了新生力量，以新的姿态迎接 1940 年陆丰党组织大发展的新时期。

三、两条路线的斗争

在大敌当前，中日民族矛盾上升为国内主要矛盾的时刻，广东的地方当权派在国共合作的形势下，作出了比较开明的姿态，广东国民党当局的一些开明人士起来主张抗战，态度也比较积极。中共南方工作委员会根据中共中央的指示精神，利用广东国民党当权派和蒋介石嫡系派之间的矛盾，卓有成效地做了许多统一战线工作，并指示各地党组织以公开形式组织抗日社团，或参加国民党领导的抗日团体，在这些团体中掌握实际的领导权。

在陆丰，广大中小学师生在此国难当头之际，纷纷行动起来，揭开了陆丰抗日救亡宣传的序幕。1937 年 10 月，广东省各地纷纷成立了抗日救亡团体，陆丰青年抗敌同志会在县城成立，县政府教育科科长郑道之任青抗会主任，并吸收各界爱国青年参加。中共党员刘腾光、柳静山参加了这个团体。青抗会成立后，在县城开展了各种形式的文字宣传与街头演说，向社会各界宣讲团结抗战、挽救民族危亡的道理。

在一浪高于一浪的抗日救亡浪潮中，陆丰的国民党当局与地方封建集团势力的心理状态异常矛盾。一方面，他们不反对抗日，另一方面又对发动群众起来参加抗日救亡十分敏感。他们对于土地革命时期波澜壮阔的工农运动仍然心有余悸。在中日民族矛盾已上升为主要矛盾的时期，他们依然念念不忘统治者与被压迫者的阶级矛盾。因此，他们在抗日救亡运动一开始，就对抗日团体的各种活动给予诸多限制，直至发生了逼迫来陆返陆的救亡团体离境，甚至发生杀害返乡救亡工作人员的事件。

1938 年 1 月，广东省民众抗日动员委员会工作队一行 5 人来到陆丰，其中有地下党员程琪、李振雄及进步青年黄蕊秋。他们与陆丰青抗会取得联系后，深入到附城、大安、湖东、碣石、甲子等地做抗日救亡宣传工作。随后，潮汕青抗会随军工作队方东平一行 13 人也到陆丰开展抗日救亡工作，另外还有在广州读书参加"抗先"的学生回陆丰参加救亡宣传工作。在省与潮汕抗日团体的帮助下，陆丰的大安、甲子等地区成立了青抗会。各地都在演出街头短剧，演唱抗日救亡歌曲，出墙报，召开座谈会或演讲会。各种抗日救亡团体的努力，唤起了各阶层的爱国热情，兴起了从县到区的抗日救亡运动。大安等地群众还热情地捐献棉衣，写慰问信，表达他们对在前线英勇杀敌将士的衷心支持。

但是，陆丰国民党当局却对潮汕青抗会随军工作队的救亡工作非常恼怒，提出了诸多责难和限制。1938 年 2 月，潮汕青抗会随军工作队被迫离开陆丰。他们在撤离前发表了《告陆丰同胞书》，揭露陆丰国民党当局消极抗日，迫害爱国青年的罪行。

海陆丰地邻港澳，华侨与港澳同胞较多，为了抗日救亡运动，他们响应共产党建立抗日民族统一战线的号召，同仇敌忾，捐款捐物，组织爱国团体，或直接回国回乡参加抗日救亡运动。1938 年 3 月，在香港准备回乡参加抗日救亡运动的海陆丰同胞集训结束，组成"海陆丰旅港同胞回乡抗日服务团"，全团 20 余人，其中陆丰籍人员有朱荣、林瑞、黄国雄、蔡德流等。他们身着统一制作的黄色中山装制服，佩戴证章，携带大批早已准备好的标语、漫画等宣传品以及药品、衣物等回到陆丰。对这些回来参加抗日救亡的人员，陆丰国民党当局碍于国共合作的局面，碍于服务团是爱国华侨和港澳同胞自发组织并经省政府批准的合法团体，只好在表面上表示接受，却在暗中加以监视、阻挠。

回乡抗日服务团的归来，犹如一股强劲东风，鼓舞了广大群众的抗战信心。服务团虽然受到当局的刁难和冷遇，但他们依然利用华侨和旅港旅澳人士身份，积极在上层开明人士中做统战工作，团结一切力量进行抗日救亡工作。同时，他们在城镇召开座谈会，鼓励青年参加抗日，并下乡宣传发动群众。由于省与潮梅抗日团体以及回乡服务团的积极活动，陆丰的抗日救亡运动力量得到了增援和加强，使陆丰从 1938 年冬至 1939 年春的抗日救亡运动有了较大发展。这时，全县教师、学生普遍已行动起来，建立了各区青抗会和乡分会，并以乡村圩场为活动中心，广泛开展抵抗日本帝国主义，挽救民族危亡的宣传。

1939 年 1 月，东江华侨服务团第二团通过原十九路军将领翁飞廷的关系，在惠来县葵潭筹办一所学习内容同陕北公学相似的"三民中学"。校长吴棣伍、训育主任周大洲，中共海陆丰工委派党员郭坚、周光眉等到该校任教员。该校在 2 月份开学，设专修班与初中一年级两个班。陆丰的许多青年前往参加专修学习。专修班针对学习对象，学习了毛泽东著作《论持久战》《论新阶段》等。3 月，海陆丰党组织的领导人郑重、刘腾光到三民中学了解学校开展工作的情况，并协助郭坚把政治思想比较成熟的庄岐洲、方斯、陈云阶、刘群等 7 位同学吸收入党，组成党支部，由郭坚担任支部书记。到了 5 月份，在反动逆流影响潮汕的形势下，惠来县政府以学校设备简陋，不符合办学条件为借口，强令三民中学停办。①

华侨服务团到陆丰后，一直坚持抗日救亡工作，并与国民党顽固派进行合法斗争。他们在国民党顽固分子统治的地区开展抗日救亡工作，经受着随时都会发生生命危险的考验。1938 年 8 月，顽固派竟然纵容反动地主对参加过土地革命的服务团成员进

---

① 参见方斯：《在救亡运动中成长》，载《莲花山风云》，广东人民出版社 1991 年版。

行阶级报复。当服务团副团长朱荣①在家乡河口宣传抗日时，昂塘村地主叶子忠雇杀手把他杀死。人赃俱在，社会哗然，但作为陆丰县县长的欧汝钧却置之不理，竟然让指使杀人的叶子忠和杀人凶手逍遥法外。

陆丰县县长欧汝钧，军界出身，他在暗中纵容反动地主杀害服务团成员的同时，又大做抗战表面文章。他为了装饰门面，虚设了一个所谓的"陆丰民众御侮后援会"，并且把未建成的陆（丰）河（田）公路路基挖了许多大坑，甚至把距县城百里外仅可通行人的河田拱桥也炸毁。他们将这些做法美其名为"抗日行动"。为了限制青年学生参加抗日救亡爱国运动，以欧汝钧为代表的陆丰国民党顽固派在学生中推行蒋介石的"新生活运动"，提倡埋头读书，以及采取统一考试、甄别考试等方法，监督、限制学生参加爱国运动。

1939年春，由于国民党顽固派的恣意破坏，东江多处发生了迫害华侨服务团事件，华侨服务团先后停止活动。陆丰国民党县党部也于此时限令海陆丰华侨服务团的陆丰成员撤离陆丰。陆丰的抗日救亡运动在当时的社会条件下，遇到了种种艰难险阻。1939年夏，随着各种抗日救亡团体的被迫撤离，陆丰的抗日救亡运动转入了低潮。

海陆丰华侨服务团的成员后来大部分参加了敌后抗日武装，有的成为革命队伍的骨干，有的献出了宝贵的生命。他们用鲜血和生命，谱写了华侨、港澳同胞为中华民族的独立和解放英勇献身的光辉篇章。

---

① 朱荣（1904—1938年），陆丰河口人，1923年参加农民运动，参加了海陆丰三次武装起义，曾任陆丰农民协会宣传组织员、县农会特派员、船埠区苏维埃政府主席、中共金碣区委书记、中共陆惠县委领导成员。1938年从香港回乡开展抗日救亡运动，不幸被地主杀害。

第一节

抗日救亡运动走向高潮

一、涌动的抗日救亡热潮

"动工团"的抗日宣传活动　1939 年 3 月正式成立了中共海陆丰中心县委后，为加强陆丰党组织的力量，中心县委在 9 月改组了陆丰县委。同时，省委派遣赴陆丰任县政府督导员的地下党员郑建文与中心县委接头，协助陆丰地下党工作。此后，郑建文在海陆丰中心县委负责人单线领导下，隐蔽在国民党政府部门为地下党积极工作。

在郑建文到任前不久，陆丰县县长张化如也于 7 月份到任。张化如是位爱国人士，他为人正派，也较关心人民生活，并拥护中共中央提出的抗日民族统一战线政策，是中共东江特委的统战对象。

11 月，国民党领导的陆丰县抗日动员委员会要组织一个直属工作团，郑建文立即同中共陆丰县委商量，争取由他以县政府督导员的身份出任团长。在郑的活动下，国民党县党部和县政府都答应由郑建文组建陆丰县动员委员会直属工作团（简称动工团）。动工团成立后，中共陆丰县委派庄岐洲、陈编等共产党员和进步青年入团工作，并在团内建党支部，庄岐洲任支部书记，同时以发展党的组织，通过该团团结广大爱国青年参加抗日救亡工作，打开陆丰抗日救亡运动的新局面。

动工团成立之后，立即投入到救亡宣传工作中。团长郑建文见县动委迟迟不拨经费，就拿出自己的薪水和家中一些钱作为启动费用。在郑建文和陈编、庄岐洲等筹备下，动工团于11月5日正式成立。团部设在陆城关帝庙后殿，该团成立时就发动了陆城进步青年二三十人参加。动工团成立当天，有县党政军的头目、各中小学校长、各机关单位代表以及一些开明绅士出席成立大会。为扩大影响，他们还在街上贴出了标语。团长郑建文在成立大会上作了抗战形势报告，号召青年们投身到抗日救国的伟大斗争洪流中去，唤起人民起来参加抗战，保家卫国。动工团团员中多数是中小学教师，部分是机关职员，还有少数农工商界青年，他们的抗战热情非常高涨。动工团团员都在团部住宿，每天早晨4点钟就集合列队出发，沿街呼口号宣传。口号内容主要是："一致抗日！""与国土共存亡！""打倒日本帝国主义！"等，并在行进中高唱抗战歌曲。

动工团成立后，队伍不断扩大，人数最多时将近70人。在郑建文、庄岐洲等的领导下，他们有计划地在县城及深入到东南地区开展宣传活动，公演抗日救亡歌剧，贴标语、发传单、集会演讲，宣传抗日形势和抗日前线捷报，宣传抗日民族统一战线政策。动工团所到之处，在当地掀起了抗日救亡运动的浪潮。

1940年农历正月，动工团先后到东南地区的博美、南塘、甲子、碣石、乌坎等地演出，观众情绪高涨，对沦陷区人民的苦难表现出极深的同情，使抗日救亡的宣传活动取得极好的效果。

成立陆丰县抗战剧团　陆丰县抗战剧团是由县政府机关、中小学校、抗战团体、社会上有一定名望的人士以及社会知识青年共同组织的，它的规格较高，机构设置完备。团长由县长张化如担任，副团长由县党部书记长叶子弼和陆丰一中校长梁荫源（又名任元）担任，剧团下设总务部、研究部、编导部、演出部。各部的负责人中，有中共党员陈颂明、林鹏江、周少重、郑建文、陈编等。

县抗战剧团成立后，立即开展抗日救亡宣传活动。1940 年冬，县抗战剧团和龙山中学配合，利用学校寒假到陆丰西北地区访问和演出，他们带了几个大型话剧和戏剧节目，到各处宣传抗日救亡，发动群众，扩大影响。抗战剧团除演出现代戏外，还排练了一些有现实意义的古装戏，其中有一出叫《杜子超斩子》，说的是古代一位爱国将领反对投降大义灭亲的故事，很受观众的欢迎。

1939 年 11 月和 1940 年 10 月，以蒋介石为首的国民党顽固派在全国两次掀起反共高潮，而陆丰却掀起抗日救亡运动的热潮。这是共产党组织抓住陆丰出现的新机遇，坚持中共中央关于发动全民族抗战的一系列方针政策所取得的胜利。这个胜利，为陆丰进一步发展进步力量打下了良好基础。

二、开办"抗大"式学校

1937 年全面抗战爆发后，土地革命战争失败后流亡海外的陆丰籍部分中共党员，参加了东江华侨回乡抗日服务团回到陆丰，协助县委恢复了党的组织活动，使海陆丰的党员人数从 1938 年秋的几十人，到 1939 年底发展为 700 多人。

在大革命时期，龙山中学是共产党及共青团活动非常活跃的革命阵地。1939 年 9 月，龙山中学学生为了抵制校长马斯臧不肯按时开学闹起学潮，中共陆丰县委把握时机，派地下党员陈编代表陆丰青年持书向县长张化如请愿，要张县长为陆丰青年着想，不要让当地学棍当校长。同时，及时向中共东江特委汇报，由特委通过统战关系请张化如配合。最后，龙山中学学潮以马斯臧下台，张化如兼任校长并按时开学取得胜利。自马斯臧下台，张化如亲自兼任龙山中学校长后，龙山中学的领导权也成了陆丰各种势力关注的焦点。

东江特委根据"发展进步势力，争取中间势力，孤立顽固势力"的方针，并吸取总结创办"三民中学"只存在 3 个多月便被取缔的教训，决定通过与张化如的关系来占领龙山中学这块阵地。东江特委的秘密机关设在紫金县古竹镇，书记是尹林平。当时紫金蓝塘有位上海复旦大学教育系毕业回来的梁荫源，在上海参加抗日救亡游行示威时曾遭警察击伤并因此坐牢半年。东江特委为此向张化如力荐梁荫源出任龙山中学校长。1940 年 2 月，张化如聘任梁荫源为龙山中学校长。

梁荫源出任龙山中学校长之后，中共东江特委立即指示陆丰县委，要采取积极措施占领龙山中学这个重要阵地。于是，党组织很快派了一批党员来校任教或就读。最先来的共产党员有林鹏江、韩玲、麦英等，其中麦英是以学生身份来的。接着，陈颂明、卢少瑛、陈雅清（即潘清，为工作方便，陈颂明认她为胞妹）、吴慧英、周少仲、梁任飞、梁衍、潘思奇等 10 余位共产党员相继来校任教。校长梁荫源任用林鹏江为教务主任、梁任飞为训育主任。陈颂明的公开身份是数学教员，来龙山之前是中共河源县工委书记，他的党内职务是中共陆丰县委宣传委员，兼任龙山中学教师党支部书记。同年夏秋间，黄闻担任陆丰县委书记。黄闻到陆丰后，掩蔽在龙山下杉篱街，公开职业是行商，他直接领导龙山中学党组织。这样，在 1940 年上半年，党组织基本掌握了龙山中学的领导权，为发展陆丰的进步力量迈出了关键的一步。

进步力量占领了龙山中学后，学校的面貌发生了极大的变化。龙山中学原来只办初中 3 个年级各 1 个班，梁荫源接任后，克服经费困难，增招了 1 个春季班。学校每个班的班主任都由共产党员担任，从校长到班主任、教师都言传身教，认真教学，引导学生勤奋读书，刻苦钻研，树立了尊师爱生、团结友爱、紧张活泼、遵守校规的新风尚。此外，老师们还经常家访。在当时，中学老师进行家访是非常稀见的，可见龙山校风之新。

办学的首要问题是教育方针，在国统区，办学方针只能结合实际打"擦边球"，而且要十分注意隐蔽，防止暴露。梁荫源采取了谱写校歌的形式，来表达抗日新型学校的教育方针。他亲自写作了龙山校歌歌词。歌词写道："龙山之阳，东海之光，年轻活泼的一群，来自四方，团结在一堂：垦此田野、辟此山荒，在暴风雨中成长，在战斗中健壮；学习工作，工作学习，民主的作风，进步的榜样，严肃紧张，紧张严肃，今天是抗日的先锋，明天是建国的勇将，是摧毁旧社会的战士，是创造新中国的栋梁。同学们努力前进！迈向那革命的战场！"

梁荫源写出歌词后，再由党员教师参考抗大校歌谱上曲，显得更加激越、雄浑，政治号召力极强。国民党顽固派对此抓不到什么把柄。这首校歌诞生后，立刻在全校产生了轰动，青年学生个个喜欢唱，大小集会必唱，嘹亮的歌声响彻校园，激励着龙山中学师生朝着一个明确的方向而努力奋斗。

1940年上半年奠定了坚实的基础后，学校从下半年开始便阔步前进。秋季开学时，增设了1个高中程度的一年制简易师范班，目的是快速培养思想进步的小学师资，以占领广大小学，在农村及城镇中发展革命力量。海陆丰中心县委从海丰挑选了王文瑞等10余位进步青年输送到简师班，原已派到龙山的地下党员庄岐洲、吕自凭、郑学龄、麦英也进入简师班。陆丰县委决定抽调原学校训育主任的梁任飞担任简师班班主任，派党员鄞庆云任教务员，以保证办好简师班。到1941年春，学校又扩招了1个简师班。陆丰追求进步的青年纷纷前来报读。中心县委还从海丰派来党员谢谷、陈一平、王芝兰、王文瑞、陈木瑞等前来简师班就读。

这样，龙山中学从 1939 年的 3 个班，增加到 6 个班，学生数增加了 1 倍。

根据党组织的指示，当时在龙山中学的首要任务是有掩蔽地改革旧的教育制度、旧的课程，实行以抗日救国为目标的新制度、新课程。例如，未列入课程表的课"农村经济"由陈颂明讲授，"新文学"课由梁荫源选择鲁迅等左翼作家的作品讲授，课程表内的历史课由梁任飞讲授，体育课改为军训，有一段时间聘请郑建文任军事教练，还由校长出面向县政府借来步枪 30 余杆（大部分属报废枪）作为军事训练之用。党员教师还选用毛泽东的《论持久战》等作为授课内容，不定期地向学生进行抗日战争理论教育。如 1941 年春，日寇对华南发动新攻势之际，陈颂明向学生作了题为《海陆丰面临沦陷的危险局势》的报告，引用了毛泽东的观点进行分析，帮助学生正确认识当前形势。

龙山中学的党组织把灌输学生革命理论放在首位，同时又强调理论必须联系实际。积极指导学生联系形势和社会状况，组织各种辩论会进行辩论。其中有"中国会不会亡？""驳'速胜论'和'亡国论'""中国青年何处去？"等辩论题。在辩论中，学生畅所欲言，提高了对现实社会的分析能力，加深了对消极抗战派和黑暗社会的认识。

理论联系实际另一个途径是组织学生作社会调查。1940 年 11 月，学校组织了一个"教育调查团"，有五六十个学生参加，由梁荫源与陈颂明带队步行前往金厢、碣石、湖东、甲子等渔港，访问沿海渔民。通过社会调查，学生们进一步认识到革命的意义和责任的重大，也加深了对政治理论课学习内容的领会。

龙山中学在党组织的领导下，紧密团结全校同学，积极配合学校的工作，努力搞好学生的各项活动，同时还使党组织的决定得到贯彻，党的活动得到较好掩蔽。

推进陆丰的抗日救亡运动 龙山中学党组织在中共陆丰县委直接领导下，想尽办法去推动全校及社会各界抗日救亡宣传运动的深入发展。县委宣传委员陈颂明公开身份是教师。在校内，他经常组织时事报告会，讲国内外形势，分析时局，使大家增强抗战必胜的信心。在校外，他充分贯彻党的统战政策，注意争取党外人士的支持与帮助，努力做好社会上的抗日救亡宣传工作。龙山中学不少党员教师和进步学生还参加了动工团，并一起到东南各区做抗日宣传。每逢有各界群众参加的纪念节日集会，龙山中学师生便利用机会向群众宣传爱国主义思想，唤醒民众起来抗日。例如：1940 年和 1941 年县城两度举行黄花岗七十二烈士牺牲纪念日集会，校长梁荫源、教务主任林鹏江分别到会演说，他们的精辟论述、高度的爱国热忱令听众大受教育和鼓舞。1940 年冬，龙山中学师生演出了 1 个大型话剧叫《五奎桥》，叙述一户农民在日寇侵略与地主的压迫盘剥下家破人亡的悲惨故事。在龙山中学体育场演出时，吸引了大量观众，不少人被感动得流下眼泪。

从 1940 年 1 月组织访问东南沿海地区，到 1941 年 1 月的西北之行，龙山中学师生的足迹遍及全县，他们高举团结抗战的旗帜，走到哪里就宣传到哪里。

1941 年 3 月 28 日，日军在乌坎港和海仔村海滩登陆，当天占领了陆丰县城。在此前几天，县政府匆忙动员各机关迁往河田等山区乡村。

在危急时刻，龙山中学决定组织学生往西北山区撤退。在日军占领县城前一晚，他们以班为单位集体行动，经大安、河口，次日晨到达东坑，接着转移到上砂，在上砂择址继续上课。在东坑时，党组织又决定派党员郑学龄、庄岐洲、王文（镜清）、周树勋、王向之、陈雅清、吴慧英、马毓英、余立夫等人，由陈颂明带队返回前线，发动群众，组织抗日。

日军占领陆城后，大肆抢掠烧杀，县城满目疮痍。三天后，即 4 月 1 日，日军向海丰田墘方向撤走。陈颂明带领的龙山中学一队学生首先回到县城，尽力做好受害群众的安抚工作，并随即全面调查商店民房被烧及居民被杀情况，整理材料揭露日本侵略军的罪行，激发群众的民族仇恨。县城安定后，在上砂复课的师生全体返回龙山。这次紧急撤退没有发生紊乱，且有计划地迅即组织学生骨干赶赴接敌区，准备抗日游击战争，显示出龙山中学党组织很强的组织能力，也是学校当局坚持办"抗大"式学校的教育方针，平时做好两手准备取得成效的证明。这短短几天的经历，对于共产党员和广大青年学生来说也是一次锻炼和考验。

坚持做好统战工作 龙山中学共产党的活动和抗日救亡工作之所以能够做得有声有色，是和党组织充分利用各种条件，出色地做好统战工作分不开的。

陆丰党组织第一号统战人士是县长张化如。他爱国，支持共产党的抗日主张。张化如出任陆丰县县长时，前任县长欧汝钧是不准民众搞抗日救亡活动的。而陆丰原有的黄华、黄鹄两大地方实力派，及特务组织军统汕尾组组长郑邦英，都是历任县官不敢得罪的人物。面对这种局面，张化如一上任就想搞抗日救亡运动是不可能的，也是不现实的，在这个时刻，共产党及时地支持和配合他在陆丰开展工作。张化如的最大贡献是接受中共东江特委的推荐，聘请爱国人士梁荫源出任龙山中学校长，接受郑建文的建议亲自担任县抗日动员委员会主任及县抗战剧团团长，对共产党领导的青年抗日救亡活动表示支持，并在危急时刻保护龙山中学的党员老师及时撤退。党组织和张化如保持着多种渠道的联系，例如陈雅清积极配合张化如的夫人（县妇委会主任）做妇女工作，常去张化如家里，张夫人还认陈雅清为干女儿，也以为陈颂明真是她的胞兄。1941 年 8 月有一天，张化如对陈雅清说："你哥哥陈颂明是一位热情、进步的青年，但上司要逮捕他了，他是你哥哥，你看怎么办？"陈雅清立即将情况转告县委，使陈颂明及时安全转移到东莞游击队。

陆丰党组织另一位统战人士是梁荫源。梁担任龙山中学校长期间，县委把他当作共产党的好朋友，信任他，尊重他，全力支持他。他也自觉接受共产党的领导，接受党组织先后从外地派来的共产党员教师10余人，并与他们亲密共事，创办"抗大"式的新型学校。梁荫源自觉地协助共产党在龙山中学培育了大批进步青年，其功劳是不可磨灭的。

党组织通过张化如、梁荫源的统战关系，还建立了动工团和抗战剧团这两个抗战团体。两个抗战团体聚集了抗日进步分子，团结了可以团结的力量，推进了陆丰的抗日救亡宣传工作，又有力地配合和保护了龙山中学，共产党占领龙山中学这块阵地达两年之久。

此外，龙山中学在中共陆丰县委的直接领导下，十分重视团结小学校长、教师，在县城定期举行校长联谊会，把广大小学教师作为统一战线中不可忽视的一支力量。

精心发展学生党员 共产党组织占领龙山中学这个阵地，旨在发展、精心培育党的力量。为此，在1940年春开始，党组织就为实现这个目的采取了各项有效措施。通过办"抗大"式的新型学校，除了让学生学习必要的文化知识外，还以思想政治教育为中心进行形式多样的教育，不但改革教学方式和课程设置，还注重理论与实践相结合，使课堂知识与课外实际锻炼很好地融通起来。同时，通过爱国主义教育，阶级与阶级斗争分析，以及抗战形势与抗战策略、军事知识与实际操练、辩证唯物主义与历史唯物主义等教学与讲座，使学生们初步接受辩证唯物主义的思想方法教育，也使他们的人生观世界观得到了飞跃，造就了大批有用之才，为培养陆丰的革命事业接班人作出了重要贡献。

在发展学生党员过程中，党组织对进步学生进行个别培养和考验。经过一段时间的仔细观察和考验后，才逐个吸收入党。从1940年下半年开始，龙山中学先后建立了多个学生支部，并成立党的总支委员会。1941年，党组织有了很大发展，在龙山中学先后参加共产党组织的总共有60人之多。

从土地革命战争到抗日战争、解放战争时期，龙山中学、河田、芹菜洋、石柱村、下葫村等地成为组织开展革命活动培训基地，为各地培养和输送了一大批人才。

三、配合东纵　坚持抗战

从1940年春开始，在陆丰党组织的领导下，各地选派了许多优秀党员和进步青年陈编、吴路军、李振雄等到海陆丰游击区参军抗日，他们在战场上英勇抗击敌人，不少人在前线壮烈牺牲，为人民的革命事业流尽了最后一滴鲜血。在伟大的抗日战争中，陆丰共产党组织高举党的抗日民族统一战线的旗帜，坚决贯彻执行中央各项方针政策，紧密团结广大民众和华侨、港澳同胞，广泛开展救亡运动，领导陆丰人民进行了艰苦卓绝的斗争。

1941年11月，日本飞机窜袭陆丰县城，其中一架飞机发生故障，坠落在城郊白藤簕村西边的荒埔上，当地军民迅速将飞行员俘获，押至县政府。尔后，有日机飞往陆城散发传单，说务必保证飞行员安全，否则，加大报复。陆丰军民不惧其威胁，随将该飞行员交由上级处理，飞机残骸运至县政府旁的公园内存放。

同年，有一架日军飞机因故障坠落于甲东洋美村海滩，在进行维修时，洋美村数百名村民手拿锄头、铁铲围住飞机，3名机组日军掏出手枪企图反抗，瞬间被村民制服俘捕，愤恨的村民将飞机拆毁，随后将3名日军押至甲子区公所，交由政府处理。

1942 年设在河口石印村郑万生①家中的石印交通站，是东纵、闽西南和韩江联系海陆丰的交通站。这个交通站设了 6 年，一直坚持到解放战争时期。石印交通站负责人郑万生是县委政治交通员。东纵六支独立中队郭坚部队突然离开陆丰后，石印站一个月里收到郭坚 50 多封信。在郑万生一家人的努力下，地下交通线畅通无阻，日夜不停，使情报得到及时转送。

陆丰地下党把配合东江纵队活动作为重要任务，积极散发部队发来的宣传品，扩大影响，动员群众抗日。陆城的党组织为了避免暴露地下活动，他们刻了一个假邮戳，把宣传品装成邮件，贴上邮票，盖上假邮戳，分头出动，分别送到陆城各机关和社会地位较高的人物或进步群众的家门口。散发宣传品的影响很大，顽固头子为之恐慌，广大群众则为抗战的每一次胜利欢欣鼓舞。1945 年春夏间，郭坚独立中队挺进陆丰八万、芹菜洋等地活动，陆城地下党组织给部队提供了不少情报。

1943 年，世界反法西斯战争形势发生了根本性变化。在太平洋战场上，日军开始失去战略主动地位。1943 年 12 月 2 日，广东人民抗日游击队东江纵队成立。从此，广东人民有了共产党领导的正规的、有规模的抗日武装部队。

1944 年 11 月，海陆丰沿海形势十分危急。12 月，为开辟海陆丰抗日游击根据地，东江纵队独立第四大队奉命自惠阳开赴海陆丰。东江纵队为坚持抗战，挽救危机，决定以原来的独立大队为主力，组成第六支队，任命叶基为支队长，曾源为政委（不久

---

① 郑万生（1917—1994 年），陆丰河口人，中共党员，曾任海陆丰人民自卫队东北大队政委、东江纵队第一支队六团政治处主任，中华人民共和国成立后任陆丰县县长、省建工局工程处副处长、蕉岭文福水泥厂筹建领导小组组长、省建材局基建处副处长等职。

改任郑重为政委），郭坚为代理政治处主任。

1945年1月，第六支队在海丰大安峒建立了抗日游击根据地，郭坚率领第六支队独立中队活动于九龙洞，准备推进到陆丰八万一带。日寇对东江纵队所部挺进海陆丰开展游击战争高度警惕，他们在海陆丰占领区内，凡过去红军活动的据点、交通要道都深挖山洞，屯兵驻守，严密封锁。

1945年2月，郭坚率领独立中队开赴陆丰，他们突破日寇、国民党保安队、钟超武挺进队几道防线，先到葫芦輋山口，再经双派到内洋。到内洋后，立即联系老区群众，开展抗日游击活动。1945年4月，独立中队从八万、内洋进入惠来三清岭，并派人与韩江纵队取得联系。独立中队在内洋时，陆丰地下党动员了一批青年到芹菜洋参军。不久，郭坚率部离开陆丰，回到了高潭，向支队领导全面汇报情况，准备作全面部署并打算多带一些陆丰地方干部回陆丰开展游击斗争。

日军第二次攻陷陆丰后，日伪军、顽军互相勾结，镇压抗日力量。在复杂和困难的形势下，陆丰党组织根据上级指示，一方面大量散发东江纵队的宣传品，另一方面派遣党员和动员青年参加东江纵队，在人力物力上支援抗日战争。同时，在沦陷区和周边进步群众中秘密组织游击小组，学习军事知识，更新武装，积极搜集情报，准备迎接抗日部队挺进敌后，并保护东江与韩江抗日部队在陆丰境内的地下交通运输线。

1945年3月，国民党独立旅第一纵队挺进陆丰，主动出击驻在西南屯埔乡的日军，在屯埔、黄塘激战10小时，双方死伤严重，国民党军队阵亡32人。后日军往河田方向撤退。

在日军侵占陆丰期间，中共陆丰县委部署各地地下党组织利用可乘之机对日军的驻地和行动进行干扰袭击。1945年5月的一天，有6名日军午后来到深草洋村（深埔），在村北侧一个水塘边脱光衣服跳进水塘洗澡，6 支步枪架在草丛边。深草洋村农会负责人李建成发现后冒着危险穿过草丛，用两肩背起日军的 6 支步枪，神速钻入茂密的丛林，一路抄小道、涉田沟狂奔到淡水村，将日军的 6 支步枪藏在胞姐家的盐田沟，并用杂草覆盖，两天后上交给附城区党组织。

1945 年 7 月 26 日，中、美、英三国发表波茨坦公告，迫令日本无条件投降。8 月 8 日，苏联对日宣战。8 月 15 日，日本帝国主义宣布无条件投降。不日，侵占陆丰的日军奉其上司命令往海丰集中，向中国人民投降。经过十四年浴血奋战，陆丰人民和全国人民一道，终于取得了抗日战争的完全胜利。

8

第八章

为陆丰的解放而斗争

第一节 全面部署 反对内战

抗战胜利后，中共中央、毛泽东高瞻远瞩，明确向全党全军提出：必须做好两手准备，一方面必须尽力争取和平，使内战限制在局部范围，或推迟内战爆发的时间；一方面又要对蒋介石发动内战的阴谋有充分的认识，对帝国主义和反动派不要抱任何幻想。国民党当局果然把广东作为内战基地，他们准备在军队主力北调打内战之前，先集中 50 个团的兵力，采取"势在必打，志在消灭"的方针，企图"清剿"广东的人民抗日武装，以"安定"其"南方后方"。

中共广东区党委认真分析了当时的严重形势，根据中共中央1945 年 9 月 19 日电报要求"分散坚持"的指示精神，向各地党组织发出《对广东长期坚持斗争的工作布置》的指示，决定新的工作方针是：一方面坚持斗争，保存武装，保存干部，规定"党员应从事生产、商业、发展经济，一切工作人员职业化"，待"时机成熟时发展据点"[①]；另一方面是长期打算，准备将来进行公开的民主斗争。广东区党委新的部署，其中之一是建立海（丰）陆（丰）惠（阳）紫（金）五（华）根据地，成立"海陆惠紫五"指挥部。同时，根据斗争需要，指示撤销海陆丰中心县

---

① 《林平致中共中央转南京局的电报》，见广东省档案馆等编：《粤赣湘边区革命史料》，广东人民出版社 1989 年版，第 8 页。

委，分别成立海丰、陆丰县委，地方组织转入隐蔽，坚持地下斗争。

1945 年 9 月，中共陆丰县委员会（代号洪西）在东海镇成立。

中共陆丰县委员会

书　　记　刘志远

组织委员　蓝逢原（江　水，1945 年 9 月—1946 年 1 月）

　　　　　彭凌述（1946 年 1—7 月）

宣传委员　彭凌述（1945 年 9 月—1946 年 1 月）

　　　　　陈伯强（陈威，1946 年 1—3 月）

组织委员　莫　廷（女）

下辖组织：

中共东南区委员会（1945 年 9 月—1946 年 3 月）

书　　记　陈伯强（陈　威）

副 书 记　邹海山

组织委员　马毓英

宣传委员　庄秉心（先）

　　　　　林汉英（后）

　　下辖支部：

　　中共碣石总支部委员会

　　书　　记　陈经伟（陈　伟，1945 年春至 6 月）

　　　　　　　颜　石（1945 年 6 月—1946 年冬）

　　组织委员　麦友俭（1945 年夏至冬）

　　　　　　　赵　衡（1945 年冬—1946 年春）

　　　　　　　麦友俭（1946 年夏至冬）

　　宣传委员　赵　衡（1945 年夏至冬）

　　中共陆丰第一中学支部

书　　记　陈继明（陈　锋）

中共陆丰简易师范支部（1946 年秋建立）

书　　记　王　健

中共神冲支部

书　　记　许汉英

中共上陈支部

书　　记　陈炳奎

中共东崎支部

书　　记　庄秉心（1946 年春—1948 年 6 月）

中共赤岭小学支部（1946 年 1—12 月）

书　　记　郑　剑

中共高田支部（1946 年 3 月建立）

书　　记　余　叶

中共东海教工支部（1946 年 7 月—1947 年秋）

书　　记　鄞庆云

中共中区委员会（建于 1946 年春）

书　　记　朱靖祥

组织委员　叶　勇

宣传委员　朱靖祥（兼）

下辖支部：

中共八万支部

书　　记　周　义（先）

　　　　　黄　琨（后）

政治服务员　周树勋

中共大安支部（1948 年春恢复）

书　　记　王国祥

1946 年春，中共陆丰县委书记刘志远从陆丰县城东海镇移驻陆丰碣石镇，为方便工作碣石总支由刘志远直接领导，东海及附城各支部，成立中共附城区工作委员会，1947 年 4 月改为区委。

中共附城工作委员会

书　　记　王　健（1946 年 3 月—1947 年 7 月）

组织委员　鄞庆云（1946 年 3 月—1947 年 7 月）

宣传委员　陈继明（陈　锋，1946 年 3 月—1947 年 2 月）

　　　　　林汉英（1947 年 4—7 月）

下辖支部：

中共军潭支部（1949 年春建）

书　　记　陈　流

中共东山支部

书　　记　庄秉心

　　　　　庄鉴平（1948 年 7 月后）

中共溪墘支部（1947 年春建立，与大塘为一支部）

书　　记　卢时杰（先）

　　　　　孙少东（后）

中共碣石总支委员会

书　　记　麦友俭（1946 年夏至秋）

　　　　　陈　甦（1946 年秋—1947 年秋）

　　　　　赵　衡（1947 年秋后）

组织委员　麦友俭

宣传委员　赵　衡

下辖分支部：

中共碣石镇分支部

书　　记　颜　石（先）

　　　　　麦友俭（后）

中共深田湖分支部（建于 1945 年 8 月）

书　　记　陈　汉（先）
　　　　　　陈　阶（后）
中共碣石（莲花）分支部（建于 1946 年夏）

书　　记　林茫然
中共湖东小组（建于 1947 年）

组　　长　陈宗武
中共甲子小组（建于 1948 年春）

组　　长　林　声

中共陆丰县委员会成立后，坚决贯彻中共中央和华南分局关于在国民党统治区地下活动的要求，继续贯彻"隐蔽精干，积蓄力量，长期埋伏，以待时机"的方针。制定了中心任务：一是建立地下领导机构，做好长期打算的准备，实行秘密的单线联系，加强保密和气节教育，一切工作着眼于隐蔽；二是凡已暴露的党员，一律调离原地区，并要求党员要有信心，要经得起考验；三是必须有如果工作做得好，快则六七年，慢则十五六年的思想准备。

县委书记刘志远①因重任在肩，到陆丰任职前，上级组织为帮助刘志远解决掩护的困难，交给他可买到 250 担谷的 10 万元金圆券，安排他在陆丰县城开间比较像样的米铺以作掩护。可是刘志远到达陆丰时，金圆券已贬值，一落千丈，买 5 担谷都不够，无法开米铺作掩护。为了坚持斗争，刘志远化名刘彭城，冒充是

---

① 刘志远（1909—1990 年），海丰人，1928 年参加革命，曾任共青团紫河特区书记等职，解放战争时期先后任中共陆丰县委书记、海陆丰中心县委书记、海陆丰人民自卫队政委、江南支队第五团政委、陆丰县委书记兼第六团政委、东江第一支队政治部主任等职，中华人民共和国成立后，在海南地区任县委书记，后任广东省人民政府老区建设委员会办公室主任。

香港沦陷时逃难回来的难胞，以挑夫身份登记入户口。地下党员郑学龄在东海镇同华社帮刘志远找到 1 间房子住了卜米，当起了"挑盐头"的挑夫，这样，刘志远就在东海到河婆之间来回挑担走动。为了做得像个挑夫，刘志远每次都挑上百来斤，由东海至河婆全程 70 公里，往返要走 4 天。东海、河口、五云地下党员见到县委书记挑盐的情景，自动在党员教师中秘密捐款支持县委。刘志远后来听取大家的劝说，利用各支部的捐款到河婆贩布，当起肩挑布贩子。这样，既作为掩护，又方便与东海、河口、五云、河婆等地取得联系。在上级组织和刘志远的领导下，陆丰党组织迅速转入隐蔽活动，并准备坚持长期地下斗争。

1949 年 8 月，陆城解放时，群众夹道欢迎解放军进城，认识刘志远的人没想到走在部队前头的团政委竟是那个挑夫"阿城兄"。龙山中学老师为此写了一首打油诗，其中一句是："敲锣打鼓迎政委，原来却是阿城兄"。

第二节 支援东纵 反击"清剿"

1945 年 9 月，为粉碎国民党当局的"清剿"计划，加速实现中共广东区党委建立"海陆惠紫五"根据地的部署，区党委和东纵设立东进指挥部，又称"海陆惠紫五"指挥部。11 月，驻丰顺的国民党一八六师以"防土匪"为名，进驻海陆丰地区，搞海（丰）陆（丰）紫（金）五（华）丰（顺）揭（阳）等六县联防，追踪东纵所属部队，妄图按其上峰命令于 1946 年 1 月底前"肃清辖境内奸匪"。他们派了一个团驻扎陆丰，伙同陆丰地方武装，用坐点出击、跟踪追击、分散搜索、集中合围等办法，"围剿"人民武装。

为突破敌人的包围圈，东纵采取了化整为零的办法分头行动，并计划在分头行动的同时实现东进的部署。东纵指示原活跃在东宝地区的东纵第四团主力，在四团团长黄布、五团代理政治部主任郭坚的率领下边突围边东进。于 1945 年底到达陆丰、五华交界的葵头嶂，准备在新环境中站稳脚跟，开创新的根据地。

为了找到陆丰党组织，黄布、郭坚率领部队于 1946 年 3 月份来到良田，后来又转到八乡山地区。到了八乡山，四团碰到韩江纵队的 1 个班。为了避开国民党部队的追击，韩纵战士引导四团离开了八乡山。他们在途中到禾田水村扎营时，晚上被国民党部队发现并包围。次日晨，四团和敌人打了起来，他们虽然冲出了敌人的包围圈，但连指导员黎标和韩纵派来带路的彭伟华壮烈牺牲，女卫生员被打裂了肚皮。

部队几经周折，又回到上砂亦岭，往这里遇到四团政治处主任赵学等十几人，赵学转达了上级指示，要四团分散保存力量，等待北撤。于是，郭坚、赵学率2个连编成1个大队，设法在境内保存这批力量。

郭坚带领部队在三溪找到地下党员叶左恕，叶左恕告诉他们，党组织已完全转入地下掩蔽，按上级指示是不能暴露的，要公开配合部队活动有困难。叶左恕派了2个交通员将部队带到了八万乡。在苏区群众的支持帮助下，部队在八万、内洋、沙坡、石盘坑、郭公田等地迂回活动。当敌人发现四团主力向陂沟、内洋进攻时，四团主力已甩掉敌人，掉头重回葵头嶂。

四团主力和"海陆惠紫五"指挥部所属其他部队在广大群众的支持帮助下，凭着必胜的革命信念和坚强的革命意志，出没于崇山峻岭、深谷密林，坚持灵活机动的山区游击战，使国民党部队处处扑空，"清剿"行动一场徒劳。

由于敌我力量过于悬殊，国民党是大部队统一行动，而共产党革命力量处于弱小的隐秘阶段，所以四团主力终于未能在海陆丰山区站稳脚跟，也说明东进创建"海陆惠紫五"根据地任务之艰巨。尽管如此，四团在海陆丰山区已播下了革命火种，产生了很大的影响。

东纵北撤前，县委书记刘志远与海丰县委负责人郑达忠同往香港的省委接待处，向上级领导周楠汇报工作。周楠传达了上级对东纵北撤后的形势分析和交代任务，强调要坚持十年隐蔽斗争，反对急躁，防止暴露，不搞大规模群众斗争。应运用"有理、有利、有节"的策略原则，在当局法律、政令和社会习俗许可范围内，稳扎稳打进行工作。党员应广泛打入地方保甲和经济、教育、军事等机关团体，开展统战工作，在党员被强迫参加国民党时，可酌情加入。总之，好好坚持就是胜利。①

同时，周楠宣布，海丰、陆丰两个县委撤销，县委书记改为特派员，刘志远为陆丰特派员，郑达忠为海丰特派员，并要求不要与留下的武装小分队联系。

1946 年 6 月底，东纵北撤，暴露的党员骨干奉命随军北撤，另一部分人员到香港掩蔽。此时，中共中央的战略决策已转为争取控制东北，对广东的方针已转变为分散活动、坚持斗争，根本点是立足长远打算，保存革命力量，等待革命高潮的到来。②

为此，东纵北撤时留下了十几支小分队分布于原来活动的地区，其中海陆丰留下 1 支③。东纵北撤后，国民党当局立即对东纵复员人员进行迫害，他们在海陆丰两县实行"联防联剿，联保连坐"，强迫东纵复员人员"自新"，推行征兵、征粮、征税的"三征"苛政。陆丰地下党根据上级党组织指示，积极做好掩蔽东纵和韩纵复员人员的工作。根据上级指示，东纵第六支队北撤前夕，分配 10 名已暴露的海陆丰地方党员骨干随军北撤，其中陆丰随军北撤的有王文、陈霖、陈伟、陈国良、郑干等，另一部分暴露人员由海丰抗日民主政府一区长蓝训材带领到香港掩蔽。同时，留下一小股武装力量，由东纵六支政治处保卫股长、武工队指导员庄岐洲负责，在海丰与惠阳交界的山区掩蔽。

庄岐洲、赖熙、廖英、朱滔、陈世扬、李民等 6 名留下的武

---

① 参见郑达忠、林德、王健：《解放战争时期海丰地下党一些情况》，见中共海丰县委党史研究室等编：《海陆丰革命史料》第三辑，广东人民出版社 1999 年版，第 724 页。

② 参见中共广东省委党史研究室：《中国共产党广东地方史》，广东人民出版社 1999 年版，第 603 页。

③ 参见杨康华：《东纵北撤时各区留下人员情况》，见《粤赣湘边区革命史料》，广东人民出版社 1989 年版，第 32 页。

装小分队在部队主力远离、形势环境非常恶劣的情况下，在海丰与惠阳交界的山区陈寮肚村掩蔽下来。他们在树林里搭寮安营，作好了长期掩蔽斗争的思想准备。小分队战士们自觉遵守党和部队的纪律，每天劳动、学习，过着像部队那样的有规律生活。他们的生活非常艰苦，住茅寮，吃野菜，风餐露宿，饥寒交迫。战士们知道虽然现在只有 6 个人，而背后有党和广大海陆丰人民的支持，只要能坚持下来，海陆丰的武装斗争旗帜就不会倒。小分队在山区不忘密切联系群众，他们有时也带着短枪以探亲访友为由出现在山区。那些老关系户看见他们都十分惊喜并热情接待，当知道战士们生活上有困难时，老百姓都乐意捐助粮食。就这样，小分队战士互相勉励，互相帮助，始终保持着革命的乐观主义精神，靠坚强的革命信念和革命意志坚持着，时刻等待着党组织的召唤。

分化敌阵 抵制"三征"

　　"双十协定"墨迹未干，蒋介石国民党便急着篡夺抗战胜利果实并公开反共，还变本加厉地欺压百姓。陆丰的国民党当局在日寇侵入陆丰时急忙逃往山区，保存实力，还包私走私，大发国难财。而当日寇投降时，他们就急急忙忙从山区跑下来抢夺胜利果实。在陆城人民庆祝抗战胜利大会上，陆丰县县长陈藻文甚至大放厥词，鼓吹反共反苏，叫嚣要消灭共产党。臭名昭著的汉奸、日本侵占时期的陆丰伪维持会会长郑邦英这时也摇身一变，成为国民党政府官员。当局还说郑邦英投降日本是政府派他打进去的，是为"党国效劳"，汉奸卖国贼这时却成了抗战"功臣"。人民群众通过这一连串闹剧，彻底看清了国民党当局卖国求荣的丑行，看清了他们仇视共产党的本质以及翻云覆雨的政治手段。

　　1946年3月以后，国民党当局在陆丰全县进行假民主选举。表面上，当局是动员各地选举乡镇长，而实际上已按派系势力大小在内部安排好各乡镇长的名单。地下党组织利用这个机会做了大量工作，一方面发动群众抵制、揭露国民党假民主的骗人把戏，另一方面又利用国民党的法令以及地方集团火拼的机会，利用统战关系，有组织、有计划、有步骤地参加竞选，发动群众选举进步人士掌政，更广泛地打入保甲团体，使区乡政权尽量掌握在自己人手里，或使区乡保各级政权瘫痪，同时也使国民党内部派别矛盾加剧，互相斗争。

国民党挑起内战以后，加紧对老百姓进行征粮、征兵、征税。广东各地群众开展了声势浩大的反"三征"、求生存的斗争。在陆丰，地下党组织一方面抓紧积蓄力量，一方面领导广大民众进行反对假民主和广泛的反对征粮、征兵、征税斗争。从1945年冬起，广大群众采用抗缴、拖欠、逃避等办法进行了反"三征"斗争，有的地方还采取中途伏击、殴伤、杀死征收人员的行动反抗"三征"。

1945年冬，国民党县政府二三十名军警人员在上云征收粮食，结果大部分农民都进行逃避抵抗，只有地富和公偿会产交了部分稻谷，总数有七八十石。征粮人员将这些稻谷放置在大鹏小学，准备运到新圩。地下党这时立即发动群众设法瓜分这批田赋谷。征收人员要雇用一些农民挑夫运粮，地下党就先组织可靠的农民充任挑夫，然后布置几个人在挑夫装粮食时找征收人员论理，吵了起来。这时，几个兵只注意大门的人员进出，没料到30多个农民挑夫趁他们吵得乱纷纷的时候，打开学校的侧门从河沟底溜走了。等到征粮人员发现后，这些农民挑夫已走得不见踪影。征收人员没办法，只好把剩存的几十担谷往新圩押运。路上，挑夫们有意把队伍拉得长长的，使押运人员顾不上两头。经过丛林的时候，走在前头的挑夫趁押运人员赶不上，又逃走了一部分。待粮食运到新圩时，已剩下很少一部分，弄得征收员哭着回去交差。

1942年共产党员王文奉命回八万乡开展工作，发展了具有影响力的进步人士周启文加入党组织，成立八万党支部，建立地下联络线。1945年，周启文以国民党八万乡乡长的公开身份，带领其亲属周启元、周启英、周启华机智地利用各种机会开展对敌斗争，同时把周姓循良公祠堂作为秘密交通联络站。

八万乡党组织建立了"白皮红心"的两面政权后，便有计划、有组织、有策略地对"三征"进行了巧妙灵活的斗争。对于一年一度的征兵，八万乡往往是由乡政府暗中串通，各保出人头指标，联合起来作弊。一年两季的征粮，乡政府借口有田赋处专管，所以不反对也不插手，对征收员所提出的无理要求，乡政府往往抓住其弱点不予理睬。他们下乡抓人，就暗中通风报信，示意农民逃避，形成群众性抗征粮运动。1946 年冬，有一次县政警队队长带了 30 多名士兵到八万征粮，并限令联保办事处 3 天内完成 300 担田赋谷以应军需。联保办事处干事陈少平事先在暗中召开保长会议，商讨对策，决定不予配合。征粮人员到八万后，仅由陈少平应付，而副镇长、办事处主任和保长们均不与他们见面。结果，政警队等了三天，毫无办法，只好灰溜溜地回县城去了。①

在进行反"三征"斗争的同时，八万乡农民还进行了反征地、反开矿场的斗争。八万是个锡矿丰藏之乡，1945 年 9 月抗日战争刚一结束，英国远东矿业公司就运来大批采矿机械物资，到公宝山建楼开矿，雇用了 300 多名工人进行机械化开采。他们买通了陆丰县县长罗尚忠，由县政府的名义圈定矿区范围，沿八万河两岸方圆 6 公里内的农田、村庄都成了矿区。

地下党组织根据农民的呼声和要求，开展了"反对外国掠夺资源，保护农民赖以生存的土地"的斗争。地下党员周树勋、周启文还代表群众直接向国民党当局陈情，在他俩的同学帮助下，取得了国民党中央政府"锡矿开采必须在不妨碍农田水利和农业生产的情况下进行"的批文。但是这张批文没有明显的针对性，最终仍不能制止远东矿业公司买地开采锡矿。地下党见所有温和的斗争都没有效果，就采取强硬手段，通过一些农民和工人，进行怠工、破坏机器设备等破坏生产。该公司终因开采地盘受反对，

---

① 参见叶左能主编：《陆丰地下战线》，中共中央党校出版社 1997 年版，第 148 页。

耗费损失严重，经济核算亏本而被迫于 1946 年秋停业。

在碣石，地下党组织则采用散发传单、张贴标语、广泛进行口头宣传的形式进行反"三征"宣传。1947 年春，地下党印发标语到处散发、张贴，内容有"反对国民党的三征政策""打倒蒋介石，人人有饭食"等。

由于全县各地的反"三征"斗争延续不断，国民党当局想尽办法也收效不大。而且，1947 年后，大安、碣石等田赋处一个接一个被袭并破仓分粮，搞得当局风声鹤唳。到 1948 年上半年，国民党当局的"三征"政策已基本上被粉碎。当局通过保甲摊派要人要粮的办法已无法实行，征兵也只得采取围乡抓人和在圩镇上抓人拉夫的手段。

第四节 军事占领 工农做主

一、首战大安 威震陆丰

为了扩大海陆丰人民自卫队在陆丰的影响，也为东北大队在陆丰开创局面，进一步打乱敌人的阴谋部署。1947 年 11 月 9 日，海陆丰人民自卫队和东北大队领导吴江、彭克明周密策划和指挥首战陆丰大安的战斗。事先，指派东北大队战士彭恩瑞（彭王英）、余叶，天雷队队长江国新、钢铁队队长朱韬白天化装成上圩农民，手提蔬菜、杂物，深入到大安圩内敌军据点进行侦察，机智勇敢的彭恩瑞走至离警察所不远的街上，把手上一包花生故意掉落地上，他们三人利用蹲下拾花生的时刻，把警察所官兵及其周围动态看得清清楚楚。接着，三人回到宿营地，向首长和战斗骨干介绍侦察结果（如地形、地物、道路、敌据点周边等情况）。之后，东北大队决定乘翌日（1947 年 11 月 9 日）大安圩日，集市人多，突击队化装成赶圩农民，进行奇袭。并同时进行了军事部署：由队长江国新率天雷队袭击警察所；由队长朱韬率钢铁队袭击镇公所、田赋处；由指导员刘启文率队负责南北两面警戒。

当天下午 3 时多，行动开始，江国新带天雷队化装成上圩农民，直扑警察所。朱韬带钢铁队近 10 名战士攻打镇公所。指导员刘启文带一个排，随突击队后面，混入赶集人群中，进入圩内，经大街冲到大安圩南面，警戒陆城敌军援兵来路。钢铁队另一个排穿黄色军服，化装成国民党兵，从河口方向直人大安镇，抢占制高点。部队领导吴江、彭克明在刘启文排后面指挥战斗。

江国新接近警察所后，眼明手快，把门口哨兵擒住，突击队员冲入屋内，巡官肖伦企图越墙逃跑，并开枪打伤天雷队队员陈奇，但他终于被突击队生擒后枪毙。其他敌据点，不发一枪，经十多分钟，便结束了战斗。接着，突击队在街上贴出东北大队布告，赶圩群众看着人民自己的子弟兵突然间全歼大安圩内敌人，喜形于色。此战，共缴长枪 12 支、短枪 6 支、子弹 130 多发，电话机等物资一批。晚上，破仓分粮给贫民，群众欢天喜地。深夜，海陆丰人民自卫队主动撤出大安圩，转移到田寮肚村宿营。

这次，以东北大队名义，进击陆丰大安，全歼守敌，震动全陆丰，严重威胁陆丰国民党心脏——陆城，大大鼓舞陆丰人民的革命斗争勇气。东北大队的革命红旗开始在陆丰螺河两岸高高飘扬。

二、陆丰县人民自卫委员会成立

1948 年夏，随着革命形势的发展，建立人民民主政权问题提到了中共海陆丰中心县委的工作日程上。中共海陆丰中心县委为统一海丰、陆丰边区的武装斗争和党的领导组织，加速边区的民运建政工作，在海陆丰边区成立海陆丰人民自卫委员会，任命刘夏帆为负责人。

随着军事斗争的节节胜利，解放区不断扩大。中心县委根据革命形势的发展，批准陆丰成立临时性质的县政权。1948 年 7 月，陆丰县人民自卫委员会在激石溪成立，郑达忠任主任委员，郑万生、叶左恕、彭克明为副主任委员。

县自卫委员会成立后，立即发表《告陆丰同胞书》，号召全县人民团结起来，在中国共产党领导下全力支援人民军队，为彻底推翻国民党的反动统治，建立人民民主专政的政权而斗争。

随后，县人民自卫委员会公布了"二五"减租办法及征收公粮条例，要求各地贯彻执行。

首先是实行减租减息。解放战争时期，共产党在新解放区实行的经济政策，是根据有步骤地削弱封建势力的方针制定的。中共中央香港分局在 1948 年 8 月发出的指示中明确要求当时的"社会政策限于实行反'三征'、减租减息、生产合作、救灾救荒"，"财政政策应根据合理负担的原则实施，并保证财权"。[①] 陆丰县人民自卫委员会贯彻了上级指示，在农村实行了减租减息，生产合作和救灾救荒。同时，要求各级政权必须统一认识，认定减租减息的基本目的是减轻封建剥削，改善农民生活，激发农民的革命热情与提高农民的思想觉悟。所以在执行减租减息的政策时，一方面既要站在农民一边，热情支持农民的减租减息要求，另一方面又要保障承认地主的财产权和地产权（反动恶霸除外）。

在陆丰，由于解放的地区有先有后，因此农民交缴地租的比例也略有不同。县人民自卫委员会根据上级的方针政策和地区的实际情况，决定实行"二五"减息办法。规定为对分租（地主、农民各一半）三五减（即佃农得六二五、地主得三七五）；原租额低于对分者不得借此提高，但可少减或免减（例如主四佃六者可减一五，主三佃七以下者可以免减），减租后，农民必须保证交租。

---

① 中共中央香港分局 1948 年《半年工作总结和今后方针任务》，见广东省档案馆等编：《粤赣湘边区革命史料》，广东人民出版社 1989 年版，第 220 页。

关于减息方面，规定"三十六年①以前所欠债务，其属于高利贷剥削者一律废除"，"谷利每石年利不得超过 4 斗"。"钱息年利不得超过百分之三十，月利不得超过百分之三为标准。"

1948 年秋收时，减租减息运动普及到平原解放区。贫农团、农会、妇女会等群众团体还组织减租减息纠察队，监督地主收租，不许违反减租减息政策。这些措施有力地推进了减租减息运动的深入开展。通过减租减息运动，农村中的封建势力被有效削弱，广大农民获得了经济利益和政治利益，亲身体会到共产党与国民党的根本区别，大大提高了保卫和建设解放区的积极性。

其次是实行了借粮度荒政策。陆丰地区经济上本来就比较落后，广大农村的贫苦农民受到国民党"三征"勒逼和封建地主的剥削，大都处于饥饿和窘困状态，每年春荒到来，总是严重地威胁着广大贫苦农民的生产和生活。

对此，根据中心县委的指示，陆丰县自委会要求各解放区、民运区必须关心群众生活，实行借粮度荒。要求借粮工作首先要把那些有迫切要求的贫农雇农组织起来，在农会中起核心作用，依靠他们推动借粮度荒斗争，并注意团结中农。一般做法是：在斗争反动的地主恶霸，没收其封建剥削的浮财、粮食分给贫苦农民的基础上，由农会通知中小地主、富农、开明绅士、农村中的其他富户召开借粮度荒会议，由农会干部宣讲形势和共产党的政策，以及解决春荒搞好春耕的迫切性和存在的困难，动员到会者主动征募、借贷粮食（包括种子），并保证在不影响他们一家生活的前提下，有借有还，使全部贫雇农度过春荒。

---

①　指民国三十六年，即 1947 年。

三、民运工作的开展

为了适应民主建政工作的需要，陆丰县自卫会先后安排了许多新参队的男女青年担任民运员，先送他们到海丰大安峒总部政治训练班学习，然后由老民运员带领三五个新民运员组成工作组，深入乡村工作。用以老带新的办法，联系实际学习政策，培养了大批民运建政工作干部。

为加强政权建设和群众运动的领导，县自委会委派张子仁负责民运建政工作。同时，分片划分民运区，把大安、青塘、旱田、黄塘等地划为"华西民运区"，把八万、葫峰等地划为"华东民运区"，这些民运区实际上是区级民主政权的雏形组织。经县委决定，派出张子仁、林玉、朱靖祥、叶云、谢特英、叶子等人任各民运区的领导。还先后派出缪化民、叶国良、叶玲、谢惠、叶辉、陈甦、谢天涛、彭伟光、谢非①、吴萌、彭少达、颜石等十几人到各地开展民运建政工作。各地民运工作组紧密依靠群众和党组织，凭着灵活机智的斗争方式和情报联络，使工作得到了顺利开展且发展很快，开创了边区建政工作新局面。

民运工作人员发动和组织群众极为艰辛，尤其是开辟新区时，随时会遭到敌人的突然袭击，而民运员常常冒着生命危险做发动工作。由于广大农民饱受压迫，思想上往往有许多顾虑，一时不敢起来斗争，这就需要民运员深入到贫雇农之中，扎根串联、逐个发动，一个阵地一个阵地的夺取，从无到有，从小到大地把群

---

① 谢非（1932—1999 年），陆丰河口人，1947 年参加工作，中华人民共和国成立后历任中共陆丰县委书记、省文教办副主任、中共《红旗》杂志社三人领导小组成员、广东省委秘书长、省委副书记兼广州市委书记、广东省委书记、九届全国人大常委会副委员长，第十三、十四、十五届中央委员，第十四、十五届中央政治局委员，1999 年 10 月病逝。

众组织起来。民运员在艰险的工作环境中没有退却，他们不怕苦，不怕死，为了人民的解放事业不惜流血流汗，甚至献出年轻的生命。1948 年 10 月，青西民运员何方，有一次到旱田向民运队领导汇报工作，途经溪仔口附近时遭遇"进剿"山区的国民党军队，何方不幸被捕。被捕后，何方在敌人面前坚贞不屈，最后英勇就义。同年 11 月，在上护工作的女民运员谢惠等也在掩护民兵转移时壮烈牺牲。

1948 年在县自委会努力下，边区建政工作取得了很大进展。8—9 月，在芹菜洋又建立了一块革命根据地。为开展东南区的民运建政工作，县委把八万、芹菜洋、陂沟、洋口等地以及东南一些地方划为"岭南民运区"，由杨干负责领导。不久，建立了以杨重为乡长的陂洋乡人民政府、以陈荣光为乡长的两湖乡人民政府。为了扫除开展东南区工作的障碍，东北大队采取了坚决措施，把在博陂两湖一带派枪派款、无恶不作的政治土匪蔡廷中所部的枪支全部收缴，并解散其队伍。同时，开展了强大的政治攻势，警告一切国民党党政军人员和地方封建势力头子切勿跟随国民党首恶自绝于人民。并提出，对能起义加入共产党革命队伍的国民党官兵，以及公开或秘密为共产党革命队伍工作的人给予奖励。同时，号召各界同胞和人民武装部队合作，自觉拿起武器，抗丁抗粮，反蒋自卫。在这一政治攻势的冲击下，不少国民党官兵和地方武装举起了反抗国民党的旗帜，投奔人民革命队伍，接受共产党的领导，并被收编到东北大队中。

在建政工作中，县自委会除依靠自身的武装力量外，还非常重视群众组织的建设，注意发动群众并紧紧依靠人民群众的力量巩固政权。

民兵组织是解放区巩固人民政权的重要力量，搞好民兵工作是解放区建设的一项重要任务。民兵主要任务是在本地区清匪反霸，支持群众斗争，管制阶级敌人，维护地方安宁，保卫解放区，并配合主力作战。民兵们每次参加战斗都非常积极勇敢，有时主力部队远离解放区执行任务，他们就在解放区主动反击敌人的进攻。解放区民兵组织的建立主要有两种形式。一种是改造原来各乡村的更寮组织，再吸收一些青年农民，改称为民兵后备队。另一种形式是由贫雇农青年组织起来，收缴、征集地方和公偿会的枪支弹药，组成民兵队伍。随着战争的需要和形势的发展，民兵的作用大为突出，他们成为主力军队的强大助手，对革命的成功起了重要作用。

1948年下半年，县委决定在乡村后备队中挑选出优秀分子，组成民运区的民兵区队，成为脱产民兵，每个区队有30至50人枪。在华西民运区组成以陈炳辉为中队长、朱忠负责政治工作的民兵区队，代号为"安安"队。安安队组成不久即编进主力队，因此，华西民运区又重新组建了以王锦章为队长、林玉任政治指导员的民兵区队，代号为"青西"队。岭南民运区也建立了脱产的民兵区队。

除了民兵组织以外，农村中的其他群众组织，是共产党广泛团结广大群众的重要形式，它的成员是党在农村所依靠的革命力量。在反"三征"、破仓分粮、减租减息、借粮度荒、扩大武装、组建民兵、支援战争和创建政权的斗争中，群众组织都发挥了重大作用。

第五节

东江怒潮　席卷海陆

一、成立六团　强势反攻

1948 年下半年，人民解放军以摧枯拉朽之势将国民党打得落花流水，蒋家王朝灭亡在即。在东江南岸，海陆丰人民自卫队配合江南支队的主力作战，主动出击，有力地打击了敌人，粉碎了宋子文对东江南岸的重点"清剿"。人民武装日益壮大，革命根据地日益扩展，江南地区的局势更加有利于人民解放战争的发展。

为配合解放战争形势的发展，早日解放东江南岸地区，1948年 11 月 2 日至 12 月 14 日，中共江南地委在中共中央香港分局副书记尹林平指导下，在海丰大安峒召开了地委扩大会议，会议根据中共中央香港分局关于"巩固山区、坚持平原、发展新区，各区连成一片"的指示，战略上作出了重大决策，决定迅速打开海（丰）陆（丰）惠（阳）紫（金）五（华）边区的局面，建立进退有据的大块根据地，使五县边区连成一片。会议决定整编江南支队为粤赣湘边纵队东江第一支队，整编海陆丰人民武装为东江第一支队第五团（海丰）、第六团（陆丰），任命庄岐洲（吴江）为第六团团长，刘志远为六团政治委员，郑万生为六团政治处主任。

根据形势的发展，江南地委决定撤销中共海陆丰县委，海丰、陆丰两县分设县委，党政军分开，各成立县委和军队系统。

江南地委和东一支司令部还决定，原海陆丰部队输出两个连给东一支主力。海陆丰人民自卫队（江南支队第五团）决定以主力钢铁一、二中队为基础，再从其他中队抽调部分人枪整编成两个连移交给东一支接收。

江南地委扩大会议是东江南岸地区在历史转折时期的一次重要会议，也为解放陆丰作出了具有前瞻性的决议，加速了解放陆丰全境的进程。

江南地委扩大会议后，中共海陆丰县委召开了最后一次会议，讨论贯彻江南地委扩大会议精神和决定，总结县委成立以来的工作经验教训，以及如何贯彻执行地委扩大会议的各项决定问题。会议根据毛泽东的军事学说总结了军事斗争，根据中共中央的总路线、总政策检查了群众工作和政策实施，同时，相应作出了《党的工作》《群众工作总结》等决议。根据江南地委指示，新设立的陆丰县委由刘志远任书记，庄岐洲任副书记，郑达忠任组织部部长，郑万生为宣传部部长。

1949 年元旦，新华社向国内外播发了毛泽东主席写的振奋人心的新年献词《将革命进行到底》，郑重宣告"一九四九年中国人民解放军将向长江以南进军，将要获得比一九四八年更加伟大的胜利"。

为了提高华南人民武装的战斗力，更好地配合南下大军解放广东，经中央批准，中国人民解放军粤赣湘边纵队 1 月 1 日在惠阳宣布正式成立。①

---

① 1948 年 12 月 17 日中共中央香港分局方方就成立粤赣湘边、闽粤赣边、桂滇黔边纵队司令部致电请示中共中央。12 月 27 日中央复电批准香港分局意见。参见广东省档案馆等编：《粤赣湘边区革命史料》，广东人民出版社 1989 年版，第 252、253 页。

原东纵江南支队整编为粤赣湘边纵队东江第一支队。司令员蓝造，政委王鲁明，副政委祁烽，参谋长曾建，政治部主任刘宜。

粤赣湘边纵队成立后，决定发动春季攻势，目的是：一方面为了粉碎敌人的进攻，另一方面是为了迅速建立海（丰）陆（丰）惠（阳）紫（金）五（华）边和新（丰）连（平）河（源）龙（川）边两块战略基地。以江南地区的东江第一支队为主，由九连地区的东江第二支队第四团配合，开辟海陆惠紫五边区；以东江第二支队为主，由北江第二支队、东江第三支队各一部配合，开辟新连河龙边区。在东江南、北两线同时向国民党军队地方反动武装发起进攻，有配合、有策应、有准备、有计划地打击敌人，夺取据点，占领中、小圩镇和广大农村，逐步造成包围城市的态势，为战略基地的建立与巩固扫清障碍，打下基础。①

根据边纵指示，海陆丰人民自卫队整编为第五团和第六团，属于东江第一支队直接领导下的中国人民解放军地方部队，分别在海丰和陆丰活动。2月1日，第六团在八万乡双派村正式成立，庄岐洲任团长，政委由陆丰县委书记刘志远兼任，郑万生为政治处主任。六团成立当天中午，会场布置庄严肃穆，台前挂有"东江纵队六团成立大会"横幅，台面挂有三角岭送来的"民众柱石"四个大字横幅，台前站满了前来祝贺的来宾、双派村村民和坐满整齐的军人。大会由团长庄岐洲主持，政委刘志远作报告，政治处主任郑万生致《告陆丰同胞书》。大会下午4时结束，双派村洋溢着浓厚的节日气氛。六团的成立，是陆丰人民在中国共产党的领导下，经过迂回曲折的道路、坚持艰苦的自卫斗争而取得胜利的标志，是共产党正确的军事路线与陆丰人民坚强不屈的

①　粤赣湘边区党委1949年1月《关于时局》，参见广东省档案馆等编：《粤赣湘边区革命史料》，广东人民出版社1989年版，第307页。

斗争意志相结合的成果。第六团成立当天，芹菜洋、八万等地的民兵队伍、各地代表以及根据地群众从四面八方涌向双派村，举行了热烈的庆祝大会。这次庆祝大会成了大进军前夕的一次军民誓师大会。

附：

中国人民解放军粤赣湘边纵队东江第一支队第六团成立
告陆丰同胞书
（1949 年 2 月 1 日）

亲爱的同胞们：

今天我们以中国人民解放军的光荣称号开始与大家见面了。在此时候，正当农历元旦，万象更新，衡视目前形势，我军正以汹涌奔腾之势直指京沪，包围武汉，即将渡江南下。东北既早解放，华北之敌，也几全歼。华中不成问题了，而华南及全国解放之期，不出一年左右。新岁开始，带来了一切翻新的气象。新的人民的中国就要在这一年实现了。这就是说，在这一年中，几千年来束缚着我们的封建枷锁，百余年来帝国主义的压迫，二十二年来蒋匪独裁卖国的统治，就统统要被消灭了。一切旧的要成为过去，而渴望已久的独立民主富强的理想新中国，就要实现了，这是一件大事，一件值得欢呼拍掌的大事！虽然反动派们并不愿让自己寿终正寝，他们还要作垂死的挣扎，因此有所谓"和议"、"停战"，一切移师南下，但大家都清楚，所谓"和议"、"停战"，不过是一种阴谋与烟幕，目的在获得喘息时间以便保存其残余兵力，积蓄力量，卷土重来以延长内战。因此，我们是不会上他们的当的。我们的决心是把革命进行到底，求得真正的和平。至南移的残兵败卒，在我南下大军的追截与地方人民武装的合击下，更何能避其覆灭的命运？蒋匪临死智穷，不过徒表现其低劣无耻的伎俩而已。

同胞们：今天我们改编为人民解放军，一面既感觉无上的光荣，尤其有无限的信心与欢欣的心情。回忆年前——三十六年十月十日，我海陆丰人民自卫队东北大队，为接受陆丰人民的要求，开始建队。年余以来，在中国共产党的正确领导下，军民合作，对敌斗争，已获得了辉煌的成绩。在蒋匪一个保安独立营，四个县政警中队及各区封建势力联防队无数次的进攻底下，坚决掌握着中国共产党领导人民斗争的总路线与总政策，团结广大群众，进行反三征、反抢掠、反迫害，实行减租减息，改善民生，增加生产，保护工商业，保护华侨家属，维持地方秩序等社会政策。由于我们忠诚为人民利益而服务，获得了广大人民群众的拥护和支持，终于粉碎了反动派的历次进攻并削弱了敌人，壮大与发展了自己。一年多的斗争以来，我们的队伍已扩展了四倍，地区发展了二十余倍，广大的山地与农村为我控制，把敌人孤立于几个据点。打下了陆丰解放的稳固基础，这是我们一年来斗争所获得的成绩。

由于我们有了这些伟大的成绩，并且经过了一年多来的斗争的锻炼，在全队的政治认识上，在执行政策上，在战斗能力上等等，都经过了考验与提高，并在斗争中和全陆丰人民紧密团结，获得了广大民众的拥护和支持，故获准光荣改编为中国人民解放军。

过去的成绩奠定了今后斗争的稳固基础。目前的形势，又鼓舞了我们斗争的无限的信心与勇气。不过我们在接受光荣的称号之余，也感到我们任务的艰巨。我们自应更加努力，坚决接受中国共产党的领导与虚心接受广大同胞的意见，取得军民更进一步的合作。我们的任务，不但要解放陆丰，而且要解放全广东、全中国。在这里，我们号召全军今后更英勇更坚决的战斗，以达早日歼灭蒋匪完成革命之大功。除此之外，我们更希望全陆丰同胞完成当前几件重要工作，予我们进一步的合作：

（一）全陆丰同胞团结起来，坚决为反三征、反抢掠、反迫害、歼灭蒋匪而斗争。在蒋管区的同胞，应该准备迎接我军，在求早日获得解放。在目前，应做好一切工作，取得与我军密切联系，供给情报、布置内应，准备配合，解放陆丰或在蒋区采取各种方式进行斗争，或前来参加工作，各阶层团结一致，布成天罗地网，把蒋匪消灭之。

（二）全陆丰同胞起来，踊跃参加中国人民解放军，扩大队伍，增强力量。青壮者要把此当为光荣的任务，献身国家人民的机会，而踊跃以赴；父老们则以此为保乡救国的大事予以必要的鼓励与帮助，使参军蔚成热烈的高潮。队伍大了，力量强了，便可早日歼灭蒋匪，完成革命之大功。

（三）坚决摧毁蒋政权，建立民主政权。已建立者，则使其健全并切实予以拥护与协助，俾其能为民众造福，安定及巩固后方，并为战争服务。

（四）一切为了前线，一切物力人力应多用于支援前线，集中精神，全心全意，为着胜利，献出力量。各种群众团体应组织起来，为推动一切工作的核心。民兵应普遍组织起来，练好武艺配合主力作战。

（五）一年以来我们接受了广大群众的要求，实行了减租减息合理负担等政策，初步改善了人民生活，在目前，我们更应把各村组织起来，全力增加生产。虽然条件或未尽具备，但是我们必须按照具体情形，既有条件，把此当作一件重要工作，力求进一步改善生活，并使工商繁荣，社会安定、进步！

同胞们！我们翻身的日子到了，新的理想的中国就要实现，我们一齐努力吧！

中国人民解放军粤赣湘边纵队东江第一支队第六团

团　　长　　庄岐洲

政治委员　　刘志远

政治处主任　郑万生

暨全体指战员

六团成立后，把原东北大队第一中队、第四中队改编为第一连和第四连，其他地方性部队和短枪武工队番号不变，一律以代号进行活动。

在全国人民解放战争的迅猛发展、蒋家王朝即将覆灭的新形势下，陆丰国民党各级政权已经摇摇欲坠。为此，六团和陆丰县委决定把斗争矛头直指国民党统治区，向敌方展开军事和政治攻势。在军事斗争策略上采取除了极端反动者必须予以军事歼灭外，对其他人员则有分别地进行分化瓦解。在解放区，通过召开各界人士座谈会、群众大会和张贴标语、散发传单等方式，把当前形势及共产党的主张、政策广泛宣传；在国民党统治区，除了通过武工队、民运队开展宣传外，地下党把宣传品散发到国民党军队营房、政府机关及闹市街道，并通过各种社会人士、社会关系争取一切可以团结和可以争取起义的力量，加速敌方内部的分化瓦解。

2月上旬，县委在芹菜洋召开干部会议，决定由庄岐洲、郑万生率领主力部队到东南地区展开攻势，打开东南沿海局面；由刘志远、叶左恕等到西北地区开展政治攻势，分化瓦解西北地区守敌，争取和平解放河田。

六团在芹菜洋经过 10 天的整训，开始了主动进攻的军事行动。

根据分工，庄岐洲、郑万生率领主力部队到达东南地区。队伍甫抵驻地，侦察员报告，国民党政警队驻南塘的黄文陶中队，因打死 1 名陈姓屠户，被陈姓群众围困在炮楼内不敢出来。据悉，黄文陶中队才 30 余人，战斗力不强。经过分析研究，确定首先一仗是派第一连进攻黄文陶中队，吃掉这股敌人。2 月 11 日，连指导员郑剑带 1 个排正面佯攻，虚张声势，迫使敌人向博美方向撤退；另派 1 个班占据铜婆山，阻止敌人向碣石方向逃跑。佯攻的枪声打响后，黄文陶中队因为摸不清解放军部队的虚实，从早晨到上午 10 时一直龟缩在炮楼固守待援，不敢向外突围。根据这种情况，埋伏在敌军退路两边的连长叶虹当机立断，率部队进入镇内，选择地形攻击敌军炮楼，并伺机炸毁炮楼。但是，黄文陶中队利用制高点和充足的弹药火力猛烈扫射，使一连无法接近炮楼。一连久攻不下，便展开政治攻势，向敌军喊话，讲解人民军队优待俘虏的政策，叫他们放下武器。但是，黄文陶自恃工事坚固，始终不肯投降。到了中午，一连考虑到南塘周围近处的碣石、甲子、博美的国民党部队可能马上就会来援，于是主动撤出战斗。黄文陶见解放军撤走，便立即撤离炮楼，仓皇逃窜。一连指挥员见敌军出逃，便即刻率部队返回南塘，炸毁炮楼，拔掉敌人的防守工事。然后在街上散发传单，向广大市民宣传共产党和解放军的政策。

这次六团主力攻打南塘的行动虽然未能消灭守敌，却大大震惊了国民党当局，使他们惶惶不可终日。

3 月初，六团打败了驻在陆丰河田挂着民主联军旗号的反动力量，收复了河田，为粤赣湘边纵领导机关、江南地委、第一支队领导机关进驻河田和建立海陆惠紫五大块根据地发挥了重要作用。

六团在解放陆丰、海丰中担当了主力部队。

二、整顿市场 发展经济

发行"新陆券" 为适应形势发展的要求，进一步巩固人民政权，发展经济、保障供给，尽快使解放区广大人民过上安定的生活，江南地委在陆丰河田成立了江南地区财经委员会，负责经济管理工作，有步骤地全面领导江南地区的税务、征粮和货币市场工作。1949年初，国民党政府眼看崩溃在即，便加紧搜刮民脂民膏，大量地发行"金圆券"。由于纸币迅速贬值，人人拒用，以致国统区物价暴涨。劳动人民的生活急剧恶化，有些地方出现了"以物易物"的原始交换形式，有些地方则是港币趁机涌入。在这种情况下，江南地委请示粤赣湘边区党委批准，在陆丰河田开设"新陆银行"，发行自己的纸币"新陆券"。

1949年5月，在地委的指导和县委、县政府的领导下，"新陆银行"宣布正式成立，由县长郑达忠兼任新陆银行的经理，县政府财政科科长麦友俭为副经理，银行地址设在河田镇。这是东江地区劳动人民继土地革命初期创建"海陆丰劳动银行"之后，又一个劳动人民自己建立的银行。新陆银行建行后，为保证"新陆券"币值的稳定，还拿出了相当于5万元的实物（主要是公粮谷），作为货币发行基金。与此同时，还成立"新陆贸易公司"，组织物资供应以稳定市场物价。

"新陆券"发行后，首先用在拨付六团所属连队和政府的经费开支；其次是通过新陆贸易公司开展对外贸易，组织军需民用物资供应部队和市场需要；再次是收兑港币，规定与港币的比价为二比一（即2元本币兑1元港币）。随着江南地区的部队向海陆惠紫五边区挺进，江南地委和东一支以支队名义布告"新陆券"可以通行整个东江地区。这样一来，"新陆券"的流通范围扩大到海丰、紫金、惠阳、东莞、宝安及邻近地区，凡驻扎在六团控制地区和过境部队的军费，均用"新陆券"支付，"新陆券"的发行额达到了 60 万元。

建立新陆银行，发行"新陆券"后，一定程度上保证了当时江南解放区部队的供给和政府的财政开支，有力地支持了解放战争，同时也稳定了江南地区货币市场的秩序，平抑了物价，促进了工农业生产和商品流通，起到了缩小以物易物交换商品的范围，排挤了外来港币，为以后中共中央华南分局发行"南方券"及开辟解放区金融市场积累了经验，其历史功绩不可磨灭。

设立新陆贸易公司 为整顿金融、物价的混乱状况，陆丰人民政府在江南地委的直接指挥下，成立了陆丰县新陆贸易公司，任命彭坚为公司经理。针对市场物资短缺，投机商人从中操纵物价的情况，新陆贸易公司从一开始，就根据军需民用物资中的轻重缓急情况进行商品采购。

由于新陆贸易公司有自己的银行做后盾，资金雄厚，又收购有大量的物资在库，投机商再无法也不敢像以前那样操纵物价或抢购物资囤积居奇。这样，人民生活的必需品的价格便迅速稳定下来。人民生活必需品价格稳定以后，新陆贸易公司便向农村收购农产品调剂市场，在沿海则通过承包商收购食盐。除满足本地区需要之外，还大量北运销往兴梅地区。同时，还在本县西北山区收购土特产外运香港，开展进出口贸易，再从香港买回军需民用物资。随着军事斗争形势的胜利发展，新陆贸易公司的经营业务越做越大，对保障军需民用、活跃市场、稳定物价、支援解放战争，对安定人民生活、恢复正常的经济秩序起了很大作用。

陆丰税收总站 在革命与建设中，税收工作起着经济支柱的作用。自 1947 年 5 月以后，根据工作和斗争的需要，全县各地先后建立了专职税站或流动税站。随着政权的巩固，税收工作也逐步走向正常，税站数目也不断增加。河田解放后，江南地委在河田建立了全区性的税务局，加强了部队和各地税收工作的管理。为此，陆丰县委决定成立陆丰税收总站，任命林宣汉为总站长，并调整了全县税务机构。随着军事形势的发展和解放区、游击区的扩大，又新建了碣石、法留山、南塘、博美、崎头、河田等税站，各站收入的税款除就地供应部队、政工人员费用之外，其余汇交总站。税收正常化保证了军队和地方工作机构必需的经费，对搞好全局工作和革命的最后胜利起着特别重要的作用。

三、保障后勤　拥军支前

随着形势的发展，支援前线的任务越来越重。每场战役的支前工作都是硬任务，而且工作量大、时间性强，且有一定的危险性。因此都是在解放较早、群众觉悟较高而又接近战场的地方动员组织群众参加。在几场战役中，群众对支前工作踊跃参与，保证了每场战役的需要，为前线打仗作出了贡献。

为了解决军粮问题，在全县普遍推销以边纵名义发出的公粮债券。这是一种以稻谷为保障的公粮债券，也称救国公债。推销公粮债券采取以县政府名义通知到乡，从乡到村，群众评议，面向地富，定好数额，分级包干。为做好此项工作，陆丰县委派出了强有力的工作队，以火山下村作为试点，一边深入群众之中开展销债工作，一边进行民主建政工作。

1949 年 8 月初，南下大军迫近粤境，江南地委向陆丰县委传达了激动人心的胜利消息，同时为了迎接与支援南下大军，向陆丰下达了 1.5 万名民夫、2 万担稻谷的光荣而艰巨的支前任务。陆丰县委、六团和陆丰县人民政府，根据边纵党委、江南地委对支援前线的部署，于 8 月初成立了陆丰县支前委员会，委派叶左恕和民主人士彭声为正副主任，党、政、军抽出干部参加。县委要求县级领导分别深入各区，分片负责；号召从党内到党外，从上到下，从积极分子到一般群众，层层武装思想，为迎接支援南下大军而争取主动。此后，六团文工队、河田的天河剧团等深入各乡镇作支前演出，各乡镇亦运用各种宣传工具和方式，集中各种力量进行宣传，从而收到了显著效果，提高了群众觉悟，支前热潮很快形成。在此基础上，分别组织短期战勤和常备战勤。先组织了路程约 200 华里以内，用时一星期即可回来的民夫，又组织了用时 20 天到 1 个月的常备民夫，出发前定了回来日期。同时又根据出勤长短和出勤民夫的实际情况切实解决问题，如组织帮耕队等，使群众既懂得支前的重要意义又感到共产党的认真负责。由于措施切实可行，广大青壮年热烈响应支前号召，踊跃参加民夫队。

通过支前工作，群众觉悟有了很大提高，党团组织和群众团体有所发展，全县完成了战勤民夫任务，完成了军粮 1.7 万担。此外，准备迎接南下大军，各地组织捐献大批的稻谷、木柴、稻草、牲畜、什物，还有金银首饰等。群众把拥政爱军视为空前盛举，到处一片热烈景象。陆丰人民为自己取得翻身解放，支持自己的军队和政权的欢悦心情由此可见一斑。

军民奋战　解放陆丰

一、开辟海上运输

在抗日战争末期和解放战争时期，一部分地下党负责人和人员因工作需要，经常往返内地和香港，地下党所需要的学习和宣传资料，武装部队需要的物资，相当部分要从中共中央华南分局设在香港的办事机构供给。因此，开辟内地与香港的海上运输线，就成为地下党的重要任务之一。上级党组织根据碣石、湖东两个港口距离香港较近这一条件，把这一任务交给碣石地下党。碣石地下党认为要执行此任务，首先必须解决海上运输工具问题。麦友俭等党员勇挑重担，他们利用家庭关系和社会关系，采用独资或合资经商租用船只，当时经常被租用的有"金腾盛""海兴""海腾"号帆船。党组织还多次利用倾向进步渔民的船只。进行海上运输的活动经费，属军用物资及进步书报刊费的来源，主要有三个方面，一是由人民武装部队拨发；二是从中共中央华南分局驻香港后勤处领回；三是碣石地下党发动党员、团员、青年积极分子及旅港同胞捐献。每次都由碣石地下党派出党员廖奋、李振业等及积极分子卓坤、陈镇丰前往香港押运。尤其是卓坤以"金腾盛"号职员身份多次往返碣石与香港，不怕辛苦艰难。物资抵港口后，地下党千方百计转运到内地。这条海上运输线发挥最大作用是在1949年。当时，东江第一支队第六团成立，随后东一支主力与粤赣湘边部队一度挺进陆丰河田，部队的军需物资，如军毯、塑料雨衣、药品、胶鞋及党的书报刊等，其中一部分从香港运进碣石港、湖东港，然后转送部队。

海上运输线的建立，还有利于地下党人员往返于内地、香港。如1946年，陆丰地下党几位负责人及从韩江方面来的几位党员，先后经碣石、湖东安全抵达东纵集中地沙鱼涌，然后北撤山东烟台；陆丰县委书记刘志远曾三次从碣石往香港；随后有赵衡、颜舒、颜石等，为执行党的任务，多次往返碣石、香港。总共安全运送了80多人次。

二、发展地下交通

抗日战争中建立起来的中共碣石交通站，到了解放战争时期，已发展成为南至香港、北至八万、东至潮汕、西至陆河纵横交错的地下交通网络，负责人是麦友俭。由于碣石地理位置特殊，它既是陆丰东南区的主要交通站，又与河口、东海两个主要交通站有直接联系，与潮汕地下党及游击队也有直接和间接的联系，如韩江惠陆边特派员詹泽平、驻三清山的部队均与麦友俭有横向联系，起到沟通陆丰与韩江地下党联系的作用。碣石交通站与香港也建立直接联系，由香港运进来的进步书刊及军用物资等，都由碣石交通站转运到陆丰各交通站、武装部队和韩江游击区。碣石交通站还建立本区内乡交通站。如莲花地分站（代号武昌，林芒然负责）、虎布分站（洪友祝负责）、深田湖分站（代号徐洲，陈汉负责）、湖东站（陈宗武负责）、新田乡站（陈金负责）……

搞地下交通工作，随时随地都可能发生危险，需要勇敢机智，沉着应付，才能化险为夷，完成任务。如湖东新田村交通站负责人陈金，一次从海丰带回一篮宣传品，在路上眺望见前面来了10多个国民党兵，他机智沉着，立刻靠近路上行人，亲热地跟他们聊家常，使人看上去是邻乡人，没有引起敌军注意，然后快步避开。又如1947年冬，碣石地下党派廖奋往河口执行任务，回来时带着文件，在路过河图岭时被东海联防队捉去。这次幸得打入敌联防队的郑学龄极力营救，才把廖奋当作嫌疑犯，由商号保释出来。1948年农历七月，碣石地下党负责人派遣许言带一信件去溪墘站交孙少东。他打扮成商人前往，回来时带回上级党组织给碣石党组织的一份信件，他把信件卷成烟卷一样大小藏在恤衣卷起来的衣袖里，不料路上遇到国民党县政府督征队从碣石回东海，看到许言走路时不走大路，觉得可疑，便兵分两路包抄。许言沉着应付，讲明是来博美买货（他家开商店）要回碣石，因走累了，才抄近路走。其时恰有1名碣石单车工友认识许言，主动证明许言确实是商人，他们才没采取其他行动。此外，还有不少青协成员做不固定的临时交通员，根据需要临时派遣其传递情报和宣传品，奔走本区内各交通站之间。他们还常在晚上护送参军人员。

陆城藏兴街28号是共产党一个比较重要的秘密交通站，这里住着王姓一家，主妇郑淑美、女儿王碧娟，都是共产党和部队的秘密交通联络员。藏兴街28号交通站的人员不多，原中共陆丰东南区委书记是这里的主要负责人，他于1947年秋调去海丰游击区后，这里的交通联络工作重担便落在郑淑美、王碧娟身上，郑淑美是家庭主妇，王碧娟以学生身份作掩护，母女俩以各种隐蔽方式传递各类信件、宣传品、武器、情报和文件，接送一批批参队人员和工作同志，创造出许多难以置信的奇迹。直至1949年8月陆丰县城解放后，她们的工作才逐渐为人们知晓。藏兴街28号和郑淑美、王碧娟母女俩至此，完成了党和人民赋予的光荣使命。

碣石地下党，在党组织活动范围内的碣石镇、碣北、湖东、深田湖、甲子等地先后发动青协成员和青年积极分子参加革命队伍和武装部队，从事地下斗争和武装斗争，一共有230多人。他们在各自的岗位上绝大多数都能起到骨干作用。共产党员颜石等在中华人民共和国成立前夕为革命斗争献出了宝贵的生命。

三、挺进东南歼敌

1948年8月间，中共海陆丰中心县委书记、海陆丰人民自卫队政委刘志远，率主力钢铁一中队挺进陆丰东南区，为迅速打开陆丰东南区工作局面，东北大队派中队长叶佐庭和指导员谢谷率四中队和铁流队配合主力开赴东南区。

钢铁一中队等部队会合后，进驻陆丰博美镇东北的八万乡。得悉陆丰县政警第四中队盘踞在博美镇南门的炮楼，中队长赖超是县长赖舜纯的亲人，该中队则是赖舜纯的主力。

刘志远等领导根据敌情进行了研究，决定由叶佐庭带领一个班（12人枪），全部穿上国民党县政警第四中队的军装，从八万乡出发，直插博美镇内；铁流队6人，则化装成赶圩农民同时进入镇内，其余部队由刘志远率领，跟在后头。当化了装的东北大队第四中队10多人经镇内大街冲至南门炮楼，敌人突遭袭击，仓皇向陆城方向逃窜。东北大队冲进警察所后，缴获物资10余担，搜出一批田赋册，把田赋册当场烧毁后，向群众宣传讲解共产党的政策。

傍晚，哨兵发现，国民党派驻碣石的联防队第七中队前来支援，于是东北大队决定抓住此机会再打一个伏击战，该战生擒国民党第七中队中队长李祺及俘虏共11名。

钢铁一中队等部队此次攻打博美镇，虽然县政警第四中队闻讯逃窜，没有受到攻击，但从碣石来支援的联防队第七中队，被钢铁一中队等部队打得焦头烂额，溃不成军。中队长李祺等11名敌人被生擒，敌班长当场被击毙，缴获长短枪12支。钢铁一中队等部队无一伤亡。博美之战，给陆丰国民党反动派当头一棒，影响很大。

1948年秋，为了配合陆丰东南沿海的武装斗争，牵制敌人、打击敌人、扩大影响，碣石地下党员麦友俭、林茫然、陈武等与活动在东南地区的"白朗林""捷克"两支武工队负责人温端浩、赵衡，具体策划里应外合，袭击碣石田赋处。经过充分准备周密部署，于11月8日清晨，武工队采取袭击行动，一举成功、安全撤退。是役击毙敌班长1名、击伤田赋处主任徐文史，缴获长枪9支，子弹数百发，并释放了几名被拘留在田赋处的农民。为壮大声势，扩大战果，地下党与此同时在镇内各处张贴标语、散发传单，并以武工队的名义给一些民愤大的反动官吏投警告信，警告他们要改恶从善，不准再欺压鱼肉人民，否则将步徐文史后尘。碣石稽征所所长罗国洲接警告信后，惶惶不可终日，不久，便托故写了辞呈回老家去了。

1948年10月中旬，东北大队第一中队在特派员郑达忠、中队长叶虹、指导员郑剑率领下，挺进陂沟、田仔一带活动，得悉陆丰东南地区有一股匪徒，在匪首蔡廷中带领下，冒称游击队，打着"东南大队"旗号，在陆丰东南地区为非作歹，损坏共产党的威信和声誉。

在特派员郑达忠的周密部署下，东北大队第一中队，把蔡廷中的"东南大队"从陂沟引到内洋。一天中午，乘午饭时刻，叶虹和郑剑亲自指挥第一中队，打响歼灭这股政治土匪的战斗。围攻开始，有一匪徒准备持枪反抗，特派员的警卫战士朱球眼明手快，迅即开枪，首先击毙企图反抗的匪徒，其余的战士，也接着打伤数名匪徒。此役，第一中队缴获长短枪20多支，子弹一批，打死匪徒1名，打伤匪徒数人，匪首蔡廷中被第一中队活捉后处决。蔡廷中的助手，以及被缴械的其余匪徒，经教育后遣散回家。

东北大队第一中队全歼蔡廷中为首的冒充游击队的"东南大队",实际上是歼灭了一股凶恶的政治土匪。这股匪徒被全歼后,陆丰东南地区的群众识破了真假"东南大队"的本来面目,消除了误解。

1949年3月,六团团长庄岐洲、政治处主任郑万生率部到东南区开展武装斗争。在湖东党小组及其所掌握之武装力量(更练队)的配合下,再次解放了湖东,并缴获了一大批军需品。湖东从此翻开了历史新的一页,回到了人民的怀抱。

这时碣石周围农村基本上已为中共武装所掌握,对碣石已形成包围之势。镇内的反动官吏如惊弓之鸟,纷纷逃往县城。接着"飞虎"武工队驻进碣石,碣石获得第一次解放,并着手筹备建立政权工作。4月1日,陆丰县人民政府在河田成立,麦友俭被任命为碣石镇镇长,碣石镇建立了政权。5月4日,在碣石后山头埔召开"庆祝陆丰县人民政府成立大会"。县长郑达忠、六团政治处主任郑万生前来参加这次大会,并发表了演说,号召碣石人民团结起来为彻底解放碣石,进而解放全陆丰而奋斗。

四、三打陆丰县城

1949年春,中国人民解放军粤赣湘边纵队解放了边区广大地区,建立起大片革命根据地。2月,陆丰西北重镇河田,以守敌投降而和平解放。3月,边区领导机关进驻河田,河田成为指挥中心。为了消灭残敌,东纵一支主力独一、二营和六团主力奉命解放陆丰城。

第一次攻打陆城 1949年4月3日中午,在海丰九龙洞、张剑一带集中的主攻部队,以东纵一支司令员蓝造为总指挥,与政委王鲁明、参谋长曾建、六团团长庄岐洲等一起指挥战斗。根据敌人分布情况,分兵三路,还布置部队埋伏法留山,以打海丰增援之敌。下午2时多，部队出发，翻越崎岖的九龙径，经西山石民向陆城进发，到达汾河。独一营从后坎奔龙山，独二营和六团一、四连在河图岭兵分两路，三路部队如猛虎下山分插敌据点。

4月3日晚，各进攻部队进入指定地点。4月4日凌晨，独一营运动至龙山敌据点前，当时，全城狗吠连天，引起敌人警觉，突击队把地雷运至敌铁丝网前，尚未在楼角埋好，炮楼敌人即开枪射击，龙山顶枪声一响，各路攻击部队同时冲锋，刹那间，红光冲天，爆炸声、枪声、冲锋声响彻陆城。攻击龙山顶炮楼部队因地雷没用上，碉堡没炸毁，敌人仍控制制高点。独一营战士与炮楼的敌人对射，在龙王庙，战士与庙内敌人展开了逐屋争夺战。敌人的一枚手榴弹丢到龙王庙独一营阵地，咝咝作响，眼看在该地的营长和10多名指战员将有生命危险，排长袁仲芬毅然以身扑在手榴弹上，一声巨响，袁排长壮烈牺牲，保护了战友，为解放陆城献出了年轻的生命。由于敌人据守炮楼，负隅顽抗，独一营战士向炮楼开炮数发，可惜炮弹摧毁力太小，命中率又低，未能炸毁敌楼，战斗在相持之中。

独一营进攻龙山据点的枪炮声响起后，六团四连向旧圩国民党县党部发起猛攻。由于公园门前巷道很窄，大门又装了大木栅，突击队冲入巷内时，敌人机枪步枪齐射，政治指导员方生、副班长朱少容、战士王彬中弹受伤。这时参谋长曾建来到城隍庙，听四连连长叶佐庭汇报战况后，提出"正面难攻侧面攻"。叶佐庭马上回迎仙桥头，叫开一中药店的门，把机枪放在二楼阳台上，向敌人炮楼猛射，正面部队发动第二次冲锋，因守敌围墙太高、火力强，久攻不破。叶佐庭决定找一制高点，以利制敌，这时一连连长叶虹带队前来支援，两个连长带一部分战士和1挺机枪，冲上迎仙街一间什货铺的三楼，爬上屋顶。为了寻找突破口，叶佐庭又回到药店，组织用地雷炸围墙，命令一张姓排长等翻墙爬上屋顶冲入敌县党部，向公园内敌人喊话，有六七个敌人倚托公园假山和水池继续顽抗。部队向敌阵投了 2 枚手榴弹，炸得敌人叫爹喊娘，但仍不肯爬出来。叶佐庭满怀怒火，一手拿枪、一手拿手榴弹，与朱强一起向约 10 多米外的水池跃进，跃入敌人中间，大喝一声，敌人放下武器举手投降。炮楼敌人见状，一时发呆，停止射击。部队又展开政治攻势，炮楼里的敌人见四面被部队包围，只得举起白旗投降。部队战士冲上去缴了枪，全俘守敌。独立营排长黄汉章率全排攻破公园内的敌三青团总部。至此部队已全歼陆城旧圩敌人，俘获敌县联防大队副大队长彭善猷、社会科科长罗秉如、敌排长等共 31 人，缴敌步枪 28 支。六团四连伤 4 人，独立营排长黄汉章壮烈牺牲。

进攻敌县政府的独二营，经一轮冲锋，迅速歼灭了蔡家祠政警连部，俘中队长李禄泰等 40 多人。当部队翻墙冲入敌县政府（潮州会馆）时，敌县长赖舜纯的政警队，凭借炮楼和高墙，负隅顽抗，独二营战士几次冲锋，都未得手。因队伍完全暴露在大町和巷内，无可掩护，有 20 多名同志壮烈牺牲，40 多人受伤。在抢救伤员中，年仅 19 岁的党员卫生组组长叶碧玉在枪林弹雨中，来回奔跑 10 多次，抢救伤员 10 多人，自己中弹重伤，血流如注，仍不下火线，坚持抢救战友，直至流尽最后一滴鲜血，光荣牺牲。年方 16 岁的卫生员刘敏儿也在抢救伤员中壮烈牺牲。卫生员陈惠琼、张玉同时负伤。白衣战士个个都表现出大无畏的英雄气概。

战斗从凌晨打到午后，旧圩完全解放，只剩龙山炮楼和敌县政府（潮州会馆）尚未攻克。因敌人有坚固碉堡据守，部队又缺乏攻坚武器，指挥部下令撤退。是役摧毁了国民党县党部、三青团总部，歼敌 1 个连部和 3 个排兵力，俘敌官兵 70 多人、缴获枪弹一批，沉重地打击了敌人。

第二次攻打陆城　7 月 14 日，东一支主力、六团和边纵主力三团奉命第二次攻打陆城。第一次攻打陆城时被吓破了胆的"红鼻"县长赖舜纯，于 5 月初就弃职逃跑了，县长由军统的颜子美接任，驻陆城的保安营长是中统派的钟铁肩，因"军统""中统"两派斗争，7 月初钟铁肩杀了颜子美，自任县长，龟缩在陆城内。14 日下午，进攻部队在河口排子埔集中后，浩浩荡荡沿公路杀奔陆城，按部署攻敌据点。部队攻入时，没遭抵抗。部队找到陆城地下党及询问群众，才知道钟铁肩已于是日黄昏后弃城逃窜，去向不明。团长庄岐洲亲自带队四处侦察，最后查清敌人逃向河口剑门坑。于是命令四连星夜追击，天刚亮，四连攻入剑门坑村，发现敌人已于午夜零点逃跑。因怕敌人窜扰河田指挥中心，四连又马上翻山越岭赶回河田黄沙坑设防。16 日发现钟铁肩逃至博美。四连回师龙山据守，以防海丰敌军增援。其他部队奔赴博美，分三路进攻在博美、鳌丰、霞寮的敌人据点。敌负隅顽抗，部队与敌巷战，双方激战至次日下午。18 日上午敌一五四师 1000 多人前来增援，鉴于敌强我弱，部队奉命暂放弃陆城、撤回河田（边区领导机关所在地）。纵队司令员尹林平召开团以上干部会议，部署消灭敢于来犯河田之敌。但敌一五四师不敢进犯河田，经河口、新田窜回海丰。

第三次攻打陆城　1949 年 8 月，南下大军进入湖南、江西，总指挥叶剑英正部署解放广东战役。8 月上旬，粤赣湘边纵主力团和东一支部队，连续作战，横扫残敌，取得了汕尾、罗辇等战斗的重大胜利。8 月 16 日，东一支主力和六团第三次进攻陆丰县城。守敌钟铁肩在大军连续打击之后，感到兵力薄弱，孤城难守，半夜偷偷经崎头小路溜到海丰田墘海边乘船逃亡香港。陆城从此回到了人民的怀抱，陆丰县人民政府从河田迁入陆城。是日满城群众热情劳军，到处载歌载舞、红旗飘扬、锣鼓喧天，宣告了陆丰全面解放，随即陆丰县党政机关积极发动群众做好支前工作。

解放陆城后，宣告成立陆丰县军事管制委员会，由东一支政治部主任刘宣任主任，庄岐洲、郑达忠任副主任，郑万生、叶左恕、鄞庆云、马毓英任委员，下设 5 个组，分别派员接管陆丰县党、政、参（参议会）和法院、警察等部门，并布告安民。

五、尹林平与"大安会议"

陆城解放后，海丰又为国民党部队再次占领。此时，边纵东一支，六团的司、政机关都驻在大安镇。

8 月 16 日，江南地委和东一支司令部，在大安召开海陆丰两县县委及五、六团负责人会议。这次会议总结了前段工作的情况、分析了新形势下干部的思想状况，部署迎接全面解放广东及加强支前工作等问题。边纵司令员尹林平出席了会议并作了重要讲话，尹林平在会上强调："一切工作都需要配合迎接南下大军，动员所有力量，把华南的敌人彻底消灭干净，把反动政权摧毁，这是目前的总任务。"他指出，支前"虽然是繁重的任务，也一定需要我们负担，责无旁贷，这是最光荣的任务"。

尹林平结合 3 月份召开的中共七届二中全会精神，指出今后的工作重心将由乡村转移到城市。他号召大家努力学会管理城市和建设城市，恢复和发展城市的生产建设。他还强调加强党的思想建设问题，提醒大家要警惕骄傲自满、以功臣自居情绪的滋长，警惕资产阶级糖衣炮弹的攻击，他说："虽然胜利了，而享福还须在后头。胜利后，人们会巴结你、奉承你，使你腐化、堕落、脱离群众，使革命遭受损失，同志们，享乐思想要彻底肃清，落后的中国仍须我们建设，残破的国家需要我们重建，我们仍须艰苦工作。"

江南地委书记、东一支政委王鲁明在会上作了总结报告。他要求大家在思想上跟上形势发展，要求"一切工作都需要配合迎接南下大军"。王鲁明着重谈到防止腐化变质的问题，他谆谆告诫：许多人在艰苦武装斗争中表现非常好，但在掌握政权后就跳进污水池了，我们当家作主以后，决不能跳进污水池。

会议结束前，下达了海陆丰两县支前民工和军粮任务。

这次会议还调整了海陆丰县委和五、六团领导成员。江南地委和东一支决定调刘志远到东一支任政治部主任，由蓝训材任海丰县委书记兼五团政委、由郑达忠任陆丰县委书记、郑万生任陆丰县人民政府县长、叶左恕任陆丰县副县长。陆丰县委由郑达忠、郑万生、叶左恕、鄞庆云、谢谷等人组成。

大安会议是海陆丰两县解放前夕最后一次重要会议，也是粤赣湘边纵、江南地委、东一支首长在陆丰出席和联合召开的最后一次重要大会。大安会议后，大家都以新的姿态投入到紧张的工作。

陆城解放，举县欢腾。8 月 19 日，边纵司令员兼政委尹林平向中共中央、华南分局电告陆丰县城解放，陆丰人民的解放斗争获得了伟大胜利的消息。[①]

9 月初，六团在河口开办军事训练班，抽调了各武装队班长和武装骨干接受军训，为六团部队整编培养军事干部。按东一支命令，六团部队在河口整编为独立营，保留六团番号，没设团长，中共陆丰县委书记郑达忠兼任团政委，团部内设参谋室、政训室、副官室、情报站，由王钊任参谋室主任，郑剑任政训室主任，彭永碧任副官室主任，谢强任情报站站长，独立营营长王钊（兼），

---

① 参见广东省档案馆等编：《粤赣湘边区革命史料》，广东人民出版社 1989 年版，第 545 页。

副营长叶虹，教导员郑剑（兼）。

根据中央关于统一编制的指示，全县实行统一整编，进一步完善健全科室建制，县政府机构设秘书室、民政科、财经科、建设科、教育科、公安局、司法组等7个单位。全县行政区划分为附城、博美、南塘、碣石、甲子、河安、河田、北边等8个区。下辖东海、潭西、东崎、东南、后陆、青西、旱塘、大安、联安、护径、新田、河口、螺溪、八万、博美、陂洋、两湖、南塘、南西、新湖、西美、湖东、溪南、金厢、甲子、甲东、甲西等27个乡镇政府，468个行政村，共有46万人口。

至此，全县除上砂、碣石的沿海等少数几个残匪据点外，各地均已建立人民政权。

陆丰在五四新文化运动的影响下，在中国共产党的领导下，经历了种种艰难曲折，无数的革命先烈英勇不屈，抛头颅、洒热血，老区人民付出了惨重的代价，为取得大革命、土地革命战争、抗日战争和解放战争的胜利作出了重大的贡献。

9

第九章

巩固政权　建设探索

清匪反霸　巩固政权

一、剿匪肃特　巩固革命阵地

1949 年 10 月 1 日，中华人民共和国中央人民政府在北京宣告成立。10 月 15 日，陆丰各界人民在陆城及县内各地举行集会，庆祝中华人民共和国成立。10 月 23 日，陆丰县人民政府由河田镇迁至东海镇办公。10 月 26 日，陆丰西北地区最后一个顽固据点——上砂乡和平解放。

1949 年 9 月下旬，中国人民解放军南下大军已突破国民党的"湘粤防线"，10 月初解放韶关。粤赣湘边纵队主力由紫金横渡东江进入博罗、河源地区，准备配合大军解放广州作战。东江一支队主力部队也积极行动，进逼惠州，拟解放惠州后，回师海陆丰歼灭沿海残敌。当时，在海陆丰沿海一带的残敌，尚有国民党的保安第七总队和海匪凌炳权、吴炯禄（吴奇）部。这些残敌分踞在海丰的龟龄岛、田墘镇，陆丰的碣石镇、金厢圩等处，妄图负隅顽抗，与新生的人民政权为敌。1949 年 11 月间，盘踞在碣石、金厢一带的原国民政府陆丰县政警队、联防队等残兵败将，与海匪吴炯禄（吴奇）部，混合组成番号为"人民革命军第一纵队"，有 600 多人枪，吴炯禄自任司令官，由陆城败逃而至的国民党军官何汝煌、黄文陶、罗志勤、李大海等分任大、中队长级头目，经常四出抢掠，鱼肉百姓，残害革命家属，对抗共产党和人民政府，无恶不作，民愤极大。11 月 9 日，驻金厢的一股匪军到桥冲一带抢掠，被农会会长卓金焕带领民兵一举歼灭之，缴获轻机枪 1 挺（上交六团团部），步枪 9 支留用，俘敌排长以下 11 人，经教育后遣送回家。11 月 13 日，中国人民解放军粤赣湘边纵东江一支队率五团、新三营和在汕尾起义的柏新宇大队，在海丰县田墘镇围攻罗寿山（钟铁肩保安总队的副总队长）残部，翌日全歼残匪 2 个连兵力，活捉罗寿山。

　　11 月 21 日，东一支司令员蓝造亲率新三营到达陆丰县城，部署围歼碣石残匪。决定采取"远途奔袭，迂回敌后，断敌退路，务求全歼"的战术，直捣吴炯禄主力所在地浅澳、乌坭。陆丰县政府战前动员组织民兵群众做好支前工作。24 日凌晨，柏新宇大队经过两夜一日的 170 华里艰难行军，准时到达碣石田尾山占据制高点。东一支新三营和六团独立营经过夜行军，准时进入碣石镇，逼近浅澳和乌坭。匪军"司令官"吴炯禄发觉解放军开始行动，逃往海丰县龟龄岛。拂晓解放军发起全面进攻，击毙敌兵数十人，敌兵仍负隅顽抗，几次反扑，解放军斗志旺盛，愈战愈勇，延至中午，匪兵已知走投无路，大势已去，终用竹竿举白旗于房顶，向解放军投降。下午，清理战场，除少数化装逃跑外，俘获大队长级头目何汝煌、黄文陶，中队长罗志勤、李大海等 400 多人，缴获重、轻机枪 19 挺、六〇炮 3 门、长短枪 400 余支以及大批物资等。随后，吴炯禄在解放龟龄岛时被解放军抓获，押往惠州正法，罗寿山也在惠州伏法，何汝煌、罗志勤、李大海在陆城伏法，黄文陶越狱逃港，其余绝大部分人经教育遣送回乡。

　　1950 年 2 月 23 日，丘哲、丘礼等组织的"保皇党"在新田乡激石溪犁壁村发动暴动，当天为新田等地民兵歼灭，匪首丘哲在陆城被处决。

　　上砂乡和平解放后，反动头目庄照楼及其一伙，不甘放弃统治权力，伺机反扑。1950年3月18日拂晓，解放军粤赣湘边纵东一支六团三连战士及地方干部24人，从上砂调防螺溪乡，途经资背岗时，遭到先行占据制高点的武装暴徒的伏击，激战一整天，寡不敌众，指挥员叶汉芝、税务站站长叶云辉以下官兵全部壮烈牺牲。3月22日，陆丰驻军出动1个营和公安干警，大安区、河田区共出动民兵600多人，平息了这一反革命暴乱。庄照楼等匪徒骨干分子被先后抓获，受到法律严惩。

1950年4月间，陆丰"长发党""南路总理"温礼龙、卓雅在南塘五峰山集结匪徒100多人，各携带刀枪武器，分赴南塘、碣石、碣北、湖东一带，配合蒋介石"反攻大陆"的叫嚣，煽动抗交公粮，对抗人民政府。4月13日，长发党头目李亚凌、庄亚锥、卓龙、陈燕等绑架人民政府干部卢寿山，砍下头颅"祭旗"（暴动誓师），翌日聚集200多名匪徒，在陈妈约一排武装土匪配合下，分三路围攻湖东乡政府、税站，烧毁粮仓，有7名工作干部被掳，企图杀害后逃往台湾。中午，驻陆丰解放军部队和县公安干警及时赶到，湖东、南塘等区出动民兵587人配合驻军。经过2个小时战斗，击毙陈妈约及匪徒30多名，俘擒"长发党"头目林国瑞以下所有匪徒。缴获武器一批，取得平乱的胜利。

1951年7月1日，陆丰二区（博美）300多名民兵，围歼在陆丰、普宁、惠来三县交界山区活动的、以谢乃扣为首的国民党反动武装，谢乃扣就擒正法。

历经近两年时间，陆丰军、警、民通力协作，采取侦查、跟踪和围歼等策略，肃清了境内多处的国民党和地主武装的残渣余孽。陆丰与全国人民一道为建设新中国昂首挺胸地阔步前进。

二、掀起抗美援朝热潮

1950年冬，全县人民纷纷响应抗美援朝的号召，青年男女踊跃报名参加志愿军，至 1951 年底，全县有 1000 多名青年光荣参加了志愿军，直接参加前线作战，在朝鲜战场上，牺牲 64 人。

1951 年 7 月上旬，陆丰县抗美援朝分会作出捐献"陆丰号"战斗机 1 架的决定，全县掀起抗美援朝捐献热潮。当年全县共捐献人民币 18 万多元（包括各种物资折合人民币计），超额完成捐献"陆丰号"战斗机的任务。

三、成立陆丰县人民武装部

1951 年 11 月，实行普通民兵制。全县组建 3 个民兵大队、194 个民兵中队，民兵总数 11102 名。12 月，成立中国人民解放军东江军分区陆丰县人民武装部。主要职责是：贯彻执行上级军事部门的命令、指示，协同县委落实战备措施，执行作战、支前任务，维护社会治安，组织全县兵员参加社会主义革命和社会主义建设，承办全县民兵组织调整、军事训练，管理国防民兵哨所、兵役登记、兵员征集等业务。是年，召开陆丰县第一次民兵代表大会。1954 年 8 月县人民武装部更名为中国人民解放军陆丰兵役局；1960 年 9 月更名为中国人民解放军陆丰县人民武装部，部址设于东海镇棕蓑街，后迁马街尾（人民广场东侧）。县武装部先后隶属东江军分区（1952 年 10 月划归粤东军区辖），1956 年归惠阳军分区所属，1958 年改隶汕头军分区所属，1983 年 9 月改隶惠阳军分区，1988 年改隶汕尾军分区。

第二节 开展土地改革 耕者有其田

在 1950 年土地改革以前，陆丰一直沿袭封建土地私有制。民国时期，大量土地被地主阶级所占有，广大农民则仅占少量土地。据 1952 年土改期间对 40 个典型乡的调查：土改前，占总人口 84.2% 的贫雇农、中农仅占有总耕地面积 50% 的耕地，而占总人口 1.7% 的地主、富农则占有 48.6% 的耕地。贫雇农、中农平均每人占有耕地 0.85 亩，地主、富农平均每人占有耕地 10.86 亩，地主、富农每人所占耕地是贫雇农、中农的 12.8 倍。不合理的封建土地制度，使广大劳动人民耕者无其田，靠长期租种土地和借贷为生，地主阶级凭其拥有的土地、财产采用地租、雇工、放贷等方式对农民进行剥削、压迫，广大农民终年劳动而不得饱暖，生活困苦，不少人流离失所，家破人亡。

新中国成立后，中央人民政府于 1950 年 6 月 30 日颁布《中华人民共和国土地改革法》。1951 年 4 月，陆丰县人民政府土地改革委员会成立，并以八万乡为试点，开展土改工作。5 月下旬组成土改工作队，共 770 人，其中东江专署派员 52 人、解放军 169 人、中共中央中南局南下干部 36 人、地方干部 513 人，土改工作队在陆城集训 7 天后，于 6 月 3 日进入农村开展土地改革工作。土改工作的开展是由点到面，分期分批，逐步铺开。全县 201 个乡，除东海、甲子、碣石 3 个城镇进行民主改革外，湖东、博美、大安、河田 4 个镇和 19 个乡进行土地改革。

土改工作根据"依靠贫农、雇农，团结中农，中立富农，有步骤有分别地消灭封建剥削制度，发展农业生产"的路线，分三个阶段进行。

第一阶段，以清匪反霸，退租退押为中心的"八字运动"。土改工作队深入农村访贫问苦，扎根串联，与贫雇农"三同"（即同食、同住、同劳动）；发动群众清匪反霸，检举揭发地主恶霸的罪恶行径，打击农村封建势力，退押退租。

第二阶段，划分阶级，征收、没收和分配土地、财产。通过发动和组织群众进行"讲、划、评、比"四个步骤之后，三榜定案，划分阶级，评定家庭成分。

第三阶段，土改复查。一是搞好民主团结，解决土改遗留问题；二是复查阶级，斗不法地主，修改错划、漏划的阶级成分；三是建立以贫雇农为核心的农村政权组织；四是查田定产，普查和核实各户分得土地的面积、产量，颁发土地证、房产证。

至 1953 年 4 月，全县完成土地改革工作。接着，部署开展大生产运动。从此，废除了封建土地私有制，实现了耕者有其田。广大农民耕作自己的田地，除交纳国家公粮外，收获全归自己，生产情绪空前高涨，促进了农业生产的发展。

第三节 农村变革 农业互助合作

一、农业互助组

1952 年春，陆丰县在完成土地改革的地区，贯彻"积极领导、稳定前进"的方针，引导农民以自愿、互利、民主的原则，发展户与户之间季节性帮工和换工的临时互助组织。1952 年秋，又发展和建立有评工记分、等价交换及有购置生产资料和积累公共财产等多种形式的常年固定互助组织，农业生产从个体生产引向带有社会主义萌芽性质的集体生产。

1953 年 2 月，中共中央颁布《关于农业生产互助合作的决议》，全县农村转入建立农业互助合作组织。至 1953 年冬，加入互助组的农户 39590 户，占全县总户数的 40.6%，共建立互助组 8630 个，其中常年固定互助组 758 个。农村互助组织的建立，克服了个体分散经营过程中出现的生产资料不足、劳力缺乏及抗御自然灾害能力薄弱的困难和矛盾，促进了农业生产的恢复和发展。1953 年，全县早造粮食产量比 1951 年同期增长 20%。

二、农业合作社

1954 年初春，陆丰县委根据中共中央《关于发展农业生产合作社的决议》的指示精神，决定以一区军潭乡林娘银互助组及二区潭东乡林德发互助组为基础，分别试办初级农业合作社。1 月

26 日，县委培训了 23 人的办社工作干部和试点乡办社骨干，开展建社试点工作。通过广泛宣传，深入思想发动，依靠骨干，逐步推广建社队伍，充分酝酿，民主选举干部，建立组织机构。1954 年 2 月 17 日，陆丰县第一批初级农业生产合作社——潭东第一社和军潭第一社正式成立。8 月上旬，第二批初级农业合作社的炎龙、溪墘、陂沟、新西、竹湖、博联、营下、内湖、黄塘、下洞等 10 个农业生产合作社诞生。1955 年 7 月，毛泽东发表《关于农业合作社化问题》的报告后，9 月 16 日，县委召开县、区、乡三级干部会议，会后全县掀起建社、扩社热潮。到 1956 年春，共建立初级社 982 个，入社农户占总农户数的 89%。新生产关系的建立，调动了农民的积极性，发挥人多力量大的优势，推动了农业生产的发展。1955 年虽然遇上春旱，但在已建立的 103 个农业合作社中，早造粮食产量比 1954 年均有不同程度的增长，初级社的建立，受到农民的欢迎。

初级合作社的组织管理和分配形式是：每社二三十户，大社超百户。合作社设社管会，下设若干生产组。实行土地按产、生产资料折价入股，统一经营，共同劳动。以劳动工分、土地股各半计酬分红，统一收益分配。

1956 年春，县委贯彻执行中共中央的指示，组织工作队以炎龙、欧厝、潭东、下葫、黄塘、正大等 6 个初级社为基础，分别试办和组建高级农业合作社。接着，各地大办高级社。到夏收前，全县已建立 86 个高级社，12 月底发展到 269 个，入社农户 64110 户，占总农户数的 63.5%，但由于初级社升高级社的步子过快过急，工作过粗，背离了自愿、互利原则，建社后缺乏正确管理经验，工作出现失误，部分社员认为高级社比不上初级社好。于是，在 1957 年春节后出现闹退社散社风波。到 7 月，全县入社户数从原来的 88.4% 下降为 46%。8 月开始，开展社会主义教育和民主整社运动，打击闹散社分子，进行整社、复社、扩社，至年底，入社农户 97700 户，占全县总农户数的 94.2%。至 1958 年 3 月中旬，全县原建立的 1351 个高级、初级社，经过调整、合并、升级之后，共建立 434 个高级社，提前完成了农业社会主义改造计划。

高级社的组织管理和分配形式：以村或若干小村建立 1 个高级社，社设管理委员会，下设生产队，队设队委会，队内设若干作业组。实行三级管理。土地、山林、水面归社所有，耕牛、农具作价入社给生产队。现金分配按劳动工分计酬，为避免缺劳力的农户分配不到基本的口粮，实物分配则按家庭人口和劳动工分计酬。高级社内部实行统一核算，社对队落实定额包干，年终分配决算，具体结算到户。

三、人民公社

1958 年 5 月，在社会主义建设总路线的指引下，许多高级社冲破村界社界，开展农业生产大合作的联社活动。8 月 29 日，中共中央作出《关于在农村建立人民公社问题的决议》，在高级社的基础上，取消乡、村建置，建立人民公社。9 月 21 日，陆丰县第一个人民公社——五云人民公社（1965 年划归揭西县）宣告成立。10 月 1 日，全县 16 个区同时成立人民公社。经过 1959 年调整后，全县共建立 22 个人民公社，263 个生产大队，实行人民公社化。

人民公社实行政社合一的体制，它不仅是一个经济组织，还是工、农、商、学、兵五位一体的社会组织，也是一级政权机构。人民公社下设生产大队，大队下设生产队。公社管理委员会设社长 1 人，副社长 1 至 2 人，下设办公室及工交、财贸、文教卫生、政法、民政、武装等工作机构。大队、生产队均成立管理委员会，设大队长 1 人，副大队长 1 至 2 人，会计、民兵营长、治保主任、妇女主任各 1 人。大队干部不脱产，实行"三定"（定工出勤、定额补贴、定期评比），钱粮从生产队抽调。根据地域范围，每个公社设 10—20 个生产大队，每个生产大队几千人。人民公社化时期，全面贯彻建设社会主义总路线，实行大集体、公有制，土地、耕牛、大件农具、厕所归集体所有，取消原高级社的"评工记分，按劳分配"制度，收回社员自留地，限制家庭副业，拆除家庭炉灶，大办公共食堂，集体吃饭。经营管理实行统一计划，统一政策，统一制度。劳动组合实行军事化，集体出工和收工。在公社化的"大跃进"时期，为大办工业，组织大批农业劳力上山砍树烧炭，大炼钢铁，浪费了不少人力、财力和物力。为大办农业和实现农业生产高指标，大搞不切实际的"深翻改土"，打乱耕作层和水稻高度密植，违背了自然规律等，各地竞相虚报高产量，刮"共产风"、浮夸风，挫伤了农民的生产积极性，导致减产失收，不少人因缺粮而用野菜等作为补充、替代粮食。

在这期间，在农村用行政手段指挥农业生产，挫伤了社员积极性，农业生产停滞不前，导致市场物资供应不足，城镇人口的粮、油实行定量供应；城乡人口的日常用品，如：布料、煤油等都实行定量、凭证供应。

1961—1962 年，中共中央针对农村人民公社出现的问题，颁布《农村人民公社工作条例（草案）》（即"农业六十条"）及《关于改变农村人民公社基本核算单位的问题指示》，全县开展以纠正"共产风"为中心的农村整社整风运动，对"大跃进"时期搞"一平二调"的进行清算和退赔，解散农村公共食堂，落实"统一领导，队为基础，分级管理，权力下放；三级核算，由大队决定；适当积累，合理调剂；按劳分配，承认差别"的方针，建立公社、大队、生产队三级所有制，生产队为基本核算单位，给生产队"土地、劳力、耕牛农具、厕所"的"四固定"，使生产队拥有生产和分配的权限。同时，调整社队规模，落实大队对生产队、生产队对作业组"三包一奖"制度（即包产、包工、包成本，超产奖励）。允许社员完成定勤任务后，经营少量的自留地和小型的家庭副业。实行劳动工分计酬制及人、劳、肥"三结合"的收益分配制度。1962—1965 年，进行调整巩固，并落实"以粮为纲，多种经营"的生产方针，国家给予发展农业生产的鼓励和扶持，使农业生产得到恢复和发展。1965 年全县粮食总产达 20.15 吨，比 1958 年增 3.78 万吨。

第四节

建立陆丰华侨农场

一、"27 把锄头"开荒

1952 年，一些国家实施排华政策，许多华侨回国。在中华人民共和国华侨事务委员会的直接安排下，1952 年 11 月 7 日，27 名主要以马来西亚、泰国归难侨组成的建场队伍，到陆丰县南塘区石牌村（现侨区第一社区）筹建"陆丰顶埔集体农场"，后定名为"陆丰华侨农场"。建场初期是一片荒地，野兽出没，被称为"目涩埔""狼狗埔"。建场队伍用 27 把锄头开始搭草棚、挖水井，以边开荒、边生产的形式来办场，被称为"27 把锄头"建农场。有记载的"27 把锄头"是：贝谦、张建才、刘俊旺、李长荣、罗进、刘再、林清风、庄文泉等 27 人。此后，每年 11 月 7 日成为农场建场纪念日。

二、发展特色产业

多年来，侨区着力发展特色产业。1968 年，随着茶树种植面积的扩大，农场正式办成一间有机械设备的茶叶加工厂，负责全场茶叶的加工制作。至 1986 年，全场日可加工茶青 3 万至 4 万斤，生产出 17 种系列"中国乌龙茶"。1988 年，"中国乌龙茶"在全国首届食品博览会上获得银质奖。20 世纪 60 年代初，农场设立铸造车间，组装农用汽车"130"发动机，试制、仿制轻机枪和摩托车等生产项目。当时，农场机械修造厂汽车维修技术和服务水平堪称一流，誉满粤、闽、湘、赣、桂等省区。

1995年，侨区投入大量资金，引进推广"妃子笑"等名优荔枝品种。1999年底，引种马来西亚红杨桃，建立红杨桃基地；从2005年开始，扩种马来西亚红杨桃和奎池油柑、菠萝蜜、金蕉、泰国莲雾等，逐步发展特色水果业。截至2017年底，全区农作物生产总量为3400吨，发展优质水果种植面积1.295万亩，建立了温室大棚示范基地、油柑良种良法示范基地和省级优质柑橘示范基地，逐步完善生态观光大棚、奎池山观光道等果园配套设施。

三、夯实基础设施

中共十八大以来，侨区迎来了新的发展势头，逐步夯实基础设施，惠及广大群众。2013年，傅厝寮桥重建工程建成使用，解决群众"出行难"问题；2016年，建成文体综合广场，吸引大批侨区和周边群众开展文体活动，成为侨区的新地标；2017年，完成两条主要市政道路华兴路和侨南路升级改造，建成2个文化站，6个文化室，10个村头公园，升级改造华兴综合市场，建成2个社会主义新农村示范村。

大搞农田水利建设

陆丰地处低纬度，在地理环境等多种因素的影响下，历史上旱、涝、洪、潮等灾害频繁，群众生产、生活极不稳定。新中国成立后，陆丰县委、县政府针对境内涝、洪、旱灾害情况，发动群众，大搞水利水电建设，大体分为四个阶段：

第一阶段（1950—1957 年），主要是增修堤防，挖塘筑陂，修建小型蓄水工程。1949 年 11 月，全国水利联席会议提出水利建设的基本方针："防止水患，兴修水利，以达到大量发展生产的目的。""在干旱地区则应着重开渠灌溉，以保障与增加农业生产。"当时，针对县内堤防失修，河道淤塞情况，确定以治理洪、涝灾害为主，积极发展农田灌溉。在这段时间内，除对螺河、乌坎河、鳌江一些河段采取展宽河道，加高培厚堤防，以防止决口、漫溢；并在乌坎河和鳌江出口，修建防潮闸、坝；在部分低洼地区，开挖排水渠道，减轻洪、涝灾害。灌溉方面，修建小（二）型水库 29 宗，以及一批小型塘坝工程。1955 年，通过整治后，螺河下游受益农田面积 16 多万亩。

第二阶段（1958—1965 年），主要是大力兴建灌溉工程，增加蓄水能力。在"蓄水为主，小型为主，社办为主"的方针指导下，为了满足工农业生产发展和耕作制度需要，从 1958 年冬开始，县委领导全县人民集中人力、物力和财力，大办以蓄水为主的水利工程，在此 8 年间建成了许多骨干工程。建成工程有：大型龙潭水库和簕投围、三溪水、牛角隆、五里牌 4 宗中型水库，虎陂等 25 宗小（一）型水库，还有大批塘、库蓄水工程。螺河实施"三河归一"整治工程，修建螺河桥闸，初步形成了龙潭、螺河、五里牌三大灌溉系统。在丘陵地区兴建了如南塘电灌站等机电灌溉站，从而大大提高了抗灾能力。

龙潭水库是陆丰唯一大型蓄水工程，它的建成，为县内南塘、甲西、湖东、甲子、甲东、博美、陂洋等乡镇和华侨、铜锣湖农场，以及惠来县葵潭、东港、鳌江等乡镇，共 20 多万亩耕地的用水来源得到解决。

1962 年 10 月 7 日，螺河下游"三河归一"整治工程动工。实施堵西河、闸东河，中河拓宽方案，自牛围至烟港口开辟宽 600—700 米新河道 7.3 公里，让洪水独自流入海，行洪河道比原河道缩短 28 公里。1963 年 6 月 13 日竣工，新河第一次行洪成功，螺河下游两岸 18 万亩土地、15 万人口避免洪水威胁。

第三阶段（1966—1978 年），主要是配套挖潜，提高效益；发展水电事业。县内水利建设的布局日臻完善，由单一治水转向以山、水、林、田、路综合治理；开发水力资源，建设水力发电站。这期间，全县人民在党的领导下，力排"文化大革命"的干扰，兴建了中型巷口水库，下奈、新响、石门坑、塔仔行、坑内 5 宗小（一）型水库；拓宽、扩大龙潭水库总干渠，修建甲东引水渡槽桥工程，螺河桥闸引水灌溉渠道，东河 8 孔提水闸，八万河陂闸及桥冲禾潭渡槽等灌溉及配套工程；并建设了一批水轮泵站，增加蓄水能力，发挥工程效益。同时兴建头垴、龙潭、巷口等 5 座水力发电站。结合兴修水利，平整土地，大搞田间渠网化建设。

第四阶段（1979—1987 年），主要是加强管理，继续完善工程配套，逐步实现以增加数量为主，转到提高效益为主；以工程建设为主，转到全面管理为主；以"单一利用"，转到"综合利用""三转变"。这期间，一是对乌坎河、螺河、鳌江内涝地区继续进行整治；二是充分利用水利资源，开展了多种经营，提高水利设施的经济效益和社会效益；三是水利系统内部进行了一系列的改革，制订了规章、制度。电力方面，大力建设输变电工程，扩大供电范围。

兴办这些水利工程的结果，使全县有效灌溉面积达52.09万亩，占现有耕地面积67.12万亩的77.6%，易涝面积16.22万亩，已治理的涝区面积6.06万亩，其中达到十年一遇，三天排干排涝标准的3.62万亩。

饮水思源。在发展水利水电事业，在向水旱灾害作斗争的漫长而艰苦的岁月里，涌现了许多卓有贡献的人物，有的负伤致残，有的奉献出宝贵的生命，他们的英雄业绩和献身精神，长留在人们心间，永远被后世所景仰，鞭策人们向更高的目标奋进。

第六节 **大办教育 扫除文盲**

一、中小学陆续复课

1949 年 8 月 16 日，陆丰县城解放。月底，陆丰县军事管制委员会组织进行"复课复学"工作。9 月初，县立第一小学、县立第二小学、县立第三小学同时复课。其他区镇乡的小学也先后由当地政权接管，陆续复课。

新中国成立初期，分散在县内各地的小学除东海、碣石、甲子、大安、博美等城镇的十几所小学是县立小学外，其余的大都是民办小学，由各处的校董会或基金会筹措学校经费。对待这些学校，人民政府采取积极扶持、加强领导、逐步改造的方针，并实行大力鼓励，支持群众办学的政策。加上已获得解放的广大群众，祖祖辈辈渴求文化的愿望得以实现，于是纷纷送子女入学。至 1952 年，全县小学生达 2 万多人，小学 402 所。

1952 年暑假整顿教师队伍之后，全县小学也进行调整合并，把原来的 16 所县立小学并为 11 所，分设在县内 11 个新区，为各所在区的中心小学，其余 391 所调整合并为 195 所（其中 8 所为区镇小学，分设在东海、甲子、碣石三大镇）。经过调整合并之后，全部学校转为公办，教育经费纳入国家财政预算，由政府统筹统支。

1958 年，贯彻中共中央、国务院"教育为无产阶级政治服务、教育与生产劳动相结合"的方针，全县小学大搞勤工俭学、勤俭办学，并贯彻"两条腿走路"的方针，公办与民办学校并举。学校学生除了按劳动课规定时间参加各种体力劳动外，还参加各种社会活动。

在中学方面，1950年春，龙山中学复办。至此，陆丰县就有初级中学5所：龙山中学、县立第二中学（河田）、县立第三中学（甲子）、吉云中学和云龙中学。1952年，吉云中学与云龙中学合并，称五云中学。时全县中学共4所。

1954年秋，龙山中学复设高中部，招收高中学生100人（其中女生5人）。

1959年，全县除9所普通中学外，还有农业中学12所、民办中学12所，学生人数6216人（其中公办4732人），小学也从原有的202所增加到1074所（其中民办887所），学生人数达88864人（其中公办学校学生47709人），比1958年的83540人增加了6.4%。

此外，20世纪五六十年代，陆丰县曾经掀起创办农业中学的热潮。1958年，在"大跃进"形势下，潭西、碣北、甲西、上砂等公社率先创办农业中学。60年代，贯彻执行中共中央关于"两种教育制度"的指示，炎龙、湖东、乌坎、大安、陂洋、博美、铜锣湖等公社（场）的农业中学纷纷出现，全县各公社都办有1所农业中学。

1960—1962年，国民经济出现了暂时困难，陆丰县普通中、小学教育有所收缩，调整布局，逐年减少招生数并劝退了在校超龄生和精简一批公民办教师回乡参加农业生产。

二、专业教育　相继开办

新中国成立后，陆丰的师范教育得到新的发展。1952年夏，龙山中学附设一班初等师范班，学制三年，招收学生55人，有47人毕业。1953年秋至1954年秋，该校又办了3期"小学师资培训班"，共培训150名小学教师。

1959年9月，创办陆丰县师范学校，校址在东海河图岭。该校于1985年10月改为陆丰县教师进修学校，内设中师部和进修部，具有中等师范和教师进修学校的双重职能。

1959年，陆丰县创立一所卫生学校，校址借用东海镇菜园仔的"德志善堂"，师资由县卫生局选派有名望的中西医医师兼任教师。首期招收医士班一个班，学制二年。至该班结业时，便宣布下马。以后，断断续续办过中医进修班、赤脚医生班、护士班等。

三、全省扫盲"上游县"

1950年秋，广大工农群众迫切要求学习文化，陆丰县各乡镇的学校在政府的领导下，配合农会、工会办起文化夜校。农村中参加学习的学员大都是从未进过校门的青壮年农民。城镇中已经组织起来的店员工人、搬运工人和居民中的青少年文盲和半文盲分别在工会或居民组的组织下办班学习。其时全县城乡出现了前所未有的学习文化高潮。

1955年以后，县成立扫盲协会，领导全县的扫盲工作，各区也配备扫盲专职干部加强对扫盲工作的领导。1956年12月中旬，全县召开首届扫盲积极分子大会，表彰了大批扫盲干部、教师和学员。此后，扫盲工作掀起了新的高潮。

1958年7月，全县进夜校学习的文盲和半文盲人数占其总人数的98%左右。此外还办了62个业余初中班，260个业余高小班，2000多所红专学校（287152人）和43所红专大学（9150人）。是年，脱盲的有98918人，在省和专区的教育大评比中，获得扫盲"上游县"的称号。

四、开办职业技术教育

1960 年，陆丰县开始举办教师函授班，函授科目为语文、数学两科，主要对象是小学教师。其时，招收初师和中师各 10 个班，并配备了辅导教师，定期辅导学员自学。"文化大革命"前，曾有少数教师参加了华南师院和广东师院的大专函授。

陆丰县的成人高等教育始于 1964 年秋。其时在炎龙公社大屯村的后龙埔创办了陆丰县共产主义劳动大学，校本部设在坎钟山林场场部，并在黄塘、鹅池、木坑设立 3 个教学点，县长李健华为名誉校长，柯克澄为副校长负责学校全面工作。开始时招收学生 116 人，大都是初高中毕业生。学生在校实行半工半读。学习内容除文化基础课外，还开设农业、果林等专业，学制为 3 年。1965—1966 年继续招生，并有所扩大，教职工增加到 10 多人。"文化大革命"开始后停办。

1979 年，汕头教育学院在陆丰设立"陆丰师专函授站"。

第
七
节

大力发展二轻工业

　　陆丰县二轻集体经济是在 1956 年初，通过对手工业、私营工商业经济进行改造兴办起来的，归县二轻工业局管理。中华人民共和国成立初期，县手工业、私营工商业相对集中在东海镇、碣石镇、甲子镇、湖东镇，主要生产竹器工艺品、贝壳工艺品、农产品、日用工业品等，其产品主要服务于县域内城乡人民。1952 年 7 月 22 日，县第一个手工业联社——东海镇铁业合作社成立，社员 9 人。至 1956 年 2 月底，全县手工业、私营工商业通过社会主义改造，基本上完成经济改组任务。组织起生产合作社 138 个、生产小组 18 个，社组员 4152 人，占全县手工业从业总人数的 84.8%。从个体到集体企业的转变，促进了县手工业生产力的发展。1959—1961 年，通过贯彻中共中央《关于迅速恢复和进一步发展手工业生产的指示》（简称"手工业十八条"）和中共中央《关于城乡手工业若干政策问题的规定（试行草案）》（简称"手工业三十五条"），进一步壮大和发展了县手工业集体经济。1964 年，全县手工业合作组织 188 个，有职工、社员 6611 人，工业总产值 769 万元，固定资产原值 169 万元，主要产品有：竹制品、皮革制品、小五金、木制品、工艺美术品等。其中贝雕、木雕、竹雕、铜雕等各类工艺产品已闻名遐迩。

　　1976 年，除二轻主管部门 3 个直属企业外，其余二轻集体企业全部下放乡镇管理。是年，全县手工业社员 9986 人，工业总产值 3259 万元。二轻工业发展势头较好。

第八节 国营工业兴起

　　国营工业即全民所有制工业，1993 年后改称国有制工业。陆丰县国营工业创建于 1949 年 9 月，是时，陆丰县人民政府没收了官僚资本的酒厂，成立陆丰县新陆酒厂，工人 8 人，为陆丰第一家国营工厂，隶属县政府建设科（1951 年 3 月后隶属县工商行政管理科），工业总产值 10.4 万元。同时贯彻执行"发展生产，繁荣经济，公私兼顾，劳资两利"方针，尽快筹集资金，购买原料，修理设备，提高技术，扩大生产，使原来停产的工厂恢复生产。

　　1952 年，陆丰开始发展电力工业，为国营工业实现机械化生产打下了基础。是年，全县全民所有制工业企业有陆丰酒厂、陆丰印刷厂、陆丰电力厂等 5 家，总产值 48.69 万元。

　　1953 年，新陆灰窑厂与地方国营陆丰酒厂合并，成立地方国营陆丰酒厂。

　　1957 年 10 月，公私合营文体印刷厂转为国营工厂。至此，全县共有国营工业企业 18 家，国营工业总产值 937.44 万元，占全县工业总产值 1365.54 万元的 68.65%；全民职工 6514 人，其中工交系统国营工业企业 8 家，职工 151 人，拥有固定资产原值 20.57 万元，当年产值 582.41 万元，人均年产值 3.86 万元。

　　1958 年，陆丰工业贯彻执行党的"鼓足干劲，力争上游，多快好省地建设社会主义"的总路线，大搞群众运动，掀起了全民办工业的高潮，兴建了八一矿场、陆丰机械厂、陆丰水泥厂、陆丰硫酸铵厂、苦卤肥厂、青矿厂等8家厂矿；扩建上砂、螺溪的铁厂、陆丰电力厂、陆丰酒厂、陆丰印刷厂等国营工厂；公私合营新东鼎犁厂等转为地方国营工厂。全县国营工业企业发展至28家，国营工业总产值10.67亿元，全民职工增至12295人。其中工交系统职工人数增至998人，是1957年的6.6倍。

1959年，全县工业持续"大跃进"，全年国营工业总产值1907.33万元。同时，国营工业企业拥有内燃机、发电机、电动机、金属切削车床、土筒车床等设备，标志着陆丰国营工业向机械化生产过渡。

20世纪60年代初期，贯彻工业体制下放、手工业归队政策，对以前重复建设厂矿，盲目生产、管理混乱、长期亏损的企业，实行关、停、并、转。1961年，南塘煤矿、陆丰水泥厂、淡水苦卤厂、碣北锆矿精选厂、河田冶金组等5家厂矿被关闭；陆丰电机铵厂并入陆丰电力厂，陆丰硫酸铵厂并入陆丰化工厂，陆丰烟丝厂并入陆丰酒厂。工业局下属国营工业企业从原有的14家调整为陆丰化工厂、陆丰农机厂、陆丰锅厂、上砂锅厂、陆丰酒厂、平安堂制药厂、陆丰印刷厂、博美矿站、旱田矿铁矿场等9家；企业正常的生产秩序逐渐恢复，机械化设备成为国管工厂的主要生产工具，工厂基本实现了机械化和机械化的生产。此后，再经3年调整，扭转了由"大跃进"所造成的国民经济失调状况。1965年，全县国营工业企业共31家，职工总数17912人，国营工业总产值1203.96万元，占全县工业总产值2877.06万元的41.85%。

"文化大革命"初期，陆丰的工业企业受到冲击，企业管理权限再度下放，企业内部的管理混乱，生产停滞不前，全县国营工业总产值从1966年的1968.07万元降至1968年的1366.65万元，下降 30.56%。

20 世纪 70 年代，陆丰的国营工业迅速恢复和发展，兴建了陆丰甘化厂、陆丰罐头厂、陆丰农机修理制造厂、陆丰水泥厂等生产规模较大的国营工厂。至 1977 年，全县国营工业企业共有51 家，全民职工 30028 人，工业总产值 4830 万元，占全县工业总产值 1.12 亿元的 43.13%。

"四清"与"文革"

1963 年 11 月 14 日，中共中央发出《关于印发和宣传农村社会主义教育运动问题的两个文件的通知》。此后，各地在试点的基础上，在部分县、社开始进行社会主义教育运动。运动的目的是为了整顿干部作风，解决干部、群众之间的矛盾，防止在中国发生修正主义和"和平演变"，巩固社会主义制度。农村的社教运动开始以"清账目、清仓库、清财物和清工分"为主，城市的社教运动为反对贪污盗窃、反对投机倒把、反对铺张浪费、反对分散主义、反对官僚主义的"五反"运动。后期都发展成为"清政治、清思想、清经济和清组织"四个方面，通称为"四清"。

1965 年 2 月 5—10 日，县、公社、大队三级干部会议在陆城召开，参会代表 2250 人。贯彻落实中央《农村社会主义教育运动中目前提出的一些问题》（简称"二十三条"）规定，提出搞好高标准"四清"运动。8 月，汕头地委"四清"工作总团陆丰工作队约 3000 人进驻陆丰，开展"清政治、清思想、清经济、清组织"的"四清"运动（俗称"大四清"）。当时，工作队队员主要从潮安县、普宁县、惠来县、陆丰县及专区直属单位抽调。1966 年，"四清"运动结束。

1966 年 8 月，中共中央通过《关于无产阶级文化大革命的决定》之后，"文化大革命"开始全面地发动起来，时间长达 10 年。"文化大革命"迅速波及陆丰，陆丰县委受到严重冲击，组织和工作秩序陷于严重混乱。

"文革"期间，停止高考招生，1970 年开始，大学招生由各地推荐工农兵学员就读。1977 年冬，恢复高考制度。

"文革"期间，各地组织城镇知识青年上山下乡，城镇初、高中毕业生多数是零星到农村插队落户。1972 年开始，有组织地安排到良种场、马地埔、"八一"场、激石溪、湖陂等农林场。"文化大革命"结束后，这些人员陆续回城就业、工作。

"文革"期间，开展农业学大寨运动，大搞农田基本建设，有些地方开山造田、围海造田，开办"五七农场""居民农场"等各类农场。

1968 年 3 月 8 日，"党政合一"的县革命委员会成立。县革命委员会由军代表、革命干部代表、农民代表、工人代表、学生代表等 60 人组成，设主任 1 人，副主任 4 人。县革委会下设政工组、办事组、生产组、保卫组，原县委、县人委工作机构的日常工作由这 4 个组办理。

1971 年 2 月，中共陆丰县第三次代表大会召开，党的领导才得到恢复和加强，县委工作机构于 1973 年后陆续恢复。这个时期，陆丰广大干部、群众在十分困难的条件下，仍然艰苦奋战，先后建设了甘化厂、化肥厂、罐头厂、印刷厂等工业企业，建设了供电、供水配套工程，能源、交通、邮电等部门也有所发展。其中，1970 年 5 月中旬，陆丰县甘化厂动工兴建，主要设备和部分职工由汕头华侨糖厂迁来。当年 11 月底建成投产，日榨甘蔗 500 吨。为发展蔗糖生产，县革委下达年度种蔗计划，农业部门引进高产高糖甘蔗良种，推广甘蔗水田种植和高产栽培技术。其中，炎龙公社浮洲大队种植甘蔗产量高而闻名全国。1971 年 3 月 23 日，浮洲大队党支部书记林度出席全国棉、油、糖会议，受到周恩来等中央领导人的接见。同年 7 月初，周恩来委托时任国务院业务组组长的华国锋视察浮洲甘蔗生产。是年 10 月间，广东省革委会领导陈郁参加验收浮洲甘蔗高产试验田 1.31 亩，山产鲜蔗 23.31 吨，成为全国高产典型。

1975 年底，全县工农业总产值 43589 万元，比 1965 年增长 49%。

1976 年 10 月，粉碎"四人帮"后，长达十年之久的"文化大革命"宣告结束，举国欢腾。陆丰革命老区人民在中共中央的领导下，迈进了新的征程。

10

第十章

改革开放　振兴陆丰

第一节 拨乱反正 平反冤假错案

1978 年 12 月 18 日，中共十一届三中全会在北京隆重举行。十一届三中全会是一次拨乱反正的会议，停止使用"以阶级斗争为纲"的口号，决定把全党的工作重点转移到社会主义现代化建设中来。全会明确指出：党的新时期的历史任务是把中国建设成为社会主义现代化强国。从此，中国人民进入了改革开放和社会主义建设新时期。

陆丰县委贯彻落实中共中央会议精神，解放思想、更新观念，把工作重点转移到以经济建设为中心，开展了经济体制、政治体制等方面的改革，使国民经济快速发展。随着市场物资丰富，逐步取消了食品、物品的定量凭证供应，人民生活从温饱型朝向小康迈进。

1983 年 11 月实行体制改革，东海、甲子、碣石、湖东 4 个公社改为镇，设镇人民政府，辖下大队改为管理区；其他各公社改为区，设区公所，辖下大队改为乡，设乡政府。1987 年 11 月，区改为镇，设镇人民政府，原乡一级改为管理区。1999 年初，管理区改为村委会。

新中国成立后至 1978 年，全县开展多次整风、整党、整队及各项政治运动，尤其在"文化大革命"中，由于受"左"倾思想影响，出现了不少冤假错案，伤害了大批党的干部，使党的各项事业蒙受损失。

中共十一届三中全会后，陆丰县委抓紧对 1978 年前各种案件的复查，成立了中共陆丰县委落实干部政策领导小组，下设办公室，全面落实干部政策。对"文化大革命"期间的冤假错案和新中国成立以来在历次政治运动中所造成的错受党纪、政纪、刑事处分案件，进行了全面的复查审理，坚决予以改正和重新下结论，重点审查了"文化大革命"期间大批冤案及历次政治运动的遗留问题，恢复了历史的本来面目，进一步密切了党群关系，调动了一切积极因素。

1986 年，县委进一步抓好落实干部政策工作，着手解决落实政策中的遗留问题。另外，还解决"文化大革命"期间受株连的亲属、子女的落实政策问题。

1979 年 2 月底，全县开展对"四类分子"（地主、富农、反革命分子、坏分子）的清理评审摘帽工作。

1982 年底，全县完成对归侨、侨眷在"文化大革命"期间因海外关系受牵连的冤假错案的纠正平反工作，随后落实了侨房政策。

第二节 实施土地联产承包责任制

1978 年 12 月，中共十一届三中全会以后，陆丰全面贯彻落实中央《关于加快农业发展若干问题的决定（草案）》《农村人民公社工作条例（试行草案）》文件精神，开始改革农村经营管理体制。1979 年起，全县各生产队从以小组为生产单位的包产包工、定额计酬逐步发展专业承包、联产计酬、包产包工到户到人等多种形式的生产责任制。

1980 年逐步实行在公有制的基础上，以家庭为经营实体的联产承包责任制，即家庭联产承包责任制，其承包形式有两种：一是按家庭人口和劳力，分配口粮田和任务田，由农户自行生产，农户负责完成国家征购粮和集体上调粮的任务。二是任务田由专业户承包，负责交售征购粮和上缴集体上调粮。家庭联产承包制给农民以生产自主权，充分调动了农民的生产积极性，促进了农业生产全面发展。1980 年全县粮食播种面积 139 万亩，平均亩产 218 公斤，总产量 29.18 万吨。其中水稻播种面积 81.41 万亩，平均亩产 238 公斤，总产量 19.32 万吨，比 1979 年水稻平均亩产 200 公斤、总产量 16.41 万吨，分别增长 19% 和 17.7%。

1982—1985 年，先后贯彻落实中央《全国农村工作会议纪要》《当前农村经济政策的若干问题》《关于 1984 年农村工作的通知》及《关于进一步活跃农村经济的十项政策》四个"一号文件"，执行坚持社会主义道路长期不变，土地等基本生产资料公有制长期不变，集体经济建立生产责任制长期不变，稳定、完善农业生产责任制，全面落实延长土地承包期。农村出现了以公有制为主导，发展多种经济成分和多种经营方式并存的新局面。1987 年，根据中共中央关于深化农村改革、完善双层经营体制的指示精神，全县农村基层组织建立合作经济组织，负责与农户直接签订承包合同、鉴证调解、仲裁，维护发包者、承包者的合法权益。各地通过落实水田、旱地、山林、鱼池等联产承包责任制，进一步落实荒山荒地、滩涂、水面的开发利用和生产的承包责任制，充分调动了广大农民耕山造林种果、发展种养殖业的积极性。同时，县委、县政府引导农民因地制宜调整农业生产结构，以市场为导向，发展专业化、商品化生产，开拓第二、三产业，增加农村经济收入，全县涌现了一批种、养、加工业的专业户、重点户和新的经营联合体，农业生产逐步形成商品农业和外向型农业的格局。

农村经济体制改革为农村农业带来活力，农林牧副渔全面发展，推动了农村经济的快速增长，农民收入逐年增加，生活水平显著提高，农村面貌发生了喜人的变化。1987 年，全县实现工农业生产总值 17233.75 万元，比 1978 年增加 8767.58 万元。粮食产量稳步增长，1987 年全县粮食亩产比 1978 年增加 34 公斤，水稻总产量 17.95 万吨，比 1978 年增加 7400 吨。

转变思路　发展经济

1979 年 2 月 14—22 日，全县三级干部会议在陆城召开，参会人员 1210 人。学习中共十一届三中全会决议，讨论如何实现全党工作中心转移到社会主义现代化建设上来等问题。从此拉开陆丰改革开放序幕。

一、邀请港澳同胞回乡探亲、投资

陆丰地处广东东南部沿海，毗邻中国香港、澳门与东南亚，是粤东地区侨乡之一。

1979 年 3 月 6—9 日，陆丰召开 170 多人参加的全县侨务工作会议，产生陆丰县归国华侨联合会第四届委员会，恢复了在"文化大革命"中停止活动的侨联组织。

为发挥海外侨胞与港澳同胞众多的优势，1979 年 3 月，县委统战部等部门领导率队前往深圳，邀请香港同胞陈文清、蔡少波、曾庆堂、向志强等 10 人座谈，向他们阐明改革开放政策，动员他们带头回家乡探亲、投资。这是改革开放政策公布后，陆丰党政部门领导首次主动同港澳同胞座谈。1980 年 2 月，县交通局民运总站与香港东泰贸易公司合作经营小汽车运输公司，开创陆丰对港澳台合作经营模式。同年 3 月 19 日，甲东工艺制衣厂与香港丰顺贸易公司签订来料加工服装协议，合同加工费 54 万港元，客商提供设备 25 万港元，为陆丰对港澳台来料加工的首家企业，开创了陆丰对港澳台加工装配业务。此后，来料加工迅速发展，至1994年，共与客商签订来料加工协议494宗，全县有"三来一补"企业42家，1980—1994年计赚取加工费1056万美元，引进先进生产加工设备价款12500万美元。来料加工品种从过去单一产品发展到多样化、系列化产品，形成服装、毛纺品、塑料制品为主的"三来一补"工业企业系统，产品行销欧洲、东南亚等国家和中国港澳地区。

1980年11月，碣石镇水产养殖场与东江水产（香港）公司签订补偿贸易协议，开发水产养殖。1982年3月，港商开始投资，开创了陆丰对港补偿贸易业务。

二、合资企业　生机勃发

1984年，陆丰县政府颁布《关于对外引进外资技术给予优惠的十条规定》。

1984年2月，陆丰县交通局民运总站与香港合作经营广东各地至香港汽车货运的陆港汽车货运公司开业，拥有直通香港货车27辆、100多吨位。

陆丰外引内联合资工业始于1986年。1986年4月，陆丰县第一家合资经营企业陆兴电线电缆制造厂诞生，是由陆丰县水电局排灌总站和香港南兴企业贸易公司合资经营。该合资企业总投资100万美元，产品80%由南兴企业贸易公司负责运往香港销售，20%由陆丰水电局排灌总站负责内销。1986年，陆兴电线电缆制造厂工业总产值达1300万元。这种形式在以后几年中得到迅速发展。据统计，1994年底，全县共有合资企业30家，累计签订合同66宗、约定客商投资总额7976万美元，实际利用资金3184万美元。

随着改革开放的不断深入，陆丰借助改革的春风，放开手脚，制订措施，从政策、资金、土地等方面，对地方工业发展以优惠、扶持，给地方工业创造了展翼奋飞的机会，一批社会有识人士，把握机遇，大胆开拓，乡镇企业如雨后春笋般从陆丰大地"冒"出。1992年10月30日，陆丰第一家外资企业（也称独资经营企业）——陆丰芳迪素食品有限公司诞生，合同投资总额64万美元。11月29日，陆丰县首家激光电脑印刷企业——劳新印刷厂投产。12月26日，陆丰县万里达自行车实业公司建成投产。当月28日，首批"海斯迪克"牌自行车投放市场。该公司由陆丰县物资总公司与武汉自行车三厂、港商三方联办，总投资3000多万元，产品70%销国际市场。1994年10月28日，中外合资大型企业——广东日星扬声器制造有限公司在碣石镇蜈蚣水开发区正式投产，厂房占地面积3.8万平方米，固定资产568万美元。

随着科技进步、外资投入和企业发展，至1995年，陆丰拥有年产值或年产能力超亿元的企业7家，年产值超5000万元的企业15家。

三、乡贤捐资帮助家乡建设

改革开放后，众多爱国侨胞、港澳同胞和外出乡贤，为振兴、帮助家乡建设，纷纷慷慨解囊、热情捐资，捐资较早的爱国侨胞、港澳同胞有：林道有捐资兴建林启恩纪念中学；陈顺泉捐建陈佛庇纪念学校；陈楚迎捐资建设南塘幼儿园；钟声坚捐资整治陆城东河水利工程；陈文清捐资兴建乌坎幼儿园、东海第一中学教学楼；陈淑标捐资建设启东医院；卓木胜捐资兴建桥冲大桥；庄欣捐资安装架设甲子镇内路灯；林照勇捐资助建陆城玉照公园；范俊波捐资建设甲港公路……捐资较早、数额较大的有：林道有、钟声坚、龚俊龙、吴远溪、吴远港、林国芳、许裕长等。

四、乡镇工业蓬勃发展

乡镇工业的基础为农村手工业，1984 年以前称社队工业，后称乡镇工业。陆丰的乡镇工业萌芽于 20 世纪 50 年代初期。

1979 年 7 月，中共中央、国务院颁发《关于发展社队企业若干问题的规定（试行草案）》，1980 年省政府又发出贯彻执行该规定的补充通知，完善了乡镇工业企业的经营管理体制，陆丰乡镇工业企业得到了蓬勃发展。乡镇工业企业体制由原来社、队两级增至乡、镇、联营（村）、合作、个体等 5 级，形成多层次、多格局、多种经济成分、"五个轮子一齐转"的体制结构。新发展了水果加工，饲料生产，矿泉水生产及马赛克瓷砖、马赛克玻璃等高建材产品。至 1988 年，全县乡镇村办、联户、个体工业拥有相当于原动机能力的发电量 1214.5 万千瓦时，比 1978 年增长97.5%，全县乡镇工业形成制盐、工艺美术、服装、造纸印刷、电力、金属制品、饲料加工、竹木加工、建材、食品、化工塑料、陶瓷等 10 多种行业，其中以制盐、食品、陶瓷、工艺美术、服装5 个行业为全县支柱，五业产值占乡镇工业总产值 85%，是年全县乡镇工业企业达 6657 个，就业 41751 人，自有流动资金 2464.4万元，产值 2.8 亿元。比 1978 年的乡镇工业产值增长 2.2 倍，收入 25149.4 万元，占全县乡镇企业总收入 56.9%。当年出口交货额 2732 万元，上交税金 849.9 万元，获利润 1675.8 万元。19 个乡镇中，工业企业发展较快的有东海、甲子、碣石、湖东 4 个镇，产值超 100 万元的乡镇企业有东兴实业公司、兴华实业公司、塑料工业公司、涤塑制品厂、塑料化工厂、塑胶厂、日用塑料厂、电风扇厂、人造花厂、爆竹厂、竹工艺厂、竹木家私厂、甲子食业公司、塑料网袋厂、新兴塑料厂、合兴塑料厂、碣石机绣电子厂、蜡烛厂、包装厂、珠绣玩具厂、金纸厂、碣北工艺制品厂、陂洋瓷厂 23 家。

1994 年，全县乡镇以下工业企业 7126 家，工业总产值 15895 万元（当年价）。乡镇工业产品中，贝雕、陶瓷、蜡烛、竹艺品、刺绣、渔网、胶丝绳等产品进入欧洲、非洲、东南亚、澳大利亚、日本、巴基斯坦等 20 多个国家及中国港澳地区。

五、国营工业企业实行经济包干

中共十一届三中全会以后，国营工业贯彻执行经济体制改革的"调整、改革、整顿、提高"八字方针和县发展工业生产"全民所有、集体经营、国家收税、自负盈亏"十六字方针，对工业、产业、产品、技术结构进行全面调整。第六个五年计划期间（1981—1985 年），国营企业有 13 家实行了厂长负责制，同时从人、财、物、产、供、销等方面扩大了企业自主权，建立多渠道、多层次的产销结构。加强横向经济联合，技术改造建成和已投建项目有：扩建了日榨甘蔗 1000 吨工程、年产水泥 32 万吨机械窑、陆丰罐头厂实罐车间及卫生设施、陆丰酒厂大米车间、陆丰机械厂改装车间设备、陆丰糖果饼干厂抽真空设备及饼干远红自动生产线、陆丰农机厂卷压机、陆丰钢厂改造车间、陆丰印刷厂纸箱生产线及购置四色彩印机、陆车汽修厂购置自动喷漆机、续建 2 万吨硫酸工程、投建二氧化硫等 12 个项目，国营工业总产值平均每年增长 6.8%。至 1994 年，全县国有工业企业 28 家，拥有厂房、场地 130 多万平方米，固定资产原值 46008 万元，干部职工 7200 多人，工业总产值 1611 万元，占全县工业总产值 89317 万元的 18%。国有工业基本形成重工、轻工、建材、食品、制糖、机械、印刷、矿产、制盐等 10 大行业，产品花色品种数千个。国有工业生产经营体制由过去单一的全民所有制转换为以国有资本为主导，多渠道引进外资先进设备，聚集或吸引社会闲散资金，用合作、联营、合资、承包或租赁等多种方式一起进行生产经营的混合型（股份制）经营体制。

1986 年 11 月，县人民政府颁发《关于收回原下放的二轻集体企业实行归口管理的通知》，原二轻集体企业由县二轻主管部门实行归口管理。二轻集体企业管理制度得到进一步加强，明确规定二轻集体企业是社会主义性质的劳动群众集体所有制的经济组织。在县二轻集体企业联社的领导下，是一个拥有集体资产和独立活动能力的经济实体，具有法人资格，其财产和一切合法权益受国家法律的保护。1987 年，全县共有二轻集体企业 64 家，工业总产值 4970 万元。至 1990 年底，全县二轻企业的主要机械设备拥有自动渔网机生产线、200 吨锻压机、电器烘干机、碰焊机、圆形织布机等专用设备 3300 多套。形成工艺美术、日用工艺、玩具、塑料、机械、服装等 10 大制造行业，产品有 100 多类几万个花色品种。主要产品有：（1）绒毛、布、木制、塑料等玩具系列产品，共 5900 多个花式；（2）圣诞品有 PVC 圣诞塔树系列产品、圣诞染色麻制品、圣诞吊件等 14 个品种 1050 多个花式；（3）装饰品有竹挂件系列工业品、尼龙花采花品种 320 多个；（4）工艺美术品有各种形式珠袋、贝雕画、金属雕工艺品 300 多个规格，80 个品种；（5）塑料制品有渔网、棉纱网袋、球网、编织袋、塑料薄膜、水管塑料日用品、人造革袋等系列产品；（6）五金工业品有 32 吨铁滑车、剪式千斤顶、集装箱拖卡升降脚及吊运器、暗铰链、铁路灯、安全链、多功能计时器、高效节能荧光灯等产品。全县二轻工业出口产品生产企业 36 家，二轻产品出口 2200 多个种类，销往美洲、欧洲、东南亚和中国香港、澳门，创汇达 2000 万美元。

1994 年底，分布在东海、碣石、甲子、湖东镇的二轻集体工业企业共 66 家，厂房占地面积 12.52 万平方米，建筑面积 7.53

万平方米，职工人数 9050 人，有高级工程师、中级工艺美术师、助理美术师及工艺美术技工等 165 人，各种生产机械设备 2840 台（套），主要有圣诞塔树、木制品玩具、运动鞋、胶丝渔网、铁滑车、安全网、塑料玩具等生产线，年生产能力 3 亿元。是年，全县完成工业产值 1.08 亿元，出口创汇企业 28 家，产品远销美国、联邦德国、加拿大、日本和东南亚等 60 多个国家和地区，出口率占 90% 以上。规模较大、产品上档次的碣石绒毛玩具总厂、碣石竹制品厂、碣石渔网厂、甲子工艺厂、甲子塑料厂、甲子渔网厂和东海皮塑厂等 7 个单位，被国家二轻部评为"出口创汇先进单位"。

六、成立劳动服务公司　做好劳务输出

20 世纪 80 年代后，随着农业生产责任制的落实和企业承包经营责任制，生产效率大为提高，城乡出现了大批富余劳动力。个体经济的存在和商品生产的大规模发展，出现了劳务市场。县人民政府遂于 1981 年批准县劳动局成立劳动服务公司，同时设立中国广东对外劳务经济合作公司陆丰分公司和陆丰劳动服务公司境外就业部，并在各镇（场、区）设置下属劳动服务公司和职业介绍所 42 个，劳力信息联络点 280 个，劳动服务企业 26 家。这些机构的设立，对劳动力管理，组织富余劳动力转移和输出，带动经济的发展，发挥了积极的促进作用。

深化改革　加快发展

一、"三高"农业　春华秋实

随着农业生产条件的改善和新技术新品种的推广应用，陆丰农业效益逐年提高。1984 年机构改革后，县农业局、镇农技站等农业服务机构更加健全，科技队伍稳定发展，20 个镇农技站均配备农业技术人员，有 12 个技术站通过多方集资建立了农业技术推广站，方便了农民的技术咨询。农业系统还成立了农学会、农村专业技术研究会共 50 个。从上至下形成了比较完善的农业科技网络，在农业生产中发挥了积极的作用。

陆丰农业商品基地的建设来源于商品经济观点指导下振兴农村经济的新思路。县委、县政府一方面用大农业观点指导生产，促进农林牧副渔全面发展；一方面用商品经济观点指导农业，走优质、高产、高效益新路，在全市范围内建立了粮食、甘蔗、蔬菜、水果、水产品、禽畜养殖等 10 大农业商品基地，同时在沿海、平原、山区各类典型地区，培育典型，发展适合地方实际的生产项目，形成北部山区果林牧带、中部平原地区"米袋子""菜篮子"经济带、南部沿海渔业经济带"三带三区域"的"三高"农业生产经营格局。桥冲镇的白沙村，有 214 公顷常年歉收的低洼地，种水稻十年三收，1992 年年底开始搞精养虾蟹，年水产品收入达 3000 多万元，人均纯收入 2000 多元；位于山区的陂洋镇 12 个管理区村村种水果，有的以种荔枝、梅、李、香蕉为主，有的以种菠萝、杂果为主，全镇共种水果 200 公顷，平均每年人均单项收入超过 1000 元。

1994 年，全县各级干部挂钩创办的粮食高产示范片共 159 个，总面积 14332 公顷，占粮食生产总面积的 22.8%，每 1/15 公顷单位面积产量比全市平均产量高出 25 公斤，为全市粮食增产增收起到了积极的作用。

在大力发展"三高"农业中，陆丰十分注意完善产前、产中、产后各种配套服务，以提高农业产品的商品价值和经济效益。先后成立了水产实业投资公司、对虾养殖基地公司、养鸡服务中心、海产速冻厂、果品加工厂，兴建了一批农副产品市场，为发展商品农业提供配套服务。博美镇 18 个管理区均办起种植蔬菜示范点，全年种蔬菜面积 130 公顷。工商部门与镇、村携手投资 180 多万元，建起占地 1.4 万平方米的蔬菜批发市场和占地 1 万平方米的农副产品综合市场。

此外，还依托沿海优势发展特色养殖业，20 世纪 90 年代，海马、鲍鱼等人工养殖基地在金厢、碣石、湖东、甲子、甲西、甲东等沿海地区迅速发展，并利用淡水资源兴办甲鱼等养殖基地。

二、旅游产业 方兴未艾

随着经济建设的全面发展，陆丰立足把地理优势、资源优势转化为经济发展优势，大力拓展具有地方特色的行业，促进商贸、旅游等第三产业呈多层次快速发展。

1982 年 1 月，县政府批准开放碣石玄武山旅游区。当年，接待游客达 20 万人次以上。玄武山元山寺是粤东最大、文物保存最完整的宗教庙宇之一，是广东省重点文物保护单位。玄武山旅游区已建成国家 4A 级景区。

1984 年 10 月，陆丰县政府成立了旅游局，这标志着陆丰旅游业迈上了新起点。1986 年起，陆丰县政府先后多次聘请北京、广州、深圳的专家学者，对玄武山、金厢滩滨海旅游区，清云山旅游区和甲东麒麟山旅游区等进行了调查与论证，制订了旅游区总体开发建设规划，使旅游业这一新兴产业迅速在陆丰崛起。

随着经济和社会事业的发展，陆丰的旅游设施日臻完善。1985 年，陆丰第一家涉外宾馆——龙泉宾馆在碣石镇建成开业，标志着陆丰旅游业具有高品位的接待能力；位于陆城的东兴宾馆建成开业，该宾馆在海陆丰地区使用了第一部升降电梯。随后，陆丰的旅游接待场所如雨后春笋，蓬勃发展，以合资、融资、参股等形式新建的高档酒楼、宾馆、旅社陆续兴建开业。陆丰宾馆、陆丰酒店、龙山宾馆等均在此期间开业迎客。

三、实力增强　生活改善

进入 20 世纪 90 年代，陆丰整体经济开始出现飞跃发展的势头。1992 年，全市实现社会总产值 26.39 亿元，比 1980 年增长 2.41 倍；国内生产总值 11.91 亿元，比 1980 年增长 1.69 倍；国民收入 9.97 亿元，比 1980 年增长 2.33 倍；工农业总值 21.2 亿元，比 1980 年增长 2.6 倍；财政收入 1.0978 亿元，比 1980 年增长 0.96 倍。1993 年，全市社会总产值 33.96 亿元、国内生产总值 14.24 亿元、国民收入 11.35 亿元、工农业总值 27.62 亿元，分别比 1992 年增长 28.7%、19.6%、13.8%、30.3%，其中工业产值达到 22.36 亿元，占工农业总产值的 81.0%。

交通运输网络基本形成，公路纵横交错。至 1993 年，全县共有公路 92 条，总长 655 公里，其中 324 国道在境内中部东西横贯，长 53.8 公里；省道 5 条、长 183.6 公里，与四邻县市有便捷的联系；南部沿海有港口 5 个，其中碣石港、甲子港均为国家级的渔港；乌坎港建有客、货两用码头，可停靠 3000 吨级轮船。

商贸旅游业十分活跃。1994 年社会商品零售额 121.6 亿元，城乡集市贸易成交额 5.5 亿元，分别比 1978 年同期增长 10.5 倍和 16.2 倍。

教育、科技、文化、卫生和体育事业得到长足发展。1984年，创办陆丰电视大学。1987 年秋，碣石、南塘、金厢、大安等乡镇创办成人文化技术学校。1993 年春，博美成校创办蔬菜基地培训；南塘成校创办养鸡实验培训。自后，各乡镇全面铺开，创办成人学校，注重加强成人学校的基地、队伍和制度建设。

随着生产发展，在各级党政重视下，通过多渠道筹资建校及鼓励兴办民办学校等措施，有效地解决部分学校的"大班制""二部制"问题。全市学前教育、九年制义务教育、高中阶段入学率和教学质量明显提高，就读大中专人数连年大幅度增加。人民文化素质不断提高，医疗保健条件日趋改善，已形成三级医疗卫生网络。

城乡人民生活水平不断提高。1993 年，全县职工人均年工资3896 元，比 1980 年增长 33 倍；农村人均年收入 1071 元，比 1980年增长 311 倍。城乡居民生活水平的全面提高，整体消费方面也有相应改变，城乡居民消费由单一的结构转向多样化、多层次结构，衣食住及其他消费品的数量不断增加，质量不断提高。1994年农村人均居住面积 22.9 平方米，比 1978 年增长 46%，城镇居民人均居住面积 13.2 平方米，比 1978 年增长 2.2 倍。

城乡居民储蓄增加，社会福利事业迅速发展。1993 年，陆丰城乡居民储蓄存款比 1980 年增长 35 倍，劳动就业人数不断增加，社会福利事业持续发展。多层次、全方位的社会保险机制，逐步得到完善。城乡居民用电、用水条件大为改善。

四、撤县设市 焕发生机

1995 年 1 月 19 日，国务院批准陆丰撤县设市（县级）。10 月 1 日，在陆丰市人民体育场举行撤县设市挂牌庆典。时任中共中央政治局常委、国务院总理李鹏为陆丰题词："发扬光荣革命传统，陆丰在改革开放中前进。"时任全国政协常委杨琛、中国老区建设促进会常务副会长姚竣、汕尾市领导以及各界朋友、华侨、港澳同胞代表等 800 多人与 5 万名陆丰干部、群众一起参加庆典仪式。国家民政部等 40 多个单位和个人发来贺电贺信。同时，有 31 个建设项目举行落成剪彩，19 个项目奠基，并进行招商引资经贸洽谈活动，革命老区焕发出新活力。

1994—2011 年，陆丰以撤县设市为契机，坚持解放思想、以大开放推进大改革，以大改革促进大发展。18 年间，全市经济发展加快、实力提升，基础设施日臻完善，城乡面貌焕然一新，民生持续改善。工业初步形成了以陆丰核电、甲湖湾风电等为引擎的电力能源产业基地，以及以专业镇为载体的圣诞礼品、服装纺织、珠宝首饰、食品制造、五金家具等工业基地；农业结构逐步形成了以沿海地区海洋产业、中部地区"米袋子"和"菜篮子"、北部山区果树和畜牧业为主的特色经济带，以果林、蔬菜、水产、畜禽养殖等各类基地为依托的高产、优质、高效农业持续发展；城乡市场商品丰富、购销活跃，旅游和房地产经济逐渐成为新的经济增长点。至 2011 年底，全市实现地区生产总值 158.19 亿元，比 1994 年增长 10.11 倍。人民生活水平得到较大提高，行政新区基本形成，社会各项事业获得较大发展。

11

第十一章

开启新征程　奋进新时代

第一节 新潮拍岸　奋力争先

一、国民经济　健康发展

党的十八大以来，陆丰市全面贯彻落实党的十八大和十八届三中、四中、五中全会精神及习近平总书记系列重要讲话精神，坚持以发展为第一要务，坚持稳中求进工作总基调，主动适应经济发展新常态，开拓创新、奋发有为，努力实现各时期确定的目标任务，为全面建成小康社会奠定了坚实基础。

经过多年的不懈努力奋斗，全市经济综合实力逐步增强。全市地区生产总值从 2011 年的 158.19 亿元增加到 2017 年的 271.66 亿元，年均增长 11.94%，每年增速均高于全省平均水平。人均生产总值从 2011 年的 11949 元增加到 2017 年的 19178 元，年均增长 10.08%。

重点项目扎实推进。牢固树立"以项目为王、用结果说话"理念，坚持以项目建设引领全局发展，强力推进重点项目建设，以项目为突破口，带动陆丰经济发展。2011—2017 年，引进投资项目 81 个、总投资 1636 亿元，其中超千万元项目 62 个，超亿元项目 23 个。固定资产投资额从 2011 年的 11.85 亿元增加到 2017 年的 238.81 亿元。华润大埔风电、华能八万陂洋风电、村村通自来水工程等一批重点项目建设竣工投产。陆丰核电、宝丽华火电、海王医药健康产业基地、碣石和甲子污水处理厂等一批重点项目建设取得重大进展。

工业经济不断壮大。规模以上工业增加值从 2011 年的 35.56 亿元增加到 2017 年的 70.07 亿元，年均增长 17.9%。规模以上工业企业达到 79 家，其中 5 家企业产值超亿元，初步形成了以新兴产业核能、风能、火能和传统产业圣诞产品、五金塑料、纺织服装、食品饮料、海产品加工等为主导的产业发展格局。

农业生产较快增长。农业总产值从 2011 年的 63.37 亿元增加到 2017 年的 96.46 亿元，年均增长 5.5%。粮食总产量连续稳定在每年 20 万吨左右。建成高标准基本农田 23.46 万亩，落实种粮补贴面积 239.79 万亩。培育省级农业龙头企业 1 家，汕尾市级农业龙头企业 18 家，创建农民专业合作社 399 家，辐射带动农户 23940 户。20 个建制镇农村集体资产资源交易平台全部建成。

第三产业持续向好。社会消费零售总额从 2011 年的 134.61 亿元增加到 2017 年的 189.39 亿元，年均增长 13.2%。旅游产业加快发展，逐步形成以玄武山旅游区、金厢滩旅游区、海韵假日度假村、清云山旅游区为连线的红色、宗教文化滨海旅游带。2011 — 2017 年，全市接待游客 2843.5 万人次，年均增长 66.18%。旅游收入 136.13 亿元，年均增长 6.67%。房地产业健康发展，开发建设了碧桂园、华辉新都、凤凰城、滨江花城等 46 个房地产项目，施工面积 244.5 万平方米。各项存贷款快速增长，存款余额增加 132.2 亿元，贷款余额增加 51.6 亿元。

二、"三大抓手"发挥成效

紧紧抓住广东省进一步促进粤东西北地区振兴发展的契机，突出交通基础设施、产业园区、中心城区扩容提质"三大抓手"，强化重点项目建设，全力推进经济社会发展，各项工作取得了新进展、新成效。

交通基础设施日趋完善。2011—2017 年，总投资 1.2 亿元的东海大道改造工程竣工投入使用；总投资 1.14 亿元的内南碣公路二期工程完成全线绿化、美化、亮化；总投资 5.1 亿元的国道 324 线陆丰穿城路段改道工程全面动工建设，厦深铁路陆丰段顺利建成通车，完成火车站进站公路、国道 324 线陆丰段路面大修、省道 338 线南塘至甲子段改建、省道 240 线大安穿城段改线和县道南塘至湖东段改建等一批交通基础设施项目建设，行政村 100% 实现公路硬底化，快速交通网络初步形成。

产业园区建设逐步提升。2016 年 5 月 22 日，产业园区通过省认定，规划面积 500 公顷。基础设施建设不断完善，园区龙湖东路、上海路、运河北路建成通车，龙湖西路加快建设，排水、污水处理、供水、供电、通信等基础设施逐步完善。

中心城区扩容提质步伐加快。加快推进以螺河为中心、向东西两岸拓展的规划建设，不断扩大城区规模。加强城市基础设施建设，相继开展了深汕高速公路霞湖出入口处至零公里路段续建、城区供水水源工程建设，陆城供水管网改造，污水主干管网、管道燃气、城乡垃圾处理以及城区长安路、北堤路、建设路、桥西路、金碣—东环—东埔路、龙山路等一批市政设施的建设，城市品位在逐步提升，中等城市基本框架初步形成。

三、宜居城乡　加快推进

城镇化建设科学有序。行政新区开发建设，东海大道改造，碣石、甲子市政道路升级改造，国道 324 线陆丰穿城路段改道等工程拉开了城区建设的框架，新增市政道路面积 35.5 万平方米。城镇建成区面积约 41 平方公里，其中城区建成区约 26 平方公里。碣石、甲子、南塘 3 个中心镇规划修编加紧进行，其他镇（场、区）也围绕"一镇一样板街"目标，积极推进城镇化建设。全市城镇化率从 2011 年的 42.14% 提高到 2017 年的 51.94%。

农村生产生活条件明显改善。2011—2017 年，完成了 4 座中型水库、7 座小（一）型水库和 57 座小（二）型水库的除险加固工程。村村通自来水工程累计完成投资 2.3 亿元，解决了农村 75.39 万人的饮水安全问题。三甲海堤达标加固工程累计完成投资 1.4 亿元，完成 19.6 公里堤段的主体工程建设。23 个镇（场、区）垃圾转运站完成土建并安装设备的有 20 个，1184 个自然村垃圾收集点已基本建成。23 个镇（场、区）农村生活垃圾收运实行市场化运作，兴建生活垃圾焚烧发电厂，全市农村生活垃圾收运处理长效机制初步建立。

生态环境保护不断加强。全市环境质量总体保持稳定，节能减排扎实有效，单位生产总值能源消耗、单位生产总值二氧化碳排放和单位工业增加值用水量均不断降低，主要污染物减排指标全面完成上级下达任务，生态建设不断强化，完成碳汇造林 38.76 万亩，建设提质改造生态景观林带 38.76 公里，完成省级乡村绿化美化工程示范点 23 个，2017 年森林覆盖率达到 42.32%。

四、社会事业　全面进步

社会保障更有力。2011—2017 年，全市各类民生支出 174.6 亿元，占公共财政预算支出的 63.2%，低保、五保、孤儿供养和残疾人"两项补贴"等底线民生保障标准全面达标。城镇新增就业 10.89 万人，城镇登记失业率控制在 3.0% 以内，城乡居民社会养老保险参保人数达到 56.2 万人，新型城乡基本医疗保险参保人数达到 144.3 万人，参保覆盖率 95%，投入 5.431 亿元开工建设保障性住房项目 24 个，住房 2402 套。

认真做好扶贫攻坚工作，2017 年，落实综合扶贫措施，筹集扶贫资金 10 亿多元，投入到 66 个贫困村民生经济项目、1.3 万户有劳动能力贫困户脱贫增收项目，全市实现脱贫人口 2.9 万人，贫困户年人均可支配收入达到 7500 元，比帮扶前增收 3800 多元。其中，深圳市投入资金 4.4 亿元对口帮扶陆丰 50 个贫困村，实现脱贫人口 1.6 万人，贫困户年人均可支配收入达到 8300 元，比帮扶前增收 4600 多元，顺利实现脱贫目标。

科教事业长足进步。2011—2017 年，共有 14 家企事业单位成功申报省、市科技计划项目 72 个，专利申请 1265 件，专利授权 796 件。教育创强和义务教育均衡化取得突破，通过了国家义务教育发展基本均衡县评估认定，23 个镇（场、区）通过了省教育强镇的督导验收。实现公办中小学课室多媒体电教平台全覆盖，投入 1.7 亿元新建校舍 11 万平方米，新增学位 2.2 万个，新招聘公办教师 3146 人。教育质量稳步提升，普通高考 3A 以上入围人数逐年增加，2017 年为 8541 人，比 2011 年增加 4592 人，并多次有学生夺得汕尾市高考状元。高中阶段教育毛入学率达到 86.5%，初中入学率达到 99.8%，小学入学率达到 100%。

2011 年，由知名企业家、甲子中学校友龚俊龙捐资 2.5 亿元建设的甲子中学新校区正式落幕竣工；吴远溪、吴远港兄弟二人于 2018 年 6 月共同捐资 3.5 亿元，建设龙山中学新校区和大安中学新校区。党校改建工程和全省第二大教育集团的普宁华美教育创办的汕尾市华美实验学校顺利推进。

文化医疗卫生服务提质。2011—2017 年，全市建成 21 个镇级文化站，326 个村（社区）文化室和"农家书屋"，陆丰皮影动漫文化产业基地投入使用。2011 年，林国芳夫妇捐资逾 1 亿元，建设陆丰市文化中心。2013 年，许裕长出资 1 亿元建设广东岭南美术馆、甲子文化艺术馆，建成并对外开放。

2011—2017 年，全面铺开公立医院综合改革，继市人民医院、市中医院之后，市妇幼保健计划生育服务中心正式取消药品加成，实行药品零差率销售。20 家乡镇医院上线广东省基层医疗卫生机构管理信息系统，实现信息化管理。市人民医院外科综合楼、市中医院住院楼、市妇幼保健计划生育服务中心和市第二人民医院（甲子中心卫生院）、第三人民医院（碣石中心卫生院）以及 13 所卫生院标准化，133 个农村卫生站规范化建设全面开工。其中，市第二人民医院由龚俊龙捐资 3.6 亿元建设。

五、环境整治　谱写新篇

创文创卫成效明显。2017 年，开展环境卫生清理整治行动，拆除违章违建，完成 7 个农贸市场升级改造示范点，707 个自然村开展村庄人居环境综合整治，282 个自然村建有文化活动场所或绿化带。全市环境卫生明显好转，被列为"广东省县级文明城市提名城市"。

全面深化政务整治、正风肃纪。深化"放管服"改革，推进"一门式一网式"政府服务，33 个单位入驻市政务服务管理中心，701 项行政许可和公共服务事项进驻集中办理，开通 21 个镇级办事点、35 个村（居）办事点。全面完成行政审批和公共服务事项标准化工作，行政许可事项办理时限比法定时限压缩30% 以上。

坚守生态红线和环保底线，严格落实河长制，推进生活垃圾和污水处理设施建设，加大重点区域环境整治力度。关停和搬迁污染企业，环境质量总体保持稳定，节能减排扎实有效。完成碳汇造林 6.7 万亩、森林抚育 18.1 万亩，创建省级乡村绿化工程示范点 4 个，全市森林蓄积量 122.5 万立方米，森林资源覆盖率达 42.3%。

展望未来 前景辉煌

2017 年 10 月 18 日至 10 月 24 日，中国共产党第十九次全国代表大会在北京隆重举行。党的十九大是在全面建成小康社会决胜阶段、中国特色社会主义进入新时代的关键时期召开的一次具有划时代、里程碑意义的大会。是中国共产党在新时代开启新征程、续写新篇章的政治宣言和行动纲领。

今后一段时期，陆丰要以习近平新时代中国特色社会主义思想为指导，以人民为中心，统筹推进经济建设、政治建设、文化建设、社会建设和生态文明建设，依托资源优势、地理位置优势和历史人文资源，勇当加快建设沿海经济带靓丽明珠主力军，为广东省实现"四个走在全国前列"贡献陆丰力量。

1. 以提升质量和效益为重点，加快构建推动经济高质量发展的体制机制。

坚定"项目为王、产业兴市"思路，深入实施产业共建核心战略。坚持质量第一、效益优先，高标准、高门槛招商选资，选准、选好、选优产业项目。制定集约节约用地管理办法，建立健全项目效益评估机制。突出抓产业项目落地投产，强化招商引资、土地供应、园区建设、项目服务的无缝对接。牢固树立绿色发展理念，坚持发展与保护协同共进，实行最严格的生态环境保护制度，加强生态环境监管，加大污染防治力度，坚守生态环保底线，不断形成节约资源和保护环境的空间格局、产业结构与生产生活方式。

2. 以构建现代产业体系为重点，加快建设现代化经济体系。

把发展经济的着力点放在实体经济上，推动资源要素向实体经济集聚、政策措施向实体经济倾斜、工作力量向实体经济加强。充分利用既有产业基础和资源禀赋，坚持创新驱动发展，推动资源优势转化为产业优势、潜在优势转化为现实优势，加快构建现代产业体系，积极培育新的增长点。依托既有产业基础，培育壮大主导产业。把电子信息、电力能源、生物制药产业作为主攻方向。要加大发展商贸物流、金融地产等现代服务行业。着力培育一批层次高、支撑性强的骨干企业。推动传统产业改造升级，充分运用先进技术改造发展传统优秀制造业，着力推进具有优秀特色的圣诞礼品、五金配件、服装加工、珠宝加工等传统产业改造升级，增强传统产业发展活力和竞争力。充分利用陆丰生态保持良好，旅游资源、海洋资源和农业资源丰富的有利条件，大力发展特色旅游、海洋产业和现代农业，做大做强特色产业。依托专业镇转型升级，提升传统优势产业。

3. 以积极主动参与粤港澳大湾区建设为重点，加快形成全面开放新格局。

牢牢把握区域发展格局发生的深刻变化，统筹国际国内两个大局，利用好国际国内两个市场、两种资源，置身于中央推进粤港澳大湾区建设、"一带一路"建设、海陆丰革命老区振兴发展规划和广东构建"一核一带一区"区域发展新格局的宏大时代背景之中，依托现有资源优势，加快发展开放型经济，不断提升对外开放水平。要善于借用外力，秉持更加开放的理念和包容的心态，以发展的眼光和共赢的思维，把1687平方公里的土地和190公里的海岸线等丰富的资源向全省、全国甚至全球开放，把陆丰的资源放到更大的市场去配置。

4. 以平安陆丰、法治陆丰建设为重点，加快营造共建共治共享社会治理格局。

把营造共建共治共享社会治理格局，作为践行"四个走在全国前列"的着力点，牢牢抓住整治软环境建设，对照营造共建共治共享社会治理格局的内涵，对标广东打造全国最平安稳定、最公平公正、法治环境最好的地区的社会治理新要求，进一步加强和创新社会治理。坚持标本兼治，建设成为风清气正、宜居宜业、和谐平安的幸福陆丰。

5. 以建设成为沿海经济带靓丽明珠为重点，以新的更大作为开创陆丰经济建设新局面。

把重点项目作为加快陆丰振兴发展的战略性措施来抓，狠抓重点项目建设，不断增强经济发展的活力和后劲。要举全市之力推进陆丰核电、甲湖湾火力发电等一批牵动陆丰经济社会发展的大项目的建设，把陆丰建设成粤东新能源产业基地。要以把陆丰建设成区域综合交通枢纽城市为目标，进一步做好交通基础设施规划，大力推进兴汕高速、汕汕铁路、沿海快速、沿海观光公路等区域交通设施建设，提升区域辐射能力。要规划发展好海岸经济。坚持高起点谋划，充分发挥陆丰海岸线优势，主动对接大湾区产业辐射，围绕打造能源产业基地、滨海旅游目的地和承接珠江东岸产业转移的核心区的目标定位。坚定"项目为王、产业兴市"思路，深入实施产业共建核心战略，全方位加强与深圳市罗湖区共建合作，以市产业园区为中心，辐射带动星都和"三甲"片区，加大基础设施建设投入，拉大园区建设框架，扩大园区辐射范围。

6. 以全面实施乡村振兴战略为重点，加快打造美丽乡村建设。

大力实施"头雁"工程，把加强农村基层党组织建设作为贯穿基层治理的主线，健全基层治理体系。要建设美丽乡村，打造生态宜居环境。坚持规划先行，树立"绿水青山就是金山银山"的理念，根据村庄的自然禀赋、资源条件和区位特点，因地制宜、因村制宜，一村一策、因村施策，使村庄和环境相互融合，使人与自然和谐统一。要加大产业扶持力度，发展农村生产力。推进特色农业提质增效，紧扣"一镇一业、一村一品"，充分利用当地资源优势，加快建设现代农业产业体系、生产体系、经营体系，推动种植业、养殖业、畜牧业、园艺特产业、林业、农产品加工业等转型升级，大力引进和培育农业龙头企业，打造特色农产品基地，形成粮食、水果、蔬菜、畜牧、水产养殖协调发展的新格局。要大力实施"乡贤回归"工程，"打好乡贤牌"，充分发挥乡贤资源，鼓励和引导乡贤参与支持家乡建设，凝聚乡贤力量，参与到陆丰市振兴发展的大局当中。

7. 以深入推进精神文明建设为重点，加快建设文化强市。

全力做好"双创"工作，扎实推进创建广东省县级文明城市工作，持续开展"十大整治、十大提升"行动。加强正面宣传和舆论引导，培育和践行社会主义核心价值观。要以社会主义核心价值观引领社会新风尚，弘扬红色革命文化，传承优秀传统文化，树立时代新风，培养时代新人。要大力发展文化事业，推动文化事业繁荣发展，深入推进文化体制改革，做大做强陆丰特色文化产业。

完善全市旅游总体规划，保护和充分利用陆丰红色资源、古村落、宗教场所、非物质文化遗产、滨海海景、观光农业等独特文化旅游资源，大力发展民间风俗体验、爱国主义教育、历史文化探究的人文旅游经济板块。

大力发展卫教、体育事业。要继续实施素质教育，提高教育质量和办学水平，增强全市教育发展后劲。要继续推进医疗卫生事业，整合医疗、体育、养生等资源，大力提高医疗卫生服务水平。

8. 以坚决打赢攻坚战为重点，加快补齐民生社会事业短板。

打好防范化解重大风险攻坚战。增强风险防控意识，加强对经济、政治、文化、社会、网络、意识形态、公共安全、生态环境等各领域风险的梳理排查，建立动态监测预警机制。要打好精准脱贫攻坚战，这是全面建成小康社会的必然要求。要进一步完善社会保障制度，扩大社会保险和医疗保险覆盖面。要把实施乡村振兴战略与打好脱贫攻坚战有机衔接起来，把提高脱贫质量放在首位，咬定总攻目标，扎实推进脱贫攻坚，以"产业升级拉动一批，城镇化转移一批，农业现代化托起一批，区域协调发展带动一批，政府宏观调控帮扶一批"为抓手，确保到2020年如期完成脱贫任务。要打好污染防治攻坚战。深入践行习近平生态文明思想，牢固树立"绿水青山就是金山银山"理念，抓好节能减排，实施大气污染防治行动，坚决打好污染防治攻坚战和生态文明建设持久战。

附　录

附录一 大事记

1919 年

6 月，海陆丰进步师生响应五四运动，陆城第一、第二两所高等小学和青年教师迅速起来响应，成立学生联合会，在陆丰龙山中学礼堂举行集会，会后师生一齐上街游行。

1920 年

以郑重、彭翊寰、李云阶等进步分子为首发起组织陆丰社会促进社。

1923 年

6 月 23 日，陆丰总农会在县城林氏祖祠成立。

8 月 15 日，因自然灾害农作物失收，彭湃召开农民代表大会，要求减租，16 日（农历七月初五），海陆丰农会遭到军警围攻，杨其珊等 25 人被捕，史称"七五农潮"，反动派武装解散农会，农民运动受到了严重的挫折。

1924 年

7 月，彭湃在广州创办农民运动讲习所（全称："中国国民党中央执行委员会农民运动讲习所"）。其间，海陆丰选派一批优秀农会会员赴广州参加讲习所学习。

1925 年

2 月 27 日，广州革命政府东征军首次到达海陆丰，事先派回海陆丰做组织、宣传、情报及其他方面的策应工作的有郑志云、张威。同年 10 月 22 日，东征军第二次到达海陆丰。

3 月上旬，中共海陆丰支部及共产主义青年团海陆丰特别支部在海城成立。10 月 29 日，中共海陆丰地方委员会成立。

3 月，共青团陆丰县特别支部在陆城成立。

4 月，陆丰成立农民自卫军中队，队长张大伦。队部设在东海镇旧圩的罗觉庵别墅"觉庐楼"，下设 4 个小队。

5 月，在彭湃、吴振民和海陆丰党组织的领导下，经过对反动县长徐健行的坚决斗争，终于撤销徐健行的县长职务，并将其驱逐出陆丰。这是陆丰农民第一次驱逐破坏农民运动的县长，在广东也属首例。1926 年 3 月，又迫使反动县长李崇年逃离陆丰，显示农民武装的巨大威力。

1926 年

1 月，彭湃发表《海陆丰农民运动报告》，毛泽东提出把海陆丰农民运动经验向全国推广。

秋，在东海镇成立中共陆丰特别支部委员会，书记李国珍。

12 月，农民自卫军陆丰县大队在东海镇成立。大队长张绍良，战斗序列分为直属中队、附城中队、东南中队、西北中队。

1927 年

4 月，成立工农救党军陆丰县大队。

4 月 30 日，海陆丰人民举行武装起义（讨蒋起义），并成立陆丰县临时人民政府。同年举行九月秋收起义和十月起义。

7月，中共中央决定组成领导中共前敌委员会。

8月1日，打响了武装反抗国民党反动派的第一枪。

9月，中共海陆丰地委改组为中共海陆丰县委。

9月，陆丰县赤卫大队成立，大队长许国良，下设附城、碣石、甲子、河田、金厢5个区常备中队。

10月7日，南昌起义军余部1200多人进入陆丰后，改编为工农革命军第二师第四团。

10月23日，起义军领导人周恩来、叶挺、聂荣臻在金厢渡海过香港；贺龙、彭湃、林伯渠、刘伯承、张国焘、谭平山、李立三等在甲子渡海过香港。

10月，陆丰县工农革命军团队成立，队长谭国辉，下设3个大队和1个独立中队。

11月11日，红二师和赤卫队攻克碣石城。

11月13日，陆丰工农兵代表大会在陆城孔庙隆重召开，选举张威、庄梦祥、吴鉴良、陈谷荪、范照南、张绍良、黄泽光、陈兆禧等15人为陆丰县苏维埃政府委员，成立全国第一个县级苏维埃政府。

11月中旬，中共海陆丰县委改组为中共海丰县委和中共陆丰县委。

1928 年

1月5日，广州起义军余部改编的工农革命军第四师，1200多人到达海陆丰，与南昌起义军改编的第二师胜利会师。

1月23日，红四师和赤卫队攻下甲子城。

3月2日，红四师汕尾之战失利，撤出海陆丰，转战惠来。

7月15日，国民党粤东各部联合开始对海陆丰根据地进行

"围剿"。

10 月 6 日，中共海陆紫惠临时特委在海丰成立。

1929 年

2 月开始，董朗、徐向前所率红军在广东省委和东江特委的安排下，陆续撤出海陆丰。

1931 年

春，成立陆惠县，即以陆丰东南部及惠来北部山区成立一个县。陆惠县以陆丰的东南部为主，包括金厢、碣石、湖东、甲子、南塘、博美及惠来的环中区等区。

6 月，陆惠县委正式成立，先后由陈醒光、马毅友、古大存、卢世光担任陆惠县委书记。

1933 年

9 月 26 日，中共第五届中央委员杨其珊在激石溪壮烈牺牲，海陆紫苏区基本沦陷。

10 月，东江特委派宋华明到海陆丰联络疏散的党团员伺机再起，次年 9 月被查缉，党组织转入隐秘活动。

1937 年

8 月，蓝训材、刘腾光回到海陆丰恢复发展党组织；10 月间成立中共海陆丰支部。

1938 年

10 月，中共海陆丰工作委员会在汕尾成立。

1941 年

3 月 28 日,日本侵略军在陆丰乌坎港和海仔村登陆,下午 4 时,侵占陆丰县城。日本侵略军在陆城驻扎 3 天,无恶不作。

1945 年

1 月 26 日,日本侵略军第二次侵犯陆丰,县境中部、东南部相继沦陷。

3 月,国民党独立旅第一纵队挺进陆丰,主动出击驻在西南屯埔乡的日本侵略军,激战 10 小时,双方伤亡严重,其中国民党军队阵亡 32 人。

1947 年

2 月,蓝训材在海丰梅陇黄山峒主持召开军事会议,宣布成立海陆丰人民自卫队。

5 月上旬,中共海陆丰县委在海丰赤石大安峒成立。

1948 年

7 月 1 日,海陆丰人民自卫队在海丰大安峒改编为中国人民解放军江南第一支队。

1949 年

1 月 1 日,海陆丰人民武装力量改编为粤赣湘边纵队东江第一支队第五团(海丰),2 月 1 日在八万双派村正式成立东江第一支队第六团(陆丰),庄岐洲任六团团长,六团政委由县委书记刘志远兼任。

4 月 1 日,陆丰县人民政府在河田成立,郑达忠任县长。

4月3日，第一次攻打陆丰县城。

7月14日，再次攻打陆丰县城.

8月16日，第三次攻打陆丰县城。

8月19日，陆丰城宣布解放。

10月11日，粤赣湘边纵队解放海城。

10月17日，汕尾和平解放。

10月23日，陆丰县政府从河田迁至东海.

12月，中国人民解放军歼灭捷胜龟龄岛海匪和国民党残敌，海陆丰全境解放。

附录二 **革命旧（遗）址**

　　炎镜寨大宫农会旧址　　位于东海镇炎龙村炎镜寨。1923—1927 年，彭湃、张威、徐添、许国良、张绍良、高招生、卢木定、徐遐、徐四妹、徐武、张二妹等在陆丰附城炎镜寨地区宣传革命，将炎镜寨华光帝庙作为革命据点，改称为"大宫"，创办农会组织。

炎镜寨大宫农会旧址（林以诺　摄）

　　南塘区（南景村）工农讨逆军及赤卫队队部旧址　　位于桥冲镇南景村。1927 年 9 月，海陆丰工农讨逆军成立，郑贞（又名郑尧）任南塘区工农讨逆军队长，后又任南塘区赤卫队队长，为方便工作，他把自己的住屋作为活动、联络地址，积极开展革命活动。南昌起义军进入陆丰期间，郑贞参与策划，做好周恩来等的安全转移工作。

南塘区（南景村）工农讨逆军及赤卫队队部旧址（湖石村委会　供图）

陆丰党员大会旧址　位于东海镇下龙潭村刘氏祠堂。1937年，刘腾光受命回陆丰，10月，在东海成立中共陆丰支部，刘腾光任书记。1938年3月，在东海下龙潭刘氏祠堂，召开了中共陆丰组织恢复重建第一次全县党员大会，会议选举产生中共陆丰县工作委员会，刘腾光任书记，朱荣任组织委员，郭坚任宣传委员，黄鑫任统战委员，杨良任青年委员，林瑞任农村委员。

陆丰党员大会旧址（林以诺　摄）

中共附城区工作委员会成立处旧址 位于东海镇神冲前村8巷4号许汉英旧居。许汉英（1927—2017年），陆丰市东海镇神冲村人。曾任附城区工作委员会书记、抗日游击队队长。

中共附城区工作委员会成立处旧址（林以诺　摄）

南昌起义前委领导甲子转移集结地遗址 位于甲子镇海滨路南后溪福德祠。南昌起义军失利后进入陆丰，刘伯承、谭平山、林伯渠等领导人在甲子地下党引领下到此住宿，后由甲子党组织安排他们转移出海。

南昌起义前委领导甲子转移集结地遗址（甲子镇政府　供图）

周恩来、聂荣臻、叶挺在湖东村住宿旧址　位于湖东镇湖东村。1927 年 10 月，周恩来、聂荣臻和叶挺在杨石魂的带领卜来到陆丰县湖东村。湖东村农会干部薛鸿儒、薛立龙、薛月等人把周恩来、聂荣臻和叶挺秘密安置在薛氏宗祠"孝思堂"。周恩来等刚离开，反动武装就包围了湖东村，在薛氏宗祠搜捕扑空后，烧毁了宗祠及周边农舍，继而对湖东村农会会员进行多次围捕，薛妈咀、薛妈庇、薛进利、薛亚门、薛宗芳、薛勇、薛乃金 7 位农会成员相继遭杀害。

周恩来、聂荣臻、叶挺在湖东村住宿旧址（薛景烈　摄）

南昌起义军领导人在李厝乡住宿旧址　位于南塘镇西美李厝乡。1927 年 10 月，周恩来、聂荣臻、叶挺等八一南昌起义军前委领导在杨石魂及警卫人员的引领下，由湖东区委派人护送到南

南昌起义军领导人周恩来等在李厝乡住宿旧址（林以诺　摄）

塘区李厝乡，通过李秀文、李祖怀、李祖升、李茂平的安排，在大厝内住下，受到李厝乡乡亲的热情款待，等待地下党组织的接洽和转移。

南塘郑绪文接应周恩来联络处旧址　位于南塘镇内芫荽巷6号（郑绪文住家）。1927年10月上旬，南昌起义部队进入陆丰，周恩来等滞留陆丰期间，南塘区商联会会长郑绪文在该联络处与李厝乡农会干部李祖升、李祖怀、李茂平等人商议周恩来等领导转移事宜。傍晚，在农会干部掩护下，由郑绪文从李厝乡安全护送周恩来等到兰湖村。这期间，周恩来还留下一封信。因此事，郑绪文的妻子被牵连抓进南塘大馆受拷刑，后来通过四乡老大担保出来。之后，南塘地下党负责人郑绪文又到大南山进行革命活动，由于身份暴露，被捕后遭杀害，房屋也被国民党反动派烧毁。

南塘郑绪文接应周恩来联络处旧址（林以诺　摄）

周恩来等在南塘兰湖村住宿旧址　1927 年 10 月，南昌起义领导人周恩来、聂荣臻、叶挺等在杨石魂和地下党郑绪义等护送下，到兰湖村地下党员郑阿仲堂兄郑端阳家住宿，转移时周恩来送他 1 件红色毛毯和 1 件虎皮毯子作留念。中华人民共和国成立后，毛毯收藏于陆丰文物管理馆，复制件收藏于北京博物馆。

周恩来等在南塘兰湖村住宿旧址（林以诺　摄）

周恩来等在金厢大岭"虎洞"藏身处遗址　位于金厢镇下埔黄厝寮村后山狮山大岭。1927 年 10 月，南昌起义军领导人周恩来、聂荣臻、叶挺等到达陆丰，由黄秀文迎领辗转到金厢黄厝寮自己家中，白天经常藏身于黄厝寮后山狮山大岭"虎洞"中，夜晚回到黄秀文家中治病疗养。

周恩来等在金厢大岭"虎洞"藏身处遗址（林以诺　摄）

周恩来观音岭边隐蔽处旧址

位于金厢镇观音岭。1927 年 10 月，南昌起义军领导人周恩来、叶挺、聂荣臻在黄厝寮村隐蔽期间，为避开国民党特务眼线，有时天未亮就到该处隐蔽，晚上才回黄秀文家。2017 年 4 月 19 日，陈知庶少将（陈赓之子）率领南昌起义军后代寻访团在此合影。

周恩来在溪碧村治病居所旧址

位于桥冲镇溪碧村。1927 年 10 月南昌起义部队进入陆丰，周恩来患

周恩来观音岭边隐蔽处旧址（方翔　摄）

病在此治疗，由陈水珠负责周恩来的安全，秘密去大塘村请卢阔医生为其医治。几天后，周恩来病情好转后离开，返回金厢黄厝寮村。

周恩来在溪碧村治病居所旧址（林以诺　摄）

中共海陆丰中心县委党员学习班遗址　位于八万镇下葫村葫峰温氏凤鸣堂。1941 年 2 月中旬，中共海陆丰中心县委仕此开小党员学习班，参加学习的有吕自冯、余立夫、马毓英、莫强、王文瑞、余复群、郑达飞、郑学龄等人，主持人马克昂。

中共海陆丰中心县委党员学习班遗址（八万镇政府　供图）

攻打碣石城后勤保障部旧址　位于碣石镇戴厝村。1927 年攻打碣石城期间，农军在此设立后勤保障部，在国民党"围剿"根据地时期，戴月牢、戴志堂、戴国成、戴演、戴志梅等革命战士在戴厝村英勇抵抗。戴月牢转移角溪村时牺牲，戴志堂、戴国成、戴演、戴志梅被捕后在碣石城红场被杀害。他们的祠堂、房屋被烧，粮食被抢。

攻打碣石城后勤保障部旧址（林以诺　摄）

攻打碣石城誓师会旧址　位于金厢镇十二岗村海埕。1927 年 11 月 10 日晚，彭湃、董朗率红二师第四团和张威、林铁史等组织领导的东南各区工农武装 2000 多人在誓师会后分数路攻打碣石城，11 日上午攻城胜利，为陆丰成立苏维埃政权扫除了障碍。

攻打碣石城誓师会旧址（陆丰市老促会　摄）

法留山农军截击敌军旧址　潭西镇法留山战略位置重要，曾多次发生截击交火事件。1927 年秋，国民党驻守惠阳坪山的十八师补充团团长陈学顺，与逃往惠阳的国军万炳臣营会合，开赴海

法留山农军截击敌军旧址（林以诺　摄）

陆丰镇压农民起义，9 月 25 日到达海丰，26 日，陈学顺派团副张文俊率两个营进犯陆丰，在距陆城 10 公里的法留山遭数百农军截击，农军鸣锣吹角，杀声震天；敌军猝不及防，仓皇失措，陆丰农军在此打了一场漂亮的伏击战。

桥西地下交通情报站旧址

位于东海镇金钗桥西侧，该站成立于 1937 年 6 月，庄久任站长，成员：唐乃底、唐水银、唐娘营、庄仕、林秋、陈情、郑枝。

藏兴街 28 号交通站旧址

位于东海镇藏兴街。是陆丰县城一个重要交通站，建立于 1947 年 4 月，由地下党员王健一家负责，其母亲郑淑美和胞妹王碧娟都是地下党秘密交通员。地下党员叶左恕在陆城从事地下工作

桥西地下交通情报站旧址（庄小军　摄）

时，经常在此处与中共附城区委书记鄞庆云接头。这个交通站与石头山交通站直接联系。

藏兴街 28 号交通站旧址（陆丰市老促会　供图）

黄塘（天宝洞）交通联络站旧址　位于西南镇黄塘村黄塘嶂内的一个天然山洞——天宝洞，该联络站与海丰公平、平东接壤，地理位置重要。在大革命时期，村里的中共党员、农会骨干、赤卫队队员等都义务充当了交通员。1926 年 11 月，大队长吴振民率领农民自卫军与黄塘村村民联合攻打反动堡垒的战前动员会议，就是在天宝洞秘密交通联络站举行的。联络站负责人邓三恩因身份暴露在葵坑村被捕，1927 年 8 月 12 日在陆城河图岭被杀害。

黄塘（天宝洞）交通联络站旧址（黄塘村委会　供图）

湖东琼洲交通站遗址　位于湖东镇新洲村，原是陈经伟、陈尊仪家族祖祠，也是地下党湖碣东南片总支部工作联络点，又是琼洲交通站办公地点。陈经伟任湖（东）碣（石）党总支书记，交通员陈汉、陈金、颜石，接待员陈钦有。1944 年陈经伟接受组织安排，随部队北撤转移山东，投入抗战。颜石 1945 年 1 月参加东纵六支队后组织安排转移香港，1947 年被安排回陆丰投入地下工作。

湖东琼洲交通站遗址（林以诺　摄）

湖东深田湖交通站旧址　位于湖东镇深田湖村大巷内。因工作需要，陈汉将其住宅作为地下党支部、交通联络站站址，也是刘志远、陈伟、陈阶等开展活动的场所。大革命时期，陈汉在其胞兄陈蓬牵头下成立和负责农会、赤卫队。1944 年 1 月经陈伟介绍入党，并任深田湖支部书记、交通站站长，积极发动进步青年入党，参加革命，以各种形式搜集情报、传递信件、接送过往游击队员，因工作积极出色，陈汉一家二座房屋后被国民党反动派烧毁。

湖东深田湖交通站旧址（卓选　摄）

碣石地下交通站旧址 抗日战争时期建立起来的中共碣石地下交通站（负责人麦友俭），位于碣石镇南门口。该站是陆丰东南区的主要交通站，与东海、河口2个主要交通站和潮汕地下党、韩江纵队惠陆边特派员詹泽平直接联

碣石地下交通站旧址（陈书 摄）

系。碣石地下交通站为东纵、海陆丰地下党和韩纵、潮汕地下党传递秘密情报，以及为粤赣湘边部队运送物资发挥了重要作用。中华人民共和国成立后，该站址改建为碣石水产站渔需品门市。

粤赣湘边纵东一支第六团团部驻地旧址 位于河西镇新陆村米瓮坑村。1949年3月庄岐洲领导的边纵东江第一支队第六团在新陆村米瓮坑村与陆城国民党钟铁肩部交火，钟部二、三连的兵力最后被第六团打退，撤回陆城。

粤赣湘边纵东一支第六团团部驻地旧址（河西镇政府 供图）

粤赣湘边纵队第一次攻打陆城临时指挥部旧址　　位于东海镇南堤社区金溪社华光古庙。1949 年 4 月 3 日，攻打陆城时，第一支队第六团在此设立指挥部，该团独二营配合主力围攻潮州会馆的警察部队。

粤赣湘边纵队第一次攻打陆城临时指挥部旧址（林以诺　摄）

刘友仁革命活动旧址　　位于甲子镇内刘氏宗祠"享德堂"。刘友仁，1927 年加入中国共产党。曾任陆丰苏维埃政权委员、农协会执委、东南区特派员兼总指挥。大革命时期"享德堂"是海陆丰农民运动的活动场所，接待过南昌起义南撤部队领导人贺龙、刘伯承等，并组织赤卫队护送他们去香港。

陈兆禧革命活动旧址　　位于城东镇上陈村。陈兆禧（1899—1970 年），陆丰县苏维埃政府主席团委员兼裁判委员会主任。1927 年大革命失败后，遭到国民党反动派四处追杀。儿子陈谦瑞，1929 年被国民党反动派抓捕时遭杀害，年仅 12 岁。在党组织的秘密安排下，陈兆禧偕妻子、女儿陈卿历尽波折前往马来亚，在与当地的地下党组织接头后，被国民党特工追踪发现，其妻子、女儿遭杀害。陈兆禧逃险后藏匿在爱国华侨家中，与组织失去联系。中华人民共和国成立后回海南岛国营农场工作。

陈妈告革命活动旧址 位于城东镇上陈村。陈妈告（1900—1927 年），中共党员，第一区赤卫队队长。1923 年春，彭湃、张威等多次到其家中，秘密筹备组建农会并指导其工作。1927 年陈妈告身份暴露被捕，在陆城洛洲埔被杀害，时年 27 岁。国民党反动派将其家人驱赶，住宅被封锁 3 年，不准任何人进入。

姜文生、姜英毅故居（去来庐） 陆丰市大安镇旱田管区艳墩村"去来庐"，是一座百年古屋，这座古屋的主人是革命烈士父子姜文生、姜英毅于 1912 年建造的。革命烈士姜文生，原是南洋马来亚马六甲侨商，早年在孙中山的感召下，为了革命需要找寻家乡革命"落脚点"，毅然从南洋带回物资建造这座房屋。"去来庐"三个大字是革命烈士姜英毅（姜文生长子）所写。英毅 17 岁参加革命，44 岁在南洋参战，壮烈牺牲。

陆丰县苏维埃政府办公旧址 位于陆丰县城迎仙桥东北侧。1927 年 11 月 13 日，全国第一个县级苏维埃政府成立后，在此办公。几经改建，现为陆丰市文化中心。

陆丰县商民协会旧址 位于东海镇南堤社区杉寮尾杨氏祠堂。1926 年 4 月，陆丰县商民协会成立，陈荫南任会长，会址设在杉寮尾杨氏祠堂。会员主要是店主、商贩，协会要求会员守法经营，对稳定物价，维护社会秩序起到积极作用。同时也是彭湃、张威等同志开展革命活动的一处场所。

陆丰工农讨逆军队部遗址 位于东海镇红星村委连厝围张厝，占地面积约 4000 平方米。1927 年 8 月，中共海陆丰县委改工农救党军为工农讨逆军，受东江革命委员会和海陆丰暴动委员会领导。陆丰大队大队长张绍良，副大队长林其夏，秘书张兴。下辖直属中队、东南中队、西北中队，总武装 200 人；区常备队 11 个，武装 2402 人。

红二师碣石作战指挥部旧址　位于碣石镇玄武山"自得居"。1927 年 11 月初，海陆丰人民在中国共产党的领导下，举行了第三次武装起义，并开始筹建全国第一个县级苏维埃政府。其时，盘踞在碣石的国民党反动武装戴可雄、陈子和部，严重威胁着即将诞生的红色政权。11 月 11 日，彭湃、林铁史、张威、董朗等率领中国工农革命军第二师和陆丰各地赤卫队围攻碣石城，作战指挥部设在玄武山"自得居"。战斗取得胜利。

北坑村红四师指挥部遗址　位于华侨区北坑村。东江特委为扫除惠、陆、边三个反动据点，彻底消灭残余之敌，遂决定逐一予以歼灭。分析情况后，决定先打百岭，此役由红四师十二团担任主力，南塘、碣石、甲子、湖东、金厢、甲东、甲西各地的赤卫队配合，于 1928 年 1 月 16 日开战。

大安乡苏维埃政权旧址　位于大安镇大安窟仔尾村。1927 年 10 月下旬，陆丰农军在收复大安、金厢、博美、湖东等圩镇后，成立了大安乡苏维埃政府，建立了基层革命政权。

中共陆惠县委机关驻地旧址　位于陂洋镇深坑塘麻村。1931 年 1 月，中共闽粤赣边区特委西南分委决定，划陆丰东南的金厢、碣石、湖东、甲子、南塘、博美和惠来西北片的环中区、揭阳的河婆等地建立陆惠边区县。1931 年 6 月至 1933 年 1 月，陈醒光、马毅友、古大存、卢世光等先后担任过中共陆惠县委书记。

陆丰县动工团办公遗址　位于东海镇东风社区。1939 年 11 月，陆丰县动员委员会直属工作团在东海镇关帝庙后殿成立，郑建文任团长，团部分设组织、群众、宣传、戏剧、总务等股，动员爱国青年参加抗日救亡工作。

陆丰县抗战剧团成立处旧址　位于龙山中学校内礼堂，已经修葺。1940 年 3 月，龙山中学和动工团在真君社戏台上演出了话剧《卢沟桥之战》《不渡黄河》《三江好》等剧目。演出以后，龙山中学校长梁荫源和动工团团长郑建文组织筹备陆丰县抗战剧团，经过两次筹备会议，于 10 月 10 日在龙山中学礼堂成立，由张化如任团长，叶子弼、梁荫源任副团长。1941 年春节前后，剧团到陆丰西北部地区访问与演出，有效地宣传爱国，唤醒民众抗日，发展抗日民众力量，提高民众文化水平。

陆丰县委、苏维埃政府临时指挥部旧址　位于河西镇卧龙村。原为曾氏祖祠。1928 年 3 月陈谷荪和彭元章、吴鉴良等在卧龙村指挥西北、东南两个特委领导全县人民坚持斗争。由于坏人告密，4 月 12 日，国民党派大批军警包围卧龙村，陈谷荪、吴鉴良一同被捕，光荣牺牲。

粤赣湘边纵队东江第一支队第六团成立及团部驻地旧址　位于八万镇双派村。1949 年，海陆丰人民自卫队整编为第五团和第六团。2 月 1 日，第六团在八万乡双派村成立，庄岐洲任团长，陆丰县委书记刘志远兼任政委，郑万生为政治处主任。该团在解放战争时期做出了重大贡献。

陆丰青年协进社办公旧址　陆丰协进社建立于 1922 年冬，位于东海镇郑氏宗祠后的"通德斋"。当时陆丰进步青年郑重、陈谷荪、黄振新、颜国藩、张威、庄梦祥、陈自强、陈楚南等，为团结陆丰有识人士，发起创建斯社，并在东海一小学校召开成立大会。会上公推郑重为社长，黄振新、颜国藩为副社长。

神冲农会及红二师攻打陆城营部旧址　位于东海镇神冲前村许氏宗祠。1923 年 4 月，热血青年许国良串联乡亲郑三九、许乌番等人，发动农民成立神冲乡农会，许国良为会长。1927 年 11 月初，红二师第四团二营营长刘立道按原部署开至陆丰城附近神冲村，为攻占陆丰做好战前准备，营部驻扎在该村许氏祠堂。大革命失败后，祠堂被国民党反动派烧毁，中华人民共和国成立后重建。

陆丰县工委支部工作训练班遗址　位于河西镇湖田村委石柱村蔡礼桃旧居。1939 年 6 月，为贯彻中央抗日民族战线政策，中共陆丰县工委在此举办支部工作训练班，参加学习党员有陈编、庄岐洲、蔡礼桃、蔡泽南等一批人员。石柱村党支部成立较早，一直坚持到抗日战争爆发并积极参加抗日活动。

碣石田尾山战斗旧址　位于碣石镇浅澳村，1949 年 11 月，碣石守敌陈兴部见解放军兵临碣石，仓皇渡海逃至浅澳、乌坭，构筑工事，并企图捉拿革命家属作为人质。不料解放军动作迅速，在敌阴谋实施之前，于 11 月 24 日即在田尾山发动攻击，经过几小时的激烈战斗，全歼残敌，俘虏何汝煌军 400 多人，缴获大批武器弹药。

城东鲤鱼潭交通站旧址　位于城东镇鲤鱼潭村，交通站建立于 1947 年 10 月，由郑学龄、陈权、陈流负责，是陆丰的重要交通站。该站地处国民党县政府和人口集中的东海镇附近，情报交通员以商人、教员、学生或政府职员等身份出现，对侦察国民党政府和军队的活动情况，掩护革命同志起了很大的作用。

田心村地下交通站（贵州站）遗址　位于八万镇高塘村委田心村。田心地下交通站站名"贵州站"（1948—1949 年），站址设在周英添、周英文等人的家中。站长黄琨，具体负责人刘仁道，工作人员叶霞飞、叶梓，田心村村民周英添、周泰昌、周文光、周英文等当交通员。

石头山交通站、情报总站旧址　两处旧址位于河西镇石山村寨内村，是站长沈妈庭旧居。1947 年海陆丰人民自卫队成立后，陆丰东北大队在石头山设立交通站。1949 年夏，陆城地区情报站（负责人：郑剑、谢强）在石头山设立情报总站。

东海抗日联络站旧址　位于东海镇向阳社区金钗社吴氏祠堂。原是一间学堂（光裕堂），吴炳霖、吴俊业等吴氏裔孙和林三妹、罗奇珍等进步青年在党组织的领导下，积极投身抗日救亡运动，期间吴炳霖加入了党组织。他们遵照陆丰县委的指示，在光裕堂办起民众夜校，宣传革命道理。利用光裕堂周围巷道四通八达便于隐蔽的有利条件，将这里作为当时进步青年的抗日联络站。

华东区"铁甲队"驻地旧址　位于八万镇高塘村历二村龚氏祖屋。1948 年 8 月，谢国良奉命率领铁甲队进入葫峰、八万、甘竹坑一带协助民运队建立"华东区"，为解放军向太平洋地区进军开辟一条通道。后协助主力部队建立"岭南区"。

中共陆丰县委秘密办公遗址　位于东海镇南堤社区迎仙桥头。1941 年 1 月，陆丰县委书记黄闻来到陆丰后，通过郑学龄的社会关系，在竹仔街开设协源杂货店，黄闻以协源财主身份为掩护，领导陆丰党组织工作。协源杂货店在中华人民共和国成立后拓宽迎仙桥头街道时拆除，现为桥头旷地。

中共陆丰县委驻地遗址　位于陂洋镇芹洋村委芹菜洋村。1949 年 1 月，海陆丰县委撤销，分设海丰县委、陆丰县委。陆丰县委驻地芹菜洋，刘志远任书记，郑达忠任组织部部长。该处遗址因年久拆建。

攻打碣石城前农军驻地旧址　位于碣石镇新布曾老村中巷。1927 年 11 月 10 日夜，为攻打碣石城，曾海滨等到新布乡农军驻地部署第二天早上攻打碣石城的战斗。建筑物因年久部分已拆除。

农军黄塘训练场　位于西南镇黄塘一村村前，原有 1 座瓦窑及配套房屋（主体已自然损毁，仅存残缺墙基）与相连一片田垄平地，因地处隐蔽僻静，是最佳的军训场所，因而成为当时农民自卫军的教练所及操练场。

张威故居　位于陆丰市东海镇油槎埔六巷。张威，1902 年出生，东海镇红卫区油槎街人，1924 年加入中国共产党，1928 年 7 月 18 日在南塘潭头被捕，同年在陆城被杀害，是陆丰早期农运杰出领导人。

黄侬侬故居　位于金厢镇洲渚村。黄侬侬（1898—1931 年），1923 年春，他积极参加农会活动。1926 年春，为陆丰县支援省港大罢工委员会委员。参与领导了陆丰三次武装起义和创建苏维埃政权的工作。1927 年 11 月中共陆丰县委成立，黄侬侬为县委委员，11 月当选陆丰县苏维埃政府执行委员。1928 年 1 月，当选为东江特委委员，4 月当选为广东省委委员。

郑重故居　位于东海镇新光社区。郑重是陆丰新文化运动的代表人物，陆丰农运早期领导人。郑氏宗祠后面有一个宁静优雅的书斋，陆丰农运早期领导人郑重，在这里看书守书斋，开展革命活动。

庄岐洲故居　位于东海镇金钗桥西边。庄岐洲（1918—2003 年），陆丰县东海镇人，化名吴江，1939 年加入中国共产党，历任中共陆丰县委委员，东江纵队支队保卫股长，海陆丰人民自卫队副队长，江南支队第五团副团长，第六团团长，海丰县委书记兼东江第一支队第五团政委。中华人民共和国成立后，曾任陆丰县委书记、县长，广东省化工设计院院长、广东省石油化工厅副厅长。

庄梦祥故居　位于潭西镇东山村。1919 年，五四学生运动爆发，他与张威等组织成立陆丰县学生联合会当选为联合会领导人。1925 年 4 月，成立陆丰县农民协会，庄梦祥当选为执行委员会委员长。1925 年冬，庄梦祥加入中国共产党。

陆丰县总农会旧址　位于陆丰县城东海镇郊六驿村林氏宗祠。1923 年 6 月，彭湃与郑重在此组织成立陆丰县总农会。林蕴川当选为总农会会长，郑重当选为副会长，领导陆丰广大农民开展轰轰烈烈的农民运动。农会会员达 7000 户 3.5 万人。

潭涌七乡点农会旧址　位于潭西镇潭东村，是陆丰市重点文物保护单位。潭涌七乡点是指下芦、竹芦、新香、西门、月山、后山、陇尾围 7 个自然村，当时把自然村称为乡，故名。1923 年 6 月，彭湃、林甦、余创之等到陆丰下芦等七乡开展农会运动，潭涌七乡点农会在下芦成立。该农会是陆丰农村第一个农会，是海陆丰苏维埃政权、农民革命武装力量的重要组成部分。

陆丰县第一区农会旧址 位于城东镇上陈村南侧。1923 年 7 月 18 日，陆丰第一区农会在上陈乡陈氏祖祠成立。1927 年国民党反革命政变，第一区农会领导的农民自卫军、赤卫队与国民党反动派进行殊死斗争。第一次大革命失败后，农会被国民党反动派放火烧毁；1941 年由上陈村民组织重建，不久又被日本侵略军烧毁；2004 年重建。

陆丰县第六区沙溪乡农民协会旧址 位于南塘镇沙溪村桃园寨内。1926 年 4 月，陆丰县第六区沙溪乡农民协会成立，钟开、钟吴妹先后任农会会长，陈娘章、钟科培分别负责文书、财粮工作。会员有黄乃泉、钟金成、谢福才、谢乃水、钟乃石等 120 多人。后来村成立农军小队，黄乃泉任队长。1928 年初，沙溪村遭国民党军"围剿"，该村黄乃泉、谢娘扶、谢名儿三位农会会员遭到杀害。

神冲农会及红二师攻打陆城营部旧址 位于东海镇神冲前村许氏宗祠。1923 年 4 月，热血青年许国良串联乡亲郑三九、许乌番等人，发动农民成立神冲乡农会，许国良为会长。1927 年 11 月初，红二师第四团二营营长刘立道按原部署开至陆丰城附近神冲村，为攻占陆丰做好战前准备，营部驻扎在该村许氏祠堂。大革命失败后，祠堂被国民党反动派烧毁，中华人民共和国成立后重建。

丰围村农会旧址 位于大安农场丰围村内，系黄三才居住地，也是他参加革命活动主要场所和丰围村农会的办公地点。1923

年，丰围村农会成立，黄三才为会长，成立后与各地农会、农军组织共同参与革命活动。

上陈乡农会旧址　位于城东镇上陈村马厂巷。1923 年上陈乡农会在此成立，1927 年大革命失败后，被国民党反动派放火烧毁，20 世纪 50 年代由乡亲重建。

车田村农会旧址　位于河东镇甘坑车田村（原属城东镇甘湖车田村）。1923 年，张威到车田村宣传发动革命，车田村谢庆林、谢万城、谢声发、谢乃蒜、谢进榜、吴胜福等一批青年积极响应，在该址办起农民学校，宣传革命。1923 年 6 月，在张威的指导下，车田村成立了农会，谢庆林负责农会工作，农会成立后建立了农民自卫军，曾参加攻打大安、河口昂塘等多次战斗。

甘坑村农会旧址　位于河东镇甘坑村。1925 年，彭湃、张威、吴娘显在该村宣传发动革命，将该遗址曾作为 200 多名农民自卫军居住点。

蕉坑农会旧址　位于河东镇青山村委蕉坑村。1922 年初，在彭湃的指导下，蕉坑村进步青年韩列㑖、韩里文、韩彩荣、韩发仔、张佛如、胡继升、胡意等参加了农会，彭湃多次亲临指导开展工作，其间并与农会会员同吃同住。

欧厝村农会旧址　位于河东镇欧厝村。1925 年 5 月，欧厝村农会成立，会长欧福康，有欧宰、欧赣等 10 多名会员。他们为建立和保卫海陆丰根据地作出了很大的贡献和牺牲。

竹坑村农会旧址　位于河东镇竹坑村委楼下村。1924 年，彭湃、张威发动农民起义期间，成立竹坑村农会，会址是会长何石右等革命同志的活动据点。会址后被国民党烧毁。1948 年重修，并办成学堂。

顶潭村赤卫队旧址　位于大安镇陆军顶潭村黄氏宗祠，是大革命时期烈士黄泽光从事革命活动的重要场所。1927 年春，黄泽光组织成立顶潭村农民赤卫队，有队员 31 人，黄乃金、黄妈在分任正、副队长。同年，5 月 1 日凌晨，黄泽光召集赤卫队队员包围大安区警察所，缴了警察所和盐警队枪械，控制了大安区，为海陆丰"讨蒋起义"立了功绩。

南甲湖区湖东华美农会旧址　位于湖东镇华美村。1924 年 8 月，东征军进入陆丰，卓何合与其学生刘友仁在湖东华美村成立南甲湖区农会，华美村进步青年卓斟、卓妈运、卓妈港等在卓何合、刘友仁领导下，在甲子区七社草街建立农会办事机构。

埔仔村石头山农会馆旧址　位于河西镇新陆村埔仔村曾氏祖祠。1926 年秋，杨亚瑯在新陆村埔仔村曾氏祖祠成立。由杨亚瑯、杨亚薴先后担任会长，会员有曾顺、曾鸿兰、曾金春、曾英金、曾火财、曾福、曾武等。同时，成立了新陆农民赤卫队。

横山村赤卫队活动处旧址　位于湖东镇横山村东部。1927 年 11 月后，横山村的工农武装一律改称赤卫队，王氏祖祠为横山村赤卫队发展工作中心地，是横山村赤卫队联络处。该村的赤卫队成员主要有：黄王永、王来家、王签、王吴添、王乃河、王乃槽等人。

奎湖村农会旧址　位于甲东镇奎湖村一组城内直巷 17 号，是大革命期间以黄觐秋父子三人同上级组织农会活动会址。1926 年 7 月，成立奎湖农民协会，选举黄烈为会长、陈世弟为副会长，卢成汉为秘书、卢承良为执委，会员 130 多人。后成立农民自卫军，黄靴为队长、陈坤标为副队长，队员 40 多人；还成立了童子军 30 多人，队长林仕贤。该会没收土豪陈长兴等人的土地、房屋、粮食等财产分给农民，收缴烧毁田契 200 多张。1928 年正月初一，参加攻打甲子战斗，曾配合红四师攻打百岭、葵潭、惠来城，1987 年奎湖村被广东省定为红色游击村。

雨亭村农会旧址　位于甲东镇雨亭村。1925 年 5 月，在刘友仁的组织下，雨亭村梁德东、梁存谋、梁丁部、方兴雁、梁新、梁井、梁锦、梁木春等人建立了农民协会，同时成立赤卫队，以本址为活动据点，1927 年有 300 多间房屋被国民党反动派烧毁。

大宫村赤卫队旧址　位于金厢镇大宫村。1926 年 3 月，大宫村赤卫队在大宫村祠堂成立。赤卫队队长为郑吾甘，队员有郑哺知、黄吴荣、郑良闹等，周边村的队员也到此参加赤卫队的活动。

官路厂村赤卫队旧址　位于金厢镇蕉园村委官路厂村。1927 年 5 月，由小队长李禄成立农会，会员有胡南、胡汉阳、李妈瑞、李尖嘴、李树、李秀招、黄名升、黄名净、李北寿等，农会和赤卫队活动地点设在李来顺家里。赤卫队队员曾与红军一起参加攻打碣石城。

前边村赤卫队队部旧址　位于甲东镇前边村。甲东前边村与惠来县交界，在甲子刘友仁的带动下，成立前边自卫队，胡芳为负责人。为方便革命工作，他将自己的房屋作为活动地点。胡芳工作积极，经常到惠来邻近村帮助组织赤卫队。后因身份暴露，1928 年 10 月 6 日国民党组织围村时被捕，房子当场被烧毁，人被带到惠来县城关押。同年 10 月 10 日在惠来被杀害，时年38 岁。

金厢农会旧址　位于金厢镇社区金厢小学内。1923 年 4 月，金厢成立农会，会长吴冲。1925 年成立农民自卫队，1927 年金厢农民自卫队参加了陆丰三次武装起义和攻打碣石城的战斗。

望尧村农会旧址　位于金厢镇望尧村。1925 年 4 月，望尧村成立农会，会长为黄春名，会员有黄细哉、黄芝等。1926 年 4 月，望尧村又成立了农民自卫队，黄春色为中队长。积极开展农运工作。

十二岗农会及赤卫队旧址　位于金厢镇十二岗老村内。1923 年 4 月，十二岗村农会、赤卫队及自卫队在老村祠堂成立，会长黄依净。他带领农会会员 1927 年 11 月参与配合红二师第四团攻打碣石城。

洲渚农会旧址 位于金厢镇洲渚村西北侧基督教洲渚堂附设开办的小学，是早期农会活动和苏维埃政权的主要活动据点。

溪碧村农会旧址 位于桥冲镇溪碧村委会张厝村（原称营盘村）。1927 年，溪碧村农会成立，陈里月任会长，在该会所组织召开农民会议，开展革命活动。农会会址也是陆丰县东南片秘密联络站，陆丰县委宣传委员陈谷荪曾担任该联络站负责人。国民党军队多次"围剿"该农会，1933 年农历正月二十日抓捕杀害多名农会领导和赤卫队员，全村房屋全部被烧毁。1967 年 3 月党和人民政府对营盘村进行重建，召回村民，并定名为张厝村。

浮头村农会旧址 位于上英镇浮头村四房公宗祠。1925 年 9 月，彭湃、张威、庄海、杨其珊等在浮头村四房公宗祠和西面空壳山内办公，组织革命活动。在林生、余创艺的领导下建立农会。有庄育群、庄土甘、庄礼奇、庄守鹏先后任农会会长。庄守鹏等 18 位同志遭杀害，评为烈士；1957 年为纪念 18 位烈士，在浮头村建立苏区场。

祠堂村农会旧址 位于潭西镇潭西村委祠堂村。1923 年农会成立，林佛助兼农会主席。他和林水其、庄妈虾、庄妈窑、林兑等多次在此召开会议，商量农会活动事宜。

东山村赤卫队旧址 位于潭西镇东山村委东山村。东山村赤卫队成立于 1927 年，庄九为赤卫队队长，队员有庄亚波、庄乃秀、庄日、庄护、庄陈吉等，积极开展农会各项工作。

黄塘村赤卫队、农会旧址 位于西南镇黄塘村，农会成立于 1923 年。会长：温乃福。会员：薛养、林陈兴、薛陈枝、薛专、朱娘送、温五保。赤卫队成立于 1925 年，队长：方岚。队员：方锦香、李春光、侯双欣等。

马安山村赤卫队活动遗址 位于西南镇安安村（原名马安山村）。1927年，由刘明通为队长的马安山赤卫队在此活动。后来因为革命失败，反动派多次进村大搜捕、烧杀、抢夺，活动场所被烧毁，18名赤卫队员相继被捕杀害。

湖陂四乡农会旧址 位于星都经济开发区文昌社区龙江兰村。1923年7月，许国良到湖陂龙江兰等四乡开展农会运动，10月，湖陂四乡（湖厝园、庄厝陂、夏寮、龙江兰4个自然村）农会在龙江兰麦氏祖祠成立，积极开展农运工作，曾全力支持周恩来指挥的东征军。

炎苍埔村农会、赤卫队旧址 位于城东镇炎苍埔村。1926年1月，炎苍埔村农会成立。会长庄秀茂，会员庄镇、庄围、庄寅、庄秀清、庄妈德、庄秀乾、庄秀永、庄秀陆、庄秀培、庄怪等人以此为据点，积极同国民党反动派作斗争，为保卫海陆丰苏维埃政权作出不懈努力。

奎池村农会及赤卫队部旧址 位于华侨区奎池村高氏祖祠，成立于1927年4月，1928年2月农会会址作为红四师攻打葵潭圩作战指挥部，有20多名赤卫队员参加战斗，许多农会会员为前线送粮送水。赤卫队员高雨于1929年在陆城被捕遭杀害。

屯寮村农会旧址 位于华侨区老屯寮村糖间埕，1927年成立，会长翁堂，该会址是周边十二乡农会会员和赤卫队员主要活动据点。1928年该农会会员和赤卫队员大力支援红四师攻打惠来百岭、葵潭等地的战斗。

附录三 **革命先烈墓、碑**

　　陆丰革命烈士陵园　位于东海镇龙山山麓，是广东省第一批重点烈士纪念建筑物保护单位。为纪念海（丰）陆（丰）惠（阳）紫（金）四县在大革命时期和土地革命时期牺牲的张威、庄梦祥、黄泽光、庄毅、庄伯谔、杨其珊、陈谷荪等100多名革命先烈的丰功伟绩，陆丰县政府于1963年在龙山修建烈士陵园，2003年扩建整修。

　　陆丰大湖山革命烈士墓　位于陆城大湖山西麓，于1951年由陆丰县人民政府修建，2000年进行维修扩建，主要是安葬新民主主义革命时期为革命英勇牺牲的100多位革命烈士骨骸。

　　墩仔山红军先烈纪念碑　位于陂洋镇芹菜洋村墩仔山。1925—1931年，74位红军战士及伤员英勇牺牲在芹菜洋的割窝山里。中华人民共和国成立后，陆丰市政府为告慰英灵，在墩仔山建成"红军先烈纪念碑"。

　　博美安吉烈士陵园　该陵园安放从大革命时期、土地革命时期、抗日战争时期、解放战争时期和抗美援朝时期牺牲的994位烈士遗骸。

　　大安镇革命烈士纪念碑　位于大安镇洗鱼桥头。1928年，工农革命军红四师在大安洗鱼溪与国民党十一师一次战斗中，一批同志牺牲，战斗结束后，慈善堂友掩埋烈士尸体100多具。1998年，由林火等热心人士带头，在大安圩郊洗鱼溪桥头修建烈士纪念碑1座，时任中共中央政治局委员、全国人大常委会副委员长谢非为烈士碑题字。

八万镇王镜清革命烈士纪念碑 位于八万镇中心小学南侧。王镜清早年投身革命，从事地下党工作，在新民主主义时期和社会主义建设时期，做出较大贡献。

八万镇革命烈士纪念碑 位于八万镇八万小学校内，建于1991年，纪念大革命时期、抗日战争时期、解放战争时期牺牲的刘永财、刘星、吴亚安、杨招、吴家保、刘标、肖明亮、吴金虾、龚昌茂、吴路军、龚肇喜等革命烈士。

大安镇殉难革命烈士墓 位于大安镇夏饶村洗鱼溪圆山，大安镇乡贤为纪念1928年参加革命英勇牺牲的烈士，于1985年修建该烈士墓。

博社村烈士纪念碑 位于甲西镇博社村东侧山坡上。1952年8月，为纪念该村在革命战争中光荣牺牲的蔡世少、蔡钦镇、蔡昌辰、蔡大妹、蔡世纳、蔡乃池、蔡儿、蔡墩、蔡世珍等烈士而立。

甲子革命烈士陵墓（甲子烈士墓） 位于甲子镇郊。建于新中国成立初期，纪念为解放事业而英勇献身的42名革命先烈。

马安山十八烈士纪念碑 位于西南镇马安山村。早在1925年，彭润、姜验、莫秋心几位同志到各地发动农民运动，建立农会组织。西南镇马安山村有40多名积极分子加入组织，曾参与掩护南昌起义军30多名战士从后山安全撤退。1928年，国民党十一师直入海陆丰进行"扫荡"，4月1日马安山村18人被捕牺牲。为了缅怀先烈、教育后代，2013年，在村委会、烈属后裔、外出乡贤和相关部门的大力支持下，在马安村螺河边建造"革命烈士纪念碑"。

博美烈士陵园 位于博美镇内。葬有红军四十九团牺牲烈士

97 名，大革命时期牺牲烈士 85 名，解放战争时期牺牲烈士 12 名。

王国祥烈士纪念址 位于大安镇中心小学。王国祥（又名王梦春）。1937 年参加游击队，是粤赣湘边纵队战士，地下党负责人，1949 年 4 月在大安战斗中牺牲。新中国成立后，陆丰县人民政府在大安中心小学批建"梦春楼"以纪念烈士王国祥。1995 年改建成"梦春教学楼"。

湖东镇前海南昌起义军烈士纪念祠 位于湖东镇前海。大革命期间，湖东的农军在掩护南昌起义部队在湖东出港渡海的过程中，有一批农军及南昌起义军牺牲。为缅怀先驱，当地群众组织筹集资金建纪念祠。

西南镇南山飞凤岭百姓公妈暨南昌起义烈士合葬墓 位于西南镇飞凤岭。1927 年 10 月初，南昌起义军从潮汕到陆丰，被当地地主武装追杀，撑船工跳水逃跑，12 名南昌起义士兵顽强抗击，因不敌，后跳船逃避因不懂水性，全部被淹或被杀，壮烈牺牲，当地老百姓义埋忠骨。1989 年，迁于西南镇南山飞凤岭，与百姓公妈墓合葬。

重要革命人物

张威（1902—1928 年），出生于陆丰县东海镇一户贫农家庭。

1919 年五四爱国运动爆发。张威与郑重、庄梦祥、陈谷荪，发动成立陆丰县学生联合会，领导几百名学生举行爱国示威游行。

1920 年秋，张威考进海丰陆安师范，学习很用功。因家庭贫穷，学校为照顾其生活雇用他为誊写员，成为学校中唯一工读生。

1921 年秋参加彭湃组织的社会主义研究社。次年冬回陆城与郑重等发起成立陆丰青年协进社，团结进步青年，传播新文化，学习研究马克思学说。

1924 年，张威在陆安师范毕业后加入地下党，于 9 月到广州参加国民革命政府政治学习班学习。

1925 年 2 月，广东国民革命军东征，讨伐陈炯明，张威被任命为第 44 先遣组组长，并秘密回陆丰，搜集情报，发动农民策应东征，筹建国民党陆丰县党部。张威出色完成策应任务。4 月，中共海陆丰特支成立（10 月改组为地委），张威任陆丰通讯员。同时，成立共产主义青年团陆丰特支，张威任书记，还担任国民党陆丰县党部执委。4 月初，张威当选为县农民协会执委兼任县农会宣传组织部主任。9 月陈炯明残部进犯陆丰，张威与李劳工率农军抵抗。因陈部重兵压境，农军主动撤退，陈部令罗觉庵进陆城后，烧毁张威家房屋。

是年 10 月 26 日，吴振民率海陆丰农军克复陆丰城，张威任陆丰县代理县长。11月，张威为了专职从事农民运动，辞去县长职务。

陆丰县县长李崇年仇视、破坏农运，张威发动团组织揭发李崇年罪行，派党员到各区乡发动群众，1926年3月把李崇年赶下台。4月30日晚，张威、李国珍在县公署宣布起义，成立陆丰县临时人民政府。5月1日凌晨3时，分别武装夺取海丰和陆丰两县政权。

南昌起义后，海陆丰地委决定第二次武装起义。张威到西北片组织农民武装四五百人，9月7日在新田参将府与刘琴西率领的紫金炮子农军会合，攻入大安镇，大获全胜。8日，农军乘胜收复陆丰城，再次成立陆丰县临时革命政府，张威等当选为执行委员。

1927年10月，海陆丰县委决定发动第三次武装起义，海陆丰各成立革命军团队，张威任陆丰团队副团队长。张威前往新田、河口、大安等地组织农民武装。

此时，中共海陆丰县委撤销，海陆两县各成立县委。张威当选陆丰县委书记，彭湃亲笔题词"为民前锋"四字赠张威。张威和林铁史到东南片发动组织农军。11日上午，彭湃、董朗率领红二师配合农军攻下碣石城。

11月13—16日，陆丰县工农兵代表大会召开，大会选举张威等为主席团成员，宣告陆丰县工农兵苏维埃政府正式成立。会后，张威从制定政策，展开宣传到颁发土地证等都作了仔细研究，并亲自到各区乡调查和指导工作。

11月中旬，东江特委调张威任中共紫金县委书记。1928年6月，海丰、陆丰、紫金、惠阳四县成立军事暴动委员会，张威任陆丰县暴动总指挥。张威和林铁史到东南片领导农民开展夏收暴动，把掩蔽的农民武装重组东南大队，袭击地主民团，截击地主收租。7 月 18 日，张威不幸在南塘区潭头被捕，旋即押赴陆丰县城，囚禁在龙山敌军团部监狱中。8 月 3 日，敌人杀害了张威，牺牲时年仅 26 岁。

1951 年，陆丰县人民政府在陆丰县城郊大湖山为张威建立纪念碑，篆刻碑文，以旌英烈，并把龙山中学凉亭改为张威纪念亭。

黄依侬（1898—1931 年），陆丰县金厢区洲渚村人，生于一户渔民家庭，少时在本村小学就读，稍大跟父亲下海捕鱼。1923 年春夏间，海陆丰农民运动发展到金厢一带，洲渚村也树起农会的旗帜。他带头加入农会，积极参加农会活动。不久，农会遭军阀镇压。黄依侬在金厢沿海一带乡村中团结了一批坚定的农会会员，坚持向土豪劣绅作各种形式的斗争。1925 年 2 月，第一次东征胜利后，陆丰农运迅速恢复。黄依侬在金厢一带的农渔民中威望高，在 4 月召开的陆丰县农民代表大会中，当选为陆丰县第一届农民协会执行委员，和庄梦祥、陈兆禧、陈谷荪等一起领导全县农民运动工作。同年冬加入中国共产党。1926 年春，为陆丰县支援省港大罢工委员会委员之一。黄依侬的工作成绩曾受到罢工领导人苏兆征的表扬。

1927 年，黄依侬参与领导陆丰三次武装起义和创建苏维埃政权的工作。11 月中共陆丰县委成立，黄依侬为县委委员。11 月，黄依侬当选陆丰县苏维埃政府执行委员。

1928 年 1 月，东江特委改组，黄依侬当选为东江特委委员。4 月，在中共广东省委扩大会议上，黄依侬当选为广东省委委员。6 月，海陆惠紫四县军事暴动委员会成立，当选为执行委员。10 月，因东江特委东移潮梅和各县联系的交通困难，四县暴委和上级失去联系，因而成立中共海陆紫特委，黄依侬任宣传部部长。

1930 年冬，为统一领导海陆紫三县恢复后的斗争，成立海陆紫三县联合县委和苏维埃政府，黄依侬为领导人之一，负责财政工作。在艰苦的环境中，黄依依想方设法，利用多种渠道，依靠苏区广大人民群众的支持，使军队和政府工作人员得到供给，为创造海陆惠紫根据地做出了重大贡献。

1931 年，东江特委执行"左"倾路线，在肃反扩大化中，黄依依不幸牺牲，时年 33 岁。新中国成立后予以平反，评为革命烈士。

黄振新（1897—1925 年），又名聪，陆丰县东海镇上围社人，生于一农户。黄振新读完小学后，抱着工业救国的志向考入广州染织工业学校，毕业后回到陆丰，但当时落后闭塞的陆丰城，没有什么现代工业可以使黄振新一显身手，他只好走上执鞭为师之路。1919 年 5 月 4 日，北京爆发了爱国学生运动。黄振新和郑重等青年教师一起，组织爱国学生，开展爱国宣传。1922 年黄振新和郑重等受彭湃启发，组织陆丰青年协进社，郑重为社长，黄振新为副社长，带领进步青年向腐败统治势力进行合法斗争，得到人民群众的信赖。1923 年春夏间，彭湃亲自到陆丰组织农会，黄振新等积极支持彭湃建农会，为陆丰农运发展做了不少有益的工作。8 月，海陆丰农运遭到军阀和封建势力的镇压，陆丰县县长罗辅平宣布解散陆丰农会，协进社的进步青年都转当教师，黄振新当县立一小校长。1924 年彭湃在广州创办农民运动讲习所，黄振新到广州参加学习，并加入社会主义青年团。1925 年春随东征军回到陆丰，和先归陆丰的张威及在陆丰坚持工作的郑重、庄梦祥等一起进行恢复农会筹建农军等工作。4 月 12 日恢复成立陆丰县农民协会，黄振新当选为第一届执行委员。同时他还是新建立的国民党陆丰县党部执行委员之一。1925 年 9 月，被陈炯明部所捕，旋即押至汕头，9 月 24 日被杀害于汕头，年仅 28 岁。

张绍良（1896—1928 年），出生于东海镇连厝围的一户农民家庭。1911 年辛亥革命后，他离家往外地求学。1914 年返乡受聘为小学教员。1920 年弃笔从戎，考入广州燕塘陆军学校，毕业后在粤军服务。1922 年 6 月张绍良愤恨陈炯明叛变革命，弃职还乡。1925 年 10 月，张绍良由张威介绍参加革命，从事农民运动。1926 年 9 月共产党组织派张绍良为陆丰农会驻河田特派员，负责农军的组织和训练，并协同海陆丰农民自卫军大队进击剑门坑、黄塘、上砂等地反动武装。1927 年 1 月，张绍良返回陆丰城，创办陆丰农军训练所，并担任军事教官。"四一二"反革命政变后，张绍良与张威等组织发动陆丰农军举行第一次武装起义，夺取了陆丰县政权，建立了陆丰县临时政府。几天后，敌人反扑，张绍良率队退到山区农村坚持斗争。9 月 7 日，陆丰举行第二次武装起义，张绍良等率部攻占陆丰县城。9 月下旬，敌进攻海陆丰，张绍良率队掩护机关退到新田参将府，指挥全县农军，为保卫工农政权而战斗。1927 年 10 月，张绍良被任命为陆丰县农军总团队副队长兼第一大队大队长，率队先后攻克重镇河口和大安，完成对陆城军事包围。11 月 5 日，红军和农军进占县城，取得了陆丰第三次武装起义的胜利，保证了陆丰苏维埃政权的顺利诞生。1928 年 2 月，张绍良受命平定白旗会叛乱，任农军总指挥，他身先士卒英勇战斗，在河西湖口洋桥子头不幸被流弹击中牺牲，时年 32 岁。

郑重（1897—1928 年），原名镜堂，生于东海镇前圩仔社一户富有的家庭。龙山高等小学毕业后，考入海丰中学，和彭湃是同学。在彭湃影响下，积极参与海丰中学进步活动。毕业后被陆丰第一高等小学聘为体育教师。由于思想活跃，教学认真，待人热情，很快便在师生中树立了威信。1919 年五四爱国学生运动爆发，郑重即起响应，组织和领导县内学生，成立陆丰县学生联合会。组织学生上街游行、号召民众起来斗争，抵制日货并组织学生纠察队到各圩镇查获日货，当众焚毁。1920 年，郑重发起组织成立陆丰社会促进社，提倡促进新文化、革新社会、帮助妇女谋求生活自立。郑重还开办妇女抽纱编织学习班，使陆丰县城一些妇女受到就业训练，开陆丰妇女解放运动之先河。1922年冬，郑重和黄振新、张威等组织陆丰青年协进社，郑重被选为社长。协进社发动民众向恶势力作斗争，"驱逐城狐社鼠清陆城"，深得民众拥护。

1923年6月，陆丰县总农会成立，林蕴川任会长，郑重任副会长。但不久，陆丰农民运动遭到军阀和官僚地主的镇压，郑重等转入农村组织秘密团体，开展革命斗争。1925年春东征军到达陆丰，郑重积极投入农会工作，陆丰县农民协会成立，郑重当选农民协会执行委员。9月东征军回师广州镇压刘、杨叛乱，东江地区重陷敌手。郑重此时掩蔽在金厢何公岭附近，坚持领导斗争。10月，第二次东征后，郑重加入中国共产党。1926年郑重调海陆丰地委工作，公开工作单位为海丰县农民协会。1927年4月12日，蒋介石在上海发动四一二反革命政变。此后，海陆丰人民发起三次武装起义，郑重回陆城参与领导武装起义工作，先后任陆丰县临时人民政府委员、县革命政府委员、县苏维埃政府委员。由于郑重长时间过度紧张工作，旧病复发，无法坚持工作，只能在家卧床治病。1928年2月底，国民党军队分四路围攻陆丰县城，苏维埃政府撤至农村坚持斗争。郑重在家因病无法撤离，不久遭人出卖，不幸被捕。在审讯中，敌人尽施酷刑，郑重拒不开口，后被敌人枪杀，时年31岁。

黄泽光（1898—1928年），又名德光，出生于陆丰县大安镇陆军顶潭村一贫苦农民家庭。1925年加入中国共产党，1926年参加农会组织。1926年先后任大安区区委书记、大安区农会委员长等职，在大安各地组织农民协会，建立农民自卫军组织和领导农民进行抗租减息、反对豪绅地主的斗争。后选为县农民协会执行委员。1927 年 9 月 8 日，陆丰县临时革命政府成立，当选为委员。同年 11 月 13 日，陆丰县苏维埃政府成立，黄泽光当选为委员、常务执行委员，并兼任县苏维埃政府裁判委员会副主任。其间，他领导农民进行土地改革，扩大农民武装，镇压反革命暴动，为巩固苏维埃革命政权发挥了重要作用。1928 年 2 月 28 日，国民党余汉谋部攻陷大安。时在县苏维埃政府任职的黄泽光及时赶回大安组织当地农民武装和革命群众转移到三溪水畚箕湖，后会同杨奠禧（西北大队大队长），带领队伍至海丰青坑一带，坚持游击斗争。3 月间，组织西北大队进攻沙港，不幸中敌埋伏被捕，经多次刑讯折磨，守口如瓶，敌人一无所获，用铁线穿其耳朵和手掌押回大安。黄泽光严词痛斥国民党反动派暴行，大义凛然走向刑场。敌人恼羞成怒把他绑在柱上，先在大腿上打了一枪，然后一刀割一块肉，最后砍头示众，时年仅 30 岁。新中国成立后，人民政府将其遗骸安放在陆丰革命烈士陵园。

陈谷荪（1898—1928 年），原名燕勋，陆丰县上陈乡（田岐）人，生于较富有的商人家庭，后移居东海镇。陈家在东海、金厢两地都有铺面，为后来陈谷荪开展革命工作提供了社会基础。陈谷荪小时就读于东海镇县立第二高等小学校。他天资聪颖，勤奋好学，品学兼优。后考上广州美术专科学校，专攻美术专业。1923 年学成回陆丰，在湖东、博美等地任教师。此时他在郑重等的影响下，开始和一些秘密农会组织接触。在课堂上，他采取多种形式向学生灌输爱国思想，组织学生学习进步书籍，并以教师身份为掩护，帮助农会秘密组织进行联络等活动。1925 年春，东征军赶走陈炯明的军队，海陆丰农民运动迅速恢复。陆丰县农民协会成立，陈谷荪和庄梦祥等当选为第一届执行委员。不久，陈谷荪和黄依侬到金厢组建金厢区农民协会。他利用自己的社会地位和关系，在金厢做了大量细致的宣传组织工作，为金厢区成为陆丰农运最活跃的地区之一作出贡献。同年冬，陈谷荪加入中国共产党。1926年9月后任中共陆丰特别部委委员。后参与组织领导陆丰人民举行第一次武装起义。1927年5月1日陆丰县临时人民政府成立，他当选为政府委员。陆丰第二次武装起义成功，陈谷荪任陆丰临时革命政府经济委员会委员。同年11月5日，陆丰第三次武装起义成功，海陆两县各成立县委，陈谷荪为陆丰县委委员。1928年1月，陆丰县委改选，陈谷荪任中共陆丰县委书记。1928年2月29日，国民党军队大肆进犯陆丰，陆丰县委和苏维埃政府撤往农村，陈谷荪和县委委员彭元章等带领机关退到牛路头村，指挥全县工农武装开展艰巨的反"围剿"斗争。到3月上旬，全县主要乡镇和交通要道为敌人所占据。陈谷荪等还坚持隐蔽卧龙村，指挥西北、东南两个特委领导全县人民坚持斗争。因被坏人告密，3月12日，国民党派大批军警包围河西卧龙村，陈谷荪和彭元章、吴鉴良一同被捕。牺牲时年30岁。

黄万里（1905—1927年），又名应城，陆丰县东海人。出身小商贩家庭。1919年五四运动爆发，在小学读书的黄万里就参加示威游行和抵制日货的行动。1924年，黄万里就读县立（龙山）中学。次年秋，带领学校组织一支学生队伍下乡宣传革命道理，开展减息斗争，同时向各界募捐，援助省港工人大罢工。

1926年，黄万里两次赴海丰接受党组织的短期训练，其间，加入中国共产党。1927年冬，带领一批县立中学同学，跟随县农会武装到碣石近郊发动革命群众，进攻盘踞碣石城里的国民党保安队。陆丰县苏维埃政府成立后，担任共青团陆丰县委委员。1928年初，陆丰反动地主武装白旗会袭击湖东区苏维埃政府，黄万里指挥区政府人员集中吴爷官渡口，急速登上渡船向对岸撤退。追来的敌人四艘脚踏船开枪扫射，黄万里为保护同志安全，跳水游离渡船向敌射击，以吸引敌人。游至岸边沙滩，敌人蜂拥而上，擒住他。刽子手对他连砍数刀。黄万里振臂高呼"中国共产党万岁"等口号。随后英勇牺牲，年仅 22 岁。

庄梦祥（1899—1928 年），陆丰县潭西东山村人。出身书香门第。高小毕业后考进海丰陆安师范学校。他品学兼优，是一名学生骨干。在校期间受到进步思想的熏陶，走上了革命道路。1919 年，五四学生运动爆发，他与张威等组织成立陆丰县学生联合会，当选为联合会的领导人。1920 年他和郑重等组织陆丰社会促进社。1923 年 6 月 23 日，正式成立陆丰县总农会，庄梦祥与林蕴川、郑重等人一起积极推进陆丰农民运动。1924 年，农民运动处于困难时期，他在碣石高等小学任校长，与农民积极分子的秘密组织"贫人党"、十人团保持密切联系，指导他们坚持斗争。1925 年 4 月，陆丰县农民协会成立，庄梦祥被选为执行委员会委员长。1925 年冬，庄梦祥加入中国共产党。庄梦祥于先后两次参与领导驱逐国民党右派县长徐健行和李崇年的革命行动。1927 年四一二反革命政变后，庄梦祥、张威等于 4 月 30 日领导陆丰第一次武装起义，庄梦祥当选为县临时人民政府委员。9 月 7 日举行第二次武装起义，当选为县临时革命政府委员。11 月 13 日，陆丰县苏维埃政府正式成立，庄梦祥当选为政府委员。1928 年 11 月中旬，庄梦祥掩护吴祖荣逃脱后不幸被捕。敌人对庄梦祥严刑拷打，他坚贞不屈，正气凛然，除承认自己是一个共产党员外，敌人一无所获。11 月 29 日，庄梦祥在陆城被杀害，时年 29 岁。

林秀尔（1902—1928 年），陆丰县潭西大楼村人。父亲林水其是大革命时期的县农民协会执委。林秀尔年少时担任村童子军团团长，平时做事机灵有胆识，是个好宣传员，人们称他为"小辣椒"。1928 年 3 月 1 日，敌人攻占陆丰，林秀尔跟着父亲和部分赤卫队员被反动民团围攻，父亲和哥哥在战斗中牺牲，他和妈妈被俘，押回潭阳。潭阳民团团长林松荫企图从他口中获得赤卫队埋藏的枪械，用钢针插他的手指，挖掉他的眼珠，又割下一个耳朵，虽受种种酷刑，但始终没有屈服，最后被押到陆城枪杀。

陈蓬（1900—1928 年），出生于陆丰县湖东深田湖村一户贫苦家庭。由于生活所迫，曾给地主做长工。1924 年参加农会，随后到海丰参加吴振民率领的农民自卫军。后来负伤转到地方，先后任农军小队长、中队教练官等职。1927 年，地主武装陈子和保安队 100 多人，"进剿"湖东村农会。适陈蓬在深田湖家中养伤恐农军不敌，急中生智，发动邻村农民群众大敲铜锣，吹螺号，喊口号，吓得敌人落荒而逃。

1927 年 11 月，彭湃、董朗率工农革命军第二师第四团主力配合农民自卫军，进攻据守碣石城的国民党保安队，陈蓬指挥 120 多人的突击队，攻打七娘妈庙一角。陈蓬奋勇当先，飞身冲进巷内，在一空屋内点火，各路农军见火光后，冲锋号声四起，消灭外围敌军，残部退入城内死守。12 月初，敌残部弃城逃往葵潭，途中陈蓬等率农军于城外及碣北角溪村地段拦截狙击，敌兵死伤几十人。1928 年 5 月，陈蓬在湖东被捕牺牲，时年 28 岁。

林翰藩（1900—1928 年），原名陆加，陆丰县东海镇六驿村人。童年生活困苦，1907 年在私塾念了两年书。1923 年 4 月，彭湃到陆丰筹办农会，歇宿六驿村林家祖祠。此时林陆加也住在祠堂厢房做竹笠，他在彭湃启发下，懂得了革命道理，在六驿村组织起农会。1924 年夏，林陆加改名林翰藩，赴省学习，1925 年 3 月回陆丰，任县农民协会特派员，10 月，国民革命军第二次东征胜利，林翰藩与杨少岳一起到碣石区恢复组织农会，并成立区农会。1926 年 1 月，林翰藩参加了共青团，在碣石发展了第一批团员，并成立团支部。1927 年 4 月 30 日接到陆丰特别部委举行武装起义的指示，碣石支部书记杨少岳、宣委林翰藩及王兆周等农会干部分头组织行动。5 月 1 日凌晨，农民武装包围碣石城，林翰藩率敢死队缴获区署、海关武器，起义成功。8月，在张绍良筹划下，林翰藩组织领导碣石农民武装，一度攻入城内，捣毁没收大批物资，后主动退出。11月7日，林翰藩任中共碣石区委宣委，他率敢死队配合攻打碣石，爬城冲锋，未能获胜。12月城破，林翰藩领导农民分田，实行土地革命。

1928年4月下旬，林翰藩任碣石区委书记，他与金厢区委书记章朝阳（章旭东）率领碣石、金厢赤卫队200余人枪，退到观音山与敌周旋，7月6日，林铁史（县军委主任）、林翰藩到碣北农村布置秋收起义，林铁史受伤被捕遇害，林翰藩脱险。7月中旬，敌人回路包围观音山，工农武装被冲散，林翰藩带领的十几位同志弹尽粮绝，相继牺牲，自己用最后一颗子弹饮弹自尽，时年28岁。

李振雄（1917—1940年），原名祖谋，字德强，陆丰县大安人。1936年，李振雄就读广州水产学校时加入中国共产党。1937年初，到延安抗日军政大学学习，不久随队伍开赴河北省抗日，后又退到西安。他跟所在队伍在西安等地做宣传工作，在活动中被国民党扣押，解往重庆拘禁，经八路军驻重庆办事处交涉获释。组织派他到湖南衡阳做抗日宣传工作，被国民党衡阳县政府拘禁，经党组织营救出狱。党组织派他回广州参加广东省民众抗日动员委员会工作团，分配在陆丰工作队，在陆丰东海、大安等地开展抗日宣传活动。1940年7月，党组织派李振雄往海丰县联系组织海、陆、惠三县抗日游击队，被国民党特务黄祖宏跟踪。为摆脱特务，从海丰出走韶关，不幸在曲江县楚德旅店被捕，历尽各种酷刑。当国民党审判官强迫他签字时，他抓起茶杯砸向审判官头部，当场被杀害，年仅23岁。

章朝阳（1899—1928年），又名旭东，陆丰县东海镇霞溪社人。幼年丧父，由伯父抚养成人。1920年考进海丰县陆安师范。

1922 年参加陆丰进步组织青年协进社。1923 年夏师范毕业，任东海镇第三小学校长。1925 年 3 月，与张威等策应东征军抵陆丰。全县工农革命运动迅猛发展，章朝阳担任县农协会秘书，兼管教育局事务。1927 年四一二反革命政变后，积极参加第一次武装起义。第三次武装起义后，任中共金厢区委书记，1928 年 3 月 20 日敌攻占陆城，县苏维埃政府转移到农村，章朝阳带领金厢区委赤卫队与碣石区武装结合，在陆丰东南区坚持斗争，后遭敌人重兵围攻，章朝阳率队突围后辗转到陂洋山区。6 月，敌人进犯陆惠边界苏区，章朝阳和一些武装人员被困深山石洞里。因积劳成疾、断粮缺医而病逝。年仅 29 岁。

陈编（1919—1942 年），乳名佛，原名国才。生于陆丰县东海镇圩仔社。1938 年，抗日运动席卷全国，他积极参加青抗会的活动。1939 年初，前往地下党创办的葵潭三民中学学习。同年加入中国共产党。

1939 年 6 月，陈编参加陆丰县工委在河西石柱村举办重建党组织后的第一期支部工作训练班。9 月，龙山中学学生闹学潮，要求撤换校长，地下党组织为占领学校阵地，发展新生力量，派陈编、庄岐洲等携郭坚起草一封署名为陆丰青年代表的信，由郑建文带领面见县长张化如，要求校长应物色贤能之士接任。陈编很有口才，把道理说得很透彻，赢得张化如的同意。

1939 年 11 月，陈编加入陆丰县抗战动员委员会直属工作团，配合团长郑建文开展抗日救亡工作。1941 年 1 月，县委决定较暴露的陈编于元宵节前撤走，参加东江抗日部队，辗转到广东人民抗日游击队第五大队，化名李明，被派往路西民运队，活动于宝安县布吉、龙华、乌石岩等地。1941 年春，被任命为中共增（城）从（化）番（禺）工作委员会南区区委书记，在福和、油麻山、中新山口一带进行抗日地下工作。又先后在镇龙佛子庄、旺村小学以教书为职业作隐蔽，开展抗日宣传工作。不久转到中新地区山口小学教书。陈编为了帮助武装部队解决粮食及经费问题，到各地发动群众献粮捐款，支持抗日武装在敌后开展游击活动，使部队度过这一困难时期。1942年2月的一天早上，陈编执行任务，途经大同圩，恰逢国民党顽固派陈大安、张毅"杀敌队"来圩中勒收捐税，陈编进圩后即被逮捕，并于当日中午在大同圩后山冈上被害。翌日，当地群众冒险将他的遗体收埋。

新中国成立后，增城人民政府在镇龙佛子庄乡的山冈上，把陈编（李明）等7名烈士骨骸安葬在一起，建立了一座烈士纪念碑。

郑建文（1912—1943年），名经，陆丰县东海镇真君社人。因家贫，13岁才入学。父郑懿艺以摆小摊卖鱼为生，善经营，20世纪30年代起生意逐渐有起色，成为当地贩鱼大户。1930年，郑建文进陆丰县立一中读乡村师范班，1933年进入广东省立第一师范就读，1936年考进广东省国民大学，在校参加中国共产党。1938年10月，日本侵略军进犯华南，广州沦陷，郑建文随校北迁韶关。1939年春，进设在连县星子镇的广东省行政干部训练所受训，是年结业。广东省政府任其为陆丰县政府督导员，经中共广东省委介绍，与中共海陆丰中心县委书记郑重接上单线组织关系，开始为地下党工作，是陆丰青年领袖。

郑建文返陆后，陆丰县抗日动员委员会直属工作团成立，郑建文兼任团长，陆城进步青年60多人参加。1939年9月，中共陆丰县委为取得龙山中学控制权，由郑建文带领学生骨干——地下党员庄岐洲、陈编等会见县长张化如（进步民主人士），1940年2月聘到与中共有联系的龙山中学兼任校军事教练。

1941年3月28日，日本侵略军入侵陆城，3天后撤去。入侵前，国民党党政人员及驻军撤往山区。日本侵略军撤走后，股匪猖狂，日夜进城骚扰抢劫，百姓惶惶不可终日。郑建文挺身而出组建第一区联防委员会，担任主任之职，任命地下党员郑学龄为联防队中队长，稳定了陆城混乱局面。

同年5月，县大队四中队一班长受人指使，故意闯进学生演出剧场捣乱，被维持秩序的学生抓送县军事科，次日，县大队纠集20多人，身着便衣，在闹市滋事殴打龙山中学学生，蓄谋扩大事态。郑建文为保卫龙山中学和在校地下党组织安全，立即加强戒备，夜间派出武装，便衣到校巡逻，并发枪械供学校自卫，在联防队内做好战斗准备，彼此相持五六天，事态终于平息。

1943年春，陆丰闹饥荒，郑建文为民请命，要求当局救济灾民，组织动工团团员于米圩关爷庙前设站，早晚两次施粥。并组织工作队，协助省救济队深入调查灾情，制定救济方案，保证赈款及赈物如数发到灾民手里，不让贪官中饱私囊。另外当时县城许多小学教师，春荒时本来生活就艰难，工薪还遭当局拖欠和克扣，郑建文协同地下党党员教师，带领县城小学教师罢教抗议，并动员地方开明人士支持教师，一道声讨教育基金会，迫使教育基金会还清克扣和拖欠工资，还另加薪25%。郑建文对生活有困难的同事，慷慨相助，对于学生也不例外。龙山中学学生王献芝（共产党员），其父于海丰田墘遭国民党镇长暗杀，并扬言要斩草除根。郑获悉后，即接其在家避难，以免遭不测。

1943年农历九月二十八日，郑建文终因积劳成疾，不幸逝世，年仅31岁。

吴路军（1922—1946年），原名家恒，又名吴威。1941年春考进龙山中学。1942年加入中国共产党。1943年春陆丰发生罕见大饥荒，乡中封建地主把持公偿，不肯借给吴姓饥民口粮，他与几位农民组成"饥饿团"，夺取公偿枪支，然后串联乡中几百名饥民，与公租把持者展开借粮斗争，迫使地主、公偿理事借出公偿租谷，使断炊农民勉强度过灾荒。1943 年秋吴路军在葫峰小学任教，大力开展抗日宣传活动；团结许多农民，开展"二五"减租的斗争；发展 3 位青年加入地下党。1945 年 7 月参加东纵六支任副队长，在海陆丰一带参加抗日武装斗争。1946 年 1 月，他完成领导交给的任务，路经公平时不幸被敌发觉包围，受伤被捕，英勇不屈，牺牲时年仅 24 岁。

林娥（1929—1946 年），女，陆丰县潭西龟山村人。林娥是龟山村一农户的童养媳，为摆脱封建枷锁，经人介绍，于 1945 年 3 月的一天跑了几十里路到海丰县赤化村东江纵队第六支队独立第四大队驻地，参加了革命队伍。被分配在大队属下的中队（中队长钟通）当见习卫生员。跟部队转战惠阳、紫金等地，后调她到支队部独立小队当卫生员。

1946 年初，部队被包围了，战士们向对面山头冲击，这时正在沟里为伤病员洗衣服的林娥跑回来，接过一个战士代她背走的药箱，同战士们一起奔跑，在一片稻田开阔地时，被敌人子弹射中，牺牲时年仅 17 岁。

陈继明（1921—1948 年），原名炳国，又名锋、真，生于陆丰上陈村一富裕农民家庭。他从小养成勤于劳动的习惯，常送番薯大米给贫困小伙伴。

1943 年陈继明考上龙山中学，政治上接受地下党员的培养教育，1944 年加入中国共产党。1945 年组建中共上陈村党支部，任支部书记。他大力宣传抗日救亡，揭发汉奸乡长黄太和的罪行。9 月，任中共龙山中学支部宣委。1946 年夏任附城区委宣委。同年秋初中毕业后，在东海镇中心小学任教。因频繁进行革命活动，为避免意外，1947 年 5 月，党组织调他参加海陆丰人民自卫队，改名陈锋，初在海丰埔碰搞民运工作，后任中共海丰县一区委委员，主持该地区地下党工作。1948 年 12 月，陈继明和组委陈东下荣港九陇村工作，被保长郑可通告密，被捕后敌人用铁丝穿其手掌，并电刑 7 次，陈仍坚贞不屈，海丰县县长黄干英审问他时，被他驳得哑口无言。27 日，被害于海城北门埔，时年仅 27 岁。

陈东（1917—1948 年），又名陈国权，出生于陆丰县城郊一小村子。家贫，小时到城郊鲤鱼潭村投亲，稍大，亲戚供他读了几年小学。1942 年加入中国共产党，1946 年 2 月，党组织派他到南塘赤岭村当交通员。在赤岭小学当校长的地下党员郑剑安排他在学校当教员作掩护，当时白色恐怖笼罩着海陆丰，陈东和郑剑设法掩护 2 位分别从东江纵队和韩江纵队复员干部的安全。从县城到碣石的交通线上，陈东出色地完成了任务。是年冬，党组织安排他去香港。1947 年秋从香港回来，参加游击队，在海丰县鹅埠、赤石一带搞农运工作。在后门圩配合独立小队活捉国民党保安队特务黎华白并予以处决。这年冬，陈东任中共海丰县一区荣港一带特派员。他经常深入各地，发动群众开展武装斗争。1948 年 7 月在海丰县被捕杀害。

李少芳（1930—1949 年），又名天挺，陆丰县金厢江梅村人。4 岁时随父母到碣石开米店，1939 年在碣石八保小学读书，1944 年参加学校秘密组织的青抗会，积极参加抗日救亡工作。1946 年党组织派李少芳到揭阳钱坑寨私立中学以读书作掩护，秘密联系转送韩江纵队复员人员赴香港。1947 年派他到河婆中学读书并做党组织的外围工作，这年李少芳参加中国共产党。适江南支队需无线电台机要人员，是年底组织派他到江南支队司令部。1949 年 1 月，江南支队改编为边纵东江第一支队，李少芳在司令部任无线电台台长，部队常露宿山头，李少芳必须保护电台。后染上恶性疟疾，因劳累过度和缺医少药，1949 年冬不幸病逝于惠州西湖畔，时年 19 岁。

颜石（1922—1948 年），原名毓义，陆丰县碣石镇人。1940

年在龙山中学读书期间，参加党的外围组织读书会。1942 年在中共碣石党组织控制的镇第八保小学任教，1943 年加入中国共产党。1944 年，根据党的指示，与麦友俭等秘密组织青年抗日救国会，大力开展抗日救亡宣传活动。1945 年初，与麦友俭、陈经伟等组建中共碣石支部，后任总支部书记。在新田村建立地下交通站，并开辟碣石至香港海上交通线，秘密运入一批进步书报和为解放区部队运进大批军用物资，支援前线作战。1947 年参加海陆丰人民自卫大队，到达海丰大安峒，先后在烽火队、一中队、铁流武工队任文化教员、政治服务员，还参加攻打陆丰大安镇警察所，全歼敌人。1948 年，陆丰成立人民自卫委员会，颜石是委员之一。陆丰县长赖舜纯率队到碣石包围颜石家，赶走其患病的母亲，封闭其家门。6 月，颜石在海丰公平日中圩战斗中负伤，后因缺医缺药，伤口感染并患破伤风，不幸于 8 月病逝，时年26 岁。

王文（1922—1953 年），乳名恩祐，字镜清、晨光。生于陆丰县八万圩一较有名商户。1930 年王文随祖父到东海镇居住，就读县立一小。1935 年秋考上龙山中学。他聪明过人，勤奋好学，是全校优等生之一。抗战爆发后，他与叶左恕等同学发起组织以抗日救国、改造社会为宗旨的秘密政治学术团体"励助社"。他主编《晨光》杂志，宣传抗日，唤醒同学关心国家民族命运。1937 年 12 月，王文等"励助社"成员组织抗日救亡宣传队，在陆丰西北山乡宣传抗日救亡。1938 年秋，王文初中毕业，外出求学，先后在梅县和揭阳中学读书。1940 年秋，返回陆丰报考龙山中学简易师范班。10 月，王文加入中国共产党。1941 年 3 月，王文任简师班党支部书记。当时日本侵略军进犯陆城，龙山中学师生撤退到八万等地，中共陆丰县委组织一批学生成立陆丰抗日战时服务团，通过打入国民党内部的地下党员郑学龄、马声达等的关系，由王文带领到陈少岐部东海联防队做抗日宣传和统战工作。8 月王文受县委派遣赴陆丰西北区领导建党工作。1942 年 2 月任中共陆丰西北区委书记，不久任中共陆丰县委委员。9 月，因"粤北事件"发生，党组织停止活动，县委书记黄闻等撤退。王文和郑学龄担任陆丰党组织的联络员。1943 年秋，党组织恢复活动，海陆丰党组织的领导改为特派员制，王文任东江特委驻海陆丰副特派员，负责陆丰，实行单线联系。王文以八万小学为活动据点，指导全县地下工作。1945 年 2 月，王文调东江纵队第六支队任民运股长，后调任海陆丰中心县委组织干事。8 月，日本投降，9 月，海陆丰中心县委撤销，海陆两县分设县委，王文任海丰县委书记。1946 年，王文奉命随东纵北撤山东，先后在华东"军大"担任副政治教导员，在鲁中军区担任政治教导员等。

1949 年，王文随军南下，任南下干部学校三大队副政委。于同年 12 月到达广西修仁，任该县县委书记兼县长。1950 年春，广西一股敌人围攻修仁县城，王文率地方武装配合人民解放军，很快剿灭了这股敌人，保卫了县城安全。

1951 年王文调平乐地区专署任秘书主任兼地直机关党总支书记。1952 年 9 月任平乐地委委员、秘书长。在平乐地委工作期间。他自知病情恶化，但从不告知家人，组织上再三催他到医疗条件好的医院检查治疗，他都婉言谢绝，长期忍受病痛的折磨，拼命工作，1953 年 7 月 18 日病逝。

庄武（1912—1934 年），原名壮河，又名伯谔，化名李光，陆丰县上英浮头村人，原在海丰陆安师范读书，1927 年回家参加共青团。11 月，参加中国共产党。1928 年 2 月 28 日他率领少先队随赤卫队到大安洗鱼溪阻击来犯的敌军，指挥少先队在火线上救护伤员。

1929 年春，辗转于东南亚和中国香港，坚持开展地下活动，

1933 年春，他在香港油麻地与地下党联络员接头时因叛徒出卖被捕，不久，被押解到广州警察局，被判 13 年监刑，囚禁于南石头监狱。

1934 年 4 月间，狱里党组织领导难友为改善生活条件进行绝食斗争。绝食到第四天，监狱长花招使尽，只好要求政治犯派代表协商。庄武等 3 人为代表，坚持如不改善生活条件决不复食。狱方只好全部答应，但对庄武等 3 人恨之入骨。一周后的一天，庄武等 3 人被活活打死，沉尸白鹅潭。

刘友仁（1905—1928 年），陆丰甲子镇两城管区人，青少年时代在学校常与同学谈论国家的前途和社会问题，在甲子书院读书时受庄汉翼、王天策等进步老师的教育和影响，思想觉悟大有提高。1925 年春，东征军挺进陆丰，他和同学走向社会，投身国民革命。在国共合作时期，刘友仁在甲子七社草街建立了农会办事机构，接着开展组建农会等革命宣传活动。同年 5 月初，刘友仁参加了陆丰农民运动讲习班学习，结业后返回甲子。经过他艰苦的发动和组织，7 月初成立了第三区农民协会，刘友仁被选为副会长。

杨作梅率队洗劫甲子，刘友仁家遭到洗劫，房屋被烧。国民革命军第二次东征，刘友仁很快恢复当地农会等工作，11 月当选为县农民协会执委。1926 年 2 月参加中国共产主义青年团。同年春，陆丰县成立省港罢工后援会，刘友仁发动农友捐款捐物，支援省港工人的罢工斗争。1927 年中共海陆丰地委于 4 月 30 日举行第一次武装起义，夺取了海陆丰两县政权，刘友仁、曾广汉等在甲子积极配合行动。不久大敌压境，形势恶化，刘友仁在逆境中参加中国共产党。此时他是县农会驻甲子地区特派员。他秘密辗转于海甲新寮、雨亭、可湖等红色乡村。6—7 月，组织革命武装，击退国民党保安队对华美村农会的进攻。1927 年 10 月上旬，南昌起义军到达甲子后，刘友仁组织群众接待起义部队、筹借船只，安排护送一批起义官兵安全抵达香港。

陆丰第三次武装起义胜利后，11月13日，刘友仁出席陆丰县苏维埃代表会议，并当选为县苏维埃政府委员，担任甲子区委委员，随后领导甲子地区推进土地革命斗争。1928年4月14日，国民党张瑞贵部从惠来进犯甲子，刘友仁率领甲子镇苏维埃政府工作人员和赤卫队常备队转移到海甲新寮农村，成立了东、西、南、北四路指挥部，刘友仁为总指挥。7月间，敌人步步进逼，革命群众武装队伍被敌击散，一些干部、战士被捕牺牲。刘友仁等几位领导人相继离开甲子，奔赴大南山继续战斗。1928年，陆城被捕遭杀害，时年30岁。

庄毅（1908—1933年），原名克强，又名挺生，陆丰上英浮头村人。庄毅年轻时在海丰陆安师范肄业，1922年秋，浮头村已成立农会，庄毅思想受影响而倾向革命。1926年任新学生社陆丰分社负责人。1927年11月任县苏维埃政府文书。1928年2月下旬，参加抗击敌军的洗鱼溪战斗，因敌强己弱而撤退。4月，随军辗转至激石溪。敌人疯狂"围剿"山区根据地，庄毅奉命到惠阳白芒花一带设点，接济失去联系和有任务过往的革命人员。仲夏，庄毅到惠阳平海他三哥庄伟的中西医疗诊所，继而与二哥庄克祥到白芒花圩开设南华中西医疗所，成为海陆丰至香港之地下交通中间站。

1930年夏，庄毅回到陆丰，参加县委工作，1931年夏任紫河特区书记，奔波于紫金、河源、博罗等县。此后重返白芒花，以南华中西医疗所为据点，开展革命工作。1932年10月2日庄毅在惠州佛祖坳牺牲，时年25岁。

余植园（1908—1931年），陆丰县东海镇人。余植园18岁参加农民自卫军，不久任小队长，率队参加战斗。1927年11月，受县团队部之命带队到陂沟配合朱杰臣扫除地方反动势力。1928年，朱杰臣叛变，余植园遭敌"围剿"，带队退入深山。为解困境，个人潜出敌围，寻找上级，在潭西路头村找到任县团队负责人的父亲余章南，被敌发觉包围，父亲余章南被捕遇害，余植园逃匿闲屋草堆内脱险。1929年余植园任红军四十九团排长，接着参加攻打河口战斗，同年加入中国共产党，并被提为短枪连连长。1930年10月，余植园带40多名短枪队员在陂沟三角岭待命，狙击从乌坑凹、观音凹被红军打败的敌人，大获全胜。1928年2月，余植园在一次反"围剿"战斗中牺牲，年仅23岁。

陈荫南（1895—1931年），乳名春喜，陆丰县上陈乡（田岐）人，出生于一户渔业主兼商人家庭。就读龙山高等小学时，聪明勤学，嗜书如命，经常苦读于灯下，以致小小年纪便高度近视。高小毕业后，进入广州广雅中学读书。1919年五四运动爆发后，学成归来，继承父业，跻身商界。他既有文化，加上家庭财力，又为人侠肝义胆，年轻的陈荫南在陆城商界小露头角。

1923年，陈荫南受彭湃亲到陆丰筹建农会组织的革命活动的影响，开始靠近革命组织。1926年，陆丰县商民协会在东海镇成立，陈荫南被推选为第一任会长。

1926年春，陈荫南、张威等当选为陆丰县援助省港罢工委员会委员，具体领导和发动商界抵制英货。这年冬，陈荫南加入中国共产党。1927年，陆丰先后举行三次武装起义，陈荫南和张威等一起参与领导起义。10月，工农革命军陆丰团队部成立，陈荫南任军需官，负责后勤供应工作。11月13日，陆丰县苏维埃政府成立，陈荫南当选为委员，负责逆产清查。1928年2月，陆丰县委改组，陈荫南任县委委员。3月初，国民党集中兵力"围剿"海陆丰革命根据地，陆丰县委和县苏维埃政府撤出县城，陈荫南和陈谷荪等移往夏陇村一带（今河西镇域），指挥西路一带农村赤卫队武装，坚持斗争达数月之久，后撤往激石溪山区。1928年，县委负责人多数被捕牺牲，陆丰重组新县委，陈荫南任县委委员，在激石溪一带领导群众重新组织武装队伍，恢复武装斗争。1930年，为统一领导海、陆、紫三县边区革命斗争，在激石溪组成海陆紫县委和苏维埃政府，陈荫南任主席团成员兼秘书长。

1931年，陈荫南因肃反扩大化而被错杀。新中国成立后被追认为烈士。

许国良（1897—1931年），陆丰县城郊神冲前村人。1923年4月，彭湃到陆丰宣传组织农会，陆丰县农会筹备会成立，许国良串联乡亲郑三九、许乌番等人，发动农民，成立神冲乡农会，许国良为会长。

1925年夏，许国良当选第一区农会执委，出席广东省第一次农民代表大会。开会回来，着手组建一区农民自卫军，担任区队长。这时，他加入中国共产党。10月下旬，第二次东征军进抵陆丰，许国良带领农军与东征军并肩战斗。省港大罢工期间，他带头发动农民捐款，组织农军占领港口，没收了上埔村大土豪林桃从香港偷运回来的一批煤油、牛油、白硝、硫黄等货物，把捐款和货款汇给省港罢工委员会。

1927年，海陆丰人民三次武装起义，许国良带领农军冲锋在前，随后他带领农民开展土地革命。1928年2月下旬，敌军"围剿"赤色乡村，许国良带领乡里20多位赤卫队员突围，退到芹菜洋、田仔一带山区，坚持斗争。1929年，许国良率领的游击队扩编为红军四十九团第八连，这时他被选为博美区苏维埃政府主席。

1931年，陆丰东南片与惠来西北部分乡村合并为陆惠县，许国良任南博区苏维埃政府主席，在内洋乡领导土地革命。许国良妻子曾香和儿女三人被国民党军队逮捕，曾香被打得死去活来，亲戚借足大洋100元，才保她出狱。这年秋，在"左"倾路线的扩大化中，许国良遭错杀，时年 34 岁。新中国成立后被追认为革命烈士。

庄岐洲（1918—2003 年），陆丰县东海镇桥西村人，早年受到马列主义和海陆丰农民运动革命思潮的影响，从小就立下救国救民的远大理想。1938 年在龙山中学组织发动学运。1939 年在惠来葵潭三民中学加入中国共产党，投身于抗日救亡运动。1942 年 9 月参加广东人民抗日游击队东江纵队港九大队，负责港九"新界"元朗区的民运工作，发动群众开展对日伪的武装斗争。1945 年 6 月调任东江纵队第六支队政治处工作。1946 年 6 月东纵北辙，党组织指派庄岐洲带领小分队留海丰惠阳山区一带继续坚持武装斗争。1947 年 1 月成立海陆丰人民自卫队，庄岐洲任副队长。1948 年 7 月任中国人民解放军江南支队第五团副团长。1949 年 2 月任中国人民解放军粤赣边纵队东江第一支队第六团团长。1949 年 9 月任中国人民解放军粤赣湘边纵队东江第一支队第五团政委兼海丰县委书记。1950 年 10 月任中共陆丰县委书记。1952 年 9 月任陆丰县县长。庄岐洲先后在陆丰、山西太原、海南、广州等地任职。庄岐洲于 2003 年 11 月 5 日因病在广州逝世，享年85 岁。

郑达忠，1918 年出生于陆丰县东海镇，1937 年 9 月参加革命工作，1941 年加入中国共产党。抗日战争时期曾任地下党领导的省救济总队第四分队队长，第四战区巡回医疗队第四分队队长，中共陆丰东南区委书记，东江纵队第六支队党委组织干事。解放战争时期曾先后任中共海丰县特派员、中共陆丰县特派员、陆丰县人民自卫委员会主任委员及粤赣湘边纵队东江第一支队第六团政委等职，为陆丰人民的解放事业作出了重大贡献。1949 年春创建广东省第二家人民银行——新陆银行并亲任经理，发行新陆券，流通于粤东地区 10 多个县，有力地支援了解放战争，为稳定市场物价，保障人民经济生活作出了贡献。他是陆丰县人民政府第一任县长，后任县委书记、惠阳地委革命干部学校教育长等职。1958 年调韶关参加三线建设，1981 年在韶关建行离休，享受厅级待遇。

郑道之（1901—1948 年），陆丰县东海镇人。青年时代就读于广东一中（现广州广雅中学）。毕业后赴日本庆应大学深造，攻读经济学。其间，郭沫若介绍他加入中国共产党，旋任中共留东支部委员，介绍黄鼎臣（海丰人，新中国成立后任中国致公党主席）加入中共组织。郑道之经常参加集会演讲，进行革命宣传活动，被日本警方拘捕。日方严刑审讯，监禁两年后被遣送回国，企图移交给北洋军阀政府，途中经党组织营救，买通轮船船长，秘密安排他转乘小船逃往香港。在港居住一段时间后回到家乡陆丰，参加海陆丰农民运动。

海陆丰农民起义失败后，为逃避国民党追捕，匿居香港数年。后改名韩大为，回到广州，参加中共广东省委青少年部工作。后被国民党警察拘捕，郑道之朋友用移花接木之法，让病死狱中的窃犯顶替郑道之结案。后由亲友保释出外就医，但失去党的组织关系。

1937 年 10 月，陆丰爱国团体青年抗敌同志会在陆丰县城成立，时任县政府教育科科长的郑道之任青抗会主任。由于郑道之曾经受过刑，积劳成疾患病不起，于 1948 年逝世，享年 47 岁。

郑学龄（1909—1952 年），陆丰县东海镇人，1940 年加入中国共产党。入党不久，接受组织派遣作为机要情报员，打入敌人内部，并出色地完成任务。1946 年 4 月 1 日，县委宣传部长陈伯强、东海区委副书记邹海山等地下党员和进步青年、进步教师等共 16 人被国民党政府拘捕，押送海丰囚禁。郑学龄利用军统特务郑邦英与地方势力派系矛盾，造就"乱抓人"的社会舆论压力，经过 40 多天的周旋，将被捕同志全部营救出来。1947 年 11 月，碣石交通站地下交通员廖奋在县城河图岭，被检查身份证的联防队兵搜出密信，押送联防队部，郑学龄闻讯后多方设法将其担保释放。

1949 年 8 月陆丰解放后，郑学龄任陆丰县人民政府军事科长，旋任县建设科长。1952 年底含冤而死，终年 43 岁。中共十一届三中全会后平反昭雪。

陈雄保（1908—1963 年），原名陈秀珍，出身于陆丰县东海镇一个富裕家庭。少年时期在陆丰县立第一小学读书，与张威来往密切。青年时期深受张威进步思想影响。1926 年参加陆丰农民运动，并先后参加攻打大安、黄塘、上砂、石寨等地地主武装的战斗，在进攻石寨时，部分工农武装被敌人包围，陈雄保冲入敌阵，营救革命同志，受到战友们的赞扬。1927 年陈雄保担任共青团南塘区委宣传委员，连续两次参加攻打碣石的战斗。1928 年，陈雄保在金厢参加击退白旗会地主武装的战斗。后盘踞在陆丰县西北区的国民党罗觉庵、杨作梅保安队进犯大安，陈雄保又转战大安。陆丰苏维埃政权遭敌军"围剿"，陈雄保随武装队伍转移到激石溪根据地。1934 年后，党的活动和武装斗争转入低潮，陈雄保潜回东海等地，等待时机。

抗日战争爆发后，陈雄保和黄鑫（惠阳人，中共地下党员）一同打入陆丰县查缉所，以陆丰县海口警长之职为掩护，进行地下工作。1938 年，与林瑞在陆丰农村组织农民武装，投入抗日救亡工作。

解放战争时期，陈雄保因病无法参加武装斗争，但仍心系解放事业，坚持与地下党游击队陈强、王钊等密切联系，为武装队伍传递海陆丰的军事情报。新中国成立后，他淡泊名利，回到东海镇六社村从事农业生产。1963 年病逝，终年 55 岁。

郑一梦（1913—1970 年），名逸，字建忆，生于陆丰县东海镇。父早丧，家贫，初读几年私塾后就读于陆丰第一高等小学，1929 年秋，转读陆丰速成师范班。郑一梦天资聪颖，爱好文学，刻苦攻读，常登门求教清末贡生马湘魂，获益匪浅。1930 年受聘县立第三小学，为国语教员。郑一梦性格豪放，不拘小节，心地善良，同情穷苦学生。庄岐洲当时就读该校，曾一度交不起学费，经郑一梦向校长说情，获免费入学。类似事例，在郑一梦执教一生中，不胜枚举。1944 年，郑一梦在龙山中学任教，并兼任陆丰《国民日报》编辑。他拥护共产党的抗日主张，写诗撰文，宣传抗日救国，1947 年 7 月，丘黎光接任国民党县党部书记长兼陆丰《国民日报》社长，认为郑一梦是"不稳分子"，上任后就撤了郑一梦的编辑职务，他旋即被东海教育基金会聘为东海镇第一小学校长。他积极支持当时中国共产党地下党员蓝逢原（江水）、鄞庆云、卢时杰、陈继明等以该校为据点，开展革命工作。1949 年 7 月，他参加革命队伍。8 月陆城解放，任陆丰县第一小学校长。1950 年 3 月任龙山中学教导主任，1952 年后任专职语文教师，是陆丰县第二、五届人大代表。1970 年 6 月 6 日在劳改场含冤去世，终年 57 岁。中共十一届三中全会后平反昭雪。

麦友俭（1925—1970 年），出生于陆丰碣石望海楼村的农民家里，幼时过继于碣石镇一户地主兼渔业主的家庭。1940 年在陆丰龙山中学读书，1943—1944 年先后进梅县和海丰中学读书。受学校地下党组织和进步教师的教育，思想进步。1945 年，麦友俭任碣石渔民小学校长，他以学校为据点，与其他进步教师一起成立碣石读书会，成员 80 多人，传播革命理论和进步思想。1945 年 5 月，加入中国共产党，先后担任碣石地下党支部组织委员、支部书记。1946 年任中共碣石总支部委员会书记，1947 年 5 月任中共陆丰县东南区委书记，利用其家庭地位，积极开展革命活动，出色完成各项任务。

1947 年秋，中共碣石支部发动教师罢教、学生罢课，向地方当权派陈寿山等施加压力，适时改组碣石镇教育基金会，取得该会财务支配权。抗日战争末期至 1946 年上半年，一批批东江、韩江纵队同志先后抵碣石，有的从这里渡海去香港参加北撤，有的留在碣石找职业掩蔽，这些同志在生活上碰到困难，麦友俭发动同事帮助，自己捐资最多。解放战争时期，麦友俭开辟了碣石往香港的海运航线，先后多次护送陆丰县党组织负责人往返碣石、香港；一批东纵和韩纵参加北撤人员也由碣石抵香港转抵山东烟台。同时还从香港运回进步书刊和大批军需用品，由麦友俭领导的碣石地下交通联络网组织人员，转运到河田等地，供给边纵部队和游击队。1948 年秋，国民党县长赖舜纯率政警 200 余人抵碣石，包围中共地下活动据点，麦友俭临危不惧，通知党员作好掩蔽，及时向上级党组织汇报请示，妥善办理善后工作，中共碣石组织没受破坏。麦友俭善于运用统战政策，做统战工作，团结更多的人同情和支持革命。对人关心体贴、真诚、坦率。他严格教育、培养青年学生，他的学生先后被吸收入党、参团、参军的有50 多人。1948 年 11 月，东南区武工队在麦友俭及中共地下党组织周密安排下，白天奇袭碣石田赋处，对敌造成极大威慑。

1949 年春，麦友俭调往中国人民解放军边纵东一支第六团工作（活动陆丰县内），并被任命为陆丰县东南区党政军负责人。这时，碣石镇第一次解放，麦友俭任碣石镇镇长。4 月 1 日陆丰县人民政府在河田成立，麦友俭担任县政府财政科科长兼新陆银行副经理、县财办副主任等职。1958 年反右斗争扩大化，麦友俭被错划为"右派分子"。1966 年被判劳改，1970 年在劳改场病逝，终年 45 岁。中共十一届三中全会后改正错划"右派"。

林启禧（1898—1971 年），陆丰县东海镇金龙社人。少时就读东海小学，年轻时在海丰陆安师范和广州读书。1922年夏和郑重（郑镜堂）、张威等组织陆丰协进社，以团结志士、革新社会为己任，曾两次发动反对陆丰贪官污吏的斗争。1924年林启禧到甲子书院，把私塾改为新学，传播新文化，宣传革命思想。1925年林启禧加入共产党，积极投入反帝反封建反军阀斗争。1927年11月陆丰县苏维埃政权建立，林启禧被选为苏维埃政府宣教委员会主任、保管委员会副主任、陆丰赤卫队参谋长、陆丰人民群团主席。

1928年，张威等农运领导人相继牺牲，革命失败。林启禧被国民党通缉追捕，被迫逃往马来亚，改名林吉来，在吉打州麻不来一所华文小学教书，后在麻不来集资创办益智小学，被任为校长，一直工作到年老退休。他身在异域，一直心怀祖国，几次思归未能实现。1971年于马来西亚去世，终年73岁。后麻不来当局将益智小学的礼堂命为"吉来堂"，悬林吉来肖像，以纪念其造福华人后代、造福麻不来群众所付的辛劳。

黄秀文（1902—1979年），又名锦铺，生于陆丰县金厢镇黄厝寮村一贫苦农家。1922年于汕头师范学校毕业后，回本村学校任教。1924年参加海陆丰农民运动。1926年加入中国共产党。1927年任中共南塘区委书记。10月，南昌起义军领导人周恩来、叶挺、聂荣臻及团长徐成章在中共汕头地委书记杨石魂陪同下，辗转到达陆丰南塘区，杨石魂与原已相识的黄秀文取得联系后，黄秀文接他们到自己家里隐蔽。当时周恩来正发着高烧。黄秀文等护送周恩来到桥冲的溪碧村请中医卢阔治病。周恩来病愈后回到黄厝寮家里。10月23日晚，周恩来等一行乘坐从海丰雇用的5吨位的运输船，由杨石魂、黄秀文等陪同，从洲渚村海边出发，次日安全抵达香港。1928年2月，国民党重兵进陷海陆丰，黄秀文不得已奔赴马来亚，以种菜养猪为生，后又经营烟草生意。

1940 年参加马来亚共产党组织的抗英救国会。1947 年 4 月因秘密组织暗杀华铃镇长黄茶，被英国当局逮捕，1948 年 10 月被遣回国。

1950 年任金厢小乡乡长，1958 年 7 月任陆丰县烈属养老院院长兼福利院院长。同年 12 月由黄秀文口述，县委编史修志委员会派员记录，写成回忆录《难忘的日子》，记述周恩来等南昌起义军领导人到达陆丰及抵港情况，并在多种报刊上发表。1958 年至 1964 年，多次陪同党史和民政部门工作人员，走访县内各地，深入了解老区和烈属情况，为编写革命史和老区建设提供资料。1957 年 1 月至 1966 年，黄秀文当选陆丰县第二至第五届人民代表大会代表、县人民委员会委员。1971 年 8 月黄秀文回乡养老。1979 年 10 月病故，终年 77 岁。

郭坚（1910—1980 年），出生于陆丰县南塘圩，童年随家人移居甲子镇元高社区，家境富裕。少年时期在甲子、汕尾读书，青年时期考入上海复旦大学学习，中途辍学，旋在上海市一抽纱公司当店员。在沪期间学习进步书刊，接近进步人士，思想进步。1937 年卢沟桥事变后，他积极参加抗日救亡运动。上海沦陷后，他回到甲子，组织青年读书会，并在自家开的洋杂货店摆卖进步书籍刊物，传播进步思想，其间在中共地下党员李甦影响教育下，于 1937 年冬加入中共组织。1938 年 3 月当选中共陆丰县工委宣传委员。1939 年 1 月至 5 月，郭坚受党组织指派任葵潭三民中学地下党支部书记，同时出任该校教员，培养吸收庄岐洲、方斯、陈编、林文彬等 7 名学员入党。郭坚于 1939 年 9 月任中共陆丰县委书记。1940 年 2 月改任县委组织委员，夏秋间又改任东南区委书记。其间，郭坚与李甦等在东南片积极发展新党员，扩大基层组织，先后建立北池、湖东、西山等党支部。

1942 年 2 月中旬，郭坚按党组织的指示，前往东江纵队参加武装斗争，1944 年 9 月至 1945 年 8 月，先后担任东纵宝安大队政治处主任、第六支队政治处代理主任等。1945 年初，郭坚率独立中队配合第六支队主力挺进海陆丰，在海丰九龙洞、高潭和陆丰八万、陂洋等一带开展游击活动。1945 年 8 月日本投降后，国民党军队一八六师进驻海陆丰，与钟超武保安队一起"剿杀"革命人员，郭坚任东纵代理政治部主任，随主力东进海（丰）、陆（丰）、紫（金）、五（华）地区，在紫金中心坝、葵头嶂（陆、五交界处）、陆丰河田、螺溪山区、揭阳良田、八乡山等地开展游击战斗。

1946 年 6 月 29 日，郭坚随东纵主力北撤山东烟台，下半年参加华东军政大学学习后，在两广纵队政治部任对敌军官宣传调查研究科科长，潜心从事改造教育俘获的国民党军官的工作。1949 年 10 月郭坚随军南下广东参加解放广州战斗。1951 年转业地方，在广东省民政厅属下的农科所工作，并先后担任广州大丰、博罗杨村、海南岛利国、顺德良教等农场负责人。

郭坚参加武装斗争后，动员其两个弟弟郭作屏、郭仲及长子郭兴漂三人参加革命队伍。郭仲于 1946 年在大安峒战斗中牺牲，郭兴漂于 1946 年在高潭战斗中牺牲。

郭坚 1971 年离休回到甲子时家产已一无所有，由镇政府安排一间下乡务农户的房子居住，务农户回来后，郭坚又居住在一间公房。1980 年病逝于广州，享年 70 岁。

鄞庆云（1921—1981 年），童名景生，化名陈光，陆丰县东海镇人。新中国成立前任小学教员、教导主任、校长等职。1940 年加入中国共产党，曾任中共陆丰附城支部书记、区委书记，积极参加抗日救亡运动。解放战争时期，继续坚持地下工作，为游击队收集和传递情报，发动青年参队。1949 年 4 月以后，历任陆丰县委组织部代部长、县委委员、组织部长、宣传部长。1952 年调任鞍山钢铁公司基建政治部宣传处科长、副处长、公司党委办公室副主任、主任、宣传部副部长。中共辽宁省委基建部巡视员，辽宁省基建委员会办公室主任。1962 年以后任广东省机电设备成套局处长、中共广东省委组织部工交处处长、办公室主任等职。1981 年 1 月 21 日逝世，终年 60 岁。

庄秉心（1918—1983 年），陆丰县潭西东山村人，出身于书香门第。父亲和兄庄秉衡参加彭湃领导的海陆丰农民运动，他从小又受到革命熏陶。1937 年进陆丰县立一中读初中，次年参加推倒独裁校长的学生运动。1940 年考进第一中学读高中，次年加入中国共产党。1943 年夏庄秉心高中毕业，9 月，在陆丰县立三中任教一年，后转中共陆丰县委东南区委宣传委员，从事地下工作。1946 年 5 月先后在龙山中学（县立一中）、海丰坎白中学任教，在校开展党的地下工作。

1949 年 4 月，陆丰县人民政府在河田成立，庄秉心任县文教科科长。1950 年 1 月兼任龙山中学校长。1952 年春辞去科长职务，专司校长之职。9 月，到广东省教育学院中学校长训练班学习一年。1950—1966 年，庄秉心在龙山中学掌校 16 年，龙山中学中考、高考成绩名列专区内前茅，1961 年高考成绩序列全省普通中学第 13 位。1973 年先后调任南塘中学、县师范学校校长。

1952—1953 年庄秉心出席县人民代表会议。1954—1966 年以及 1980 年，庄秉心当选为陆丰县第一至第六届人大常委会副主任，广东省第一、第二、第三届人民代表大会代表，省委第五届党代会代表。

1983 年 12 月 31 日凌晨庄秉心逝世，终年 65 岁。

孙少东（1927—1984 年），陆丰县博美镇溪墘村人。小学毕业后，就读于陆丰龙山中学。1946 年 2 月，就读于陆丰县立简易师范学校，同年 6 月加入中国共产党，并组织 20 位青年秘密成立青年会，掩护在中学开展地下工作的党员。1947年1月，师范毕业后，回到家乡小学任教，同时开展地下斗争活动，担任党支部负责人。1949年4月，他发动和带领十几位青年参加革命游击队，从事农民运动工作。中华人民共和国成立后，任博美镇政府指导员，1951年到华南党校学习半年，回县后在县委组织部、县教育科等单位工作。

1953年10月，任龙山中学青年团总支书记。1956年9月，任甲子中学党支部书记兼副校长。1980年5月，任陆丰县师范学校党支部书记。原校址在后龙埔，环境及交通条件差，影响教学活动，须迁址建校，他带病和校中有关领导四处奔忙，于1983年春在东海镇龙瑞塘开工建校。1984年病重不治逝世，终年57岁。

马声达（1915—1994年），陆丰县东海镇人。1937年毕业于汕头现代中学高中部（现金山中学），同年任教于东海镇中心小学。1939年11月，任陆丰县抗日动员委员会直属工作团组织干事，积极进行抗战宣传动员工作。同年12月与妻陈佩琼一起加入中国共产党。1940年春任教龙山中学。是年，中共陆丰县委决定利用其是县联防大队大队长陈少岐女婿关系，派他打入该部，历任文书、政训室主任、中队长等职，其间营救过一些中共地下党员，如当时陆丰地下党县委书记马克昂和赴马鞍山（今大安镇属）开会的地下党领导成员。

1952年整队，他被作为"历史反革命"开除出队。1957年6月党组织否定其"历史反革命"，作为代课教师任用，一直到20世纪80年代他还是一名代课教师。1994年他恢复党籍，之后不久去世，享年79岁。

连寿杰（1927—1991年），出身陆丰县东海镇书香门第。1947年在龙山中学读书时参加革命活动，并加入中国共产党。1947年8月因革命工作需要，高中肄业，在东海第四小学当教员

（曾任中共东岳支部书记）。新中国成立后，参加第一期惠州潼关干部培训班学习。后任东海小学校长，东海镇教联会主任。1952年至1991年（"文化大革命"时期中断）一直任东海中心小学（现东风小学）校长，并任中共东海镇教工支部书记、东海教工会主席、县教工会副主席等职。1957年秋在广东省教育行政学院学习，1987年获评高级小学教师职称。

连寿杰一生从事教育事业，四十五年如一日，为陆丰的小学教育作出了突出的贡献。他是陆丰县政协第一、二、三届委员，陆丰县人民代表大会第一、四、五届代表，1984年被全国总工会授予"工会活动积极分子"称号。1991年离休后不久逝世，享年64岁。

附录五 革命烈士英名录

大革命时期、土地革命时期烈士名表

姓名	曾用名	性别	出生年月	籍贯	党团员	参加革命时间、牺牲时间、地点、原因	牺牲前单位、职务
林妈娘		男	1894	金厢镇蕉园村		1923年参加农会，1924年在海丰县被捕遭杀害。	蕉园村农会会员
文犁		男	1900	桥冲镇文厝老村		1924年参加农会，1924年在博美被捕遭杀害。	文厝村农民自卫军战士
黄晓初		男	1895	大安镇安博博头村		1924年参加农会，1925年8月被捕在大安镇遭杀害。	博头村农会会长
钱吉康		男	1895	上英镇钱广村	党员	1922年参加农会，1925年8月被捕在陆城遭杀害。	钱广村农民自卫军中队长
曾娘春		男	1889	西南镇西南大队南山村		1923年参加农民自卫军，1925年10月被捕在大安遭杀害。	南山村农民自卫军小队长
黄振新	黄聪	男	1898	东海镇东风区上围社	党员	1922年参加农会，1925年被捕在汕头市遭杀害。	陆丰县委委员
周顺大		男	1896	上英镇上英村		1923年参加农民自卫军，1924年在陆城被捕遭杀害。	上英村农民自卫军队长

（续表）

姓名	曾用名	性别	出生年月	籍贯	党团员	参加革命时间、牺牲时间、地点、原因	牺牲前单位、职务
曾方标		男	1906	西南镇西南南山村		1925年2月参加农民自卫军，1925年围乡被捕在大安堆仔尾遭杀害。	南山村赤卫队队长
曾陈海		男	1895	西南镇西南南山村		1925年2月参加农民自卫军，1925年被捕在大安遭杀害。	南山村赤卫队队员
曾云龙		男	1907	西南镇西南南山村		1925年3月参加农民自卫军，1925年被捕在大安遭杀害。	南山村农民自卫军战士
曾陈锦		男	1898	西南镇西南南山村		1925年2月参加农民自卫军，1925年被捕在大安遭杀害。	南山村农民自卫军战士
曾娘得		男	1905	西南镇西南南山村		1925年2月参加农民自卫军，1925年被捕在大安遭杀害。	南山村农民自卫军战士
曾宇如		男	1906	西南镇西南南山村		1925年2月参加农民自卫军，1925年被捕在大安遭杀害。	南山村农民自卫军战士
曾标香		男	1902	西南镇西南南山村		1925年2月参加农民自卫军，1925年被捕在大安遭杀害。	南山村农民自卫军战士
李妈瑞		男	1904	金厢镇蕉园官路厂		1924年参加农民自卫军，1924年在海丰县埔口岭战斗中牺牲。	官路厂农民自卫军战士
胡九目		男	1898	金厢镇下埔村		1925年参加农民自卫军，1925年在湖南战斗中牺牲。	下埔村农民自卫军战士
梁乃友		男	1885	大安镇大安东北村		1922年参加农会，1925年在本村被敌包围遭杀害。	东七村农会会员

（续表）

姓名	曾用名	性别	出生年月	籍贯	党团员	参加革命时间、牺牲时间、地点、原因	牺牲前单位、职务
胡加惠	胡汉庭	男	1911	甲西镇新饶村		1925年参加革命。	新饶村赤卫队队员
麦娘利		男	1906	湖陂农场二区龙岗笼村		1925年参加农民自卫军，1926年3月在陆城战斗中牺牲。	龙岗笼村农民自卫军战士
陈文指		男	1882	城东镇下神山村		1922年参加农会，1926年5月在陆城被捕遭杀害。	下神山村农会会长
陈玉山	陈浩	男	1894	碣石镇西门		1925年参加农会，1926年8月在东海被捕遭杀害。	碣石区农会会长
周金銮		男	1908	金厢镇山门村		1924年参加农军，1926年9月在山门村被捕在陆城遭杀害。	山门村农民自卫军战士
张三宰		男	1898	东海镇炎龙牛围村		1926年参加农民自卫军，1926年10月在河田被捕遭杀害。	牛围村农民自卫军战士
刘乃双		男	1903	西南镇安安村		1925年参加农民自卫军，1926年11月在河口昂塘战斗中牺牲。	安安村农民自卫军战士
温雪意		男	1905	大安镇安北口江村		1925年参加农民自卫军，1926年11月在河口昂塘战斗中牺牲。	口江村农民自卫军战士
庄少陆		男	1892	城东镇炎围炎苍村	党员	1924年参加农民自卫军，1926年11月在河口战斗中牺牲。	炎苍村农民自卫军队队长
许宽		男	1907	东海镇神冲前村	团员	1925年参加农民自卫军，1926年12月在陆城大铺内战斗中牺牲。	前村农民自卫军战士

（续表）

姓名	曾用名	性别	出生年月	籍贯	党团员	参加革命时间、牺牲时间、地点、原因	牺牲前单位、职务
黄依在		男	1884	金厢镇洲渚村		1926年参加农民自卫军，1926年12月在碣石战斗中牺牲。	洲渚村农民自卫军战士
李树		男	1896	金厢镇蕉园官路厂		1924年参加农民自卫军，1926年在海丰县被捕遭杀害。	官路厂农民自卫军战士
林广顺	林钦	男	1893	金厢镇蕉园村		1925年参加农会，1926年在陆城被捕遭杀害。	蕉园村农会会长
张仁发		男	1891	大安镇安北口江村		1925年参加农民自卫军，1926年在大安被捕遭杀害。	口江村农民自卫队战士
吴姜		男	1905	博美镇花城村		1924年参加农民自卫军，1926年在博美被捕遭杀害。	花城村农民自卫军小队长
江石榴		男	1903	博美镇花城村		1924年参加农民自卫军，1926年在海丰县被捕遭杀害。	花城村农民自卫军战士
郭妈毓		男	1908.2	博美镇		1926年参加农民自卫军，1926年在西岭丰厝村被捕遭杀害。	农民自卫军战士
朱哺九		男	1898	陂洋镇陂沟村		1924年参加农民自卫军，1926年在陂沟被捕遭杀害。	陂沟村农民自卫军通讯员
卢妈让		男	1893	南塘镇南安卢厝村		1924年参加农民自卫军，1926年在南塘倒寨仔被捕遭杀害。	卢厝村农民自卫军战士
郑盒		男	1890	南塘镇石牌老村		1925年参加农会，1926年在甲子被捕遭杀害。	南塘区区长
刘海春		男	1899	甲子镇两城管区		1925年参加农会，1926年在上海被捕遭杀害。	十八路军战士

（续表）

姓名	曾用名	性别	出生年月	籍贯	党团员	参加革命时间、牺牲时间、地点、原因	牺牲前单位、职务
林妈全		男	1901	大安镇南溪下寨村		1925年参加农民自卫军，1926年在大安下寨村被捕遭杀害。	下寨村农民自卫军战士
朱来顺		男	1982	陂洋镇陂沟村		1925年参加农民自卫军，1926年在陂沟被捕遭杀害。	陂沟村农民自卫军战士
林文逢		男	1874	潭西镇崔陂村		1926年参加农民自卫军，1926年在当地被捕遭杀害。	崔陂村农民自卫军会计
蔡妈银		男	1882	河西镇后坑土寨村		1922年参加农会，1926年在海丰县战斗中牺牲。	土寨村农民自卫军小队长
张贵枝		男	1896	上英镇玄溪村		1924年参加农民自卫军，1926年被捕在东海洛洲埔遭杀害。	玄溪村农民自卫军排长
张大伦		男	1875	东海镇红卫居民区	党员	1924年参加农民自卫军，1928年在南塘战斗中牺牲。	陆丰县总工会执委
卓 户		男	1900	湖东镇华美村		1922年参加农会，1926年在本村被捕遭杀害。	华美村赤卫队队员
王 签		男	1897	湖东镇横山村		1925年参加农民自卫军，1926年在兴宁县战斗中牺牲。	横山村农民自卫军战士
林玉英		女	1910.4	城东镇后坎村		1925年参加革命，1926年在惠来县执行任务被捕遭杀害。	地下工作人员
余 远		男	1907.6	城东镇高田村		1925年参加农民自卫军，1926年在大安战斗中牺牲。	高田村农民自卫军战士
林景护		男	1896	潭西镇潭东西门村		1926年参加农会，1927年1月在潭西被捕遭杀害。	西门村农会会长

（续表）

姓名	曾用名	性别	出生年月	籍贯	党团员	参加革命时间、牺牲时间、地点、原因	牺牲前单位、职务
林坤		男	1895	潭西镇潭东下芦村		1926年参加农民自卫军，1927年1月在当地被捕遭杀害。	下芦村农军战士
薛妈庇		男	1903	湖东镇竹湖湖东村	党员	1926年参加农民自卫军，1927年1月在湖东战斗中牺牲。	湖东村农民自卫军战士
刘言贵	刘钳	男	1897	甲西镇创新石碑村	党员	1925年参加农民自卫军，1927年1月在甲子被捕遭杀害。	石碑村农民自卫军队队长
陈妈赐		男	1882.11	甲西镇青湖乌湖村		1926年参加农民自卫军，1927年1月被捕在甲子校场遭杀害。	乌湖村农民自卫军副队长
薛亚门		男	1905	湖东镇竹湖湖东村	党员	1926年参加农民自卫军，1927年1月在湖东突围战斗中牺牲。	湖东村农民自卫军队队长
林月明		男	1897	潭西镇潭东竹芦村		1926年参加农民自卫军，1927年1月在当地上埔战斗中牺牲。	竹芦村农军战士
朱乃灶		男	1910	金厢镇竹脚桥村		1926年参加农民自卫军，1927年1月1日在桥冲龙厝埔被捕遭杀害。	竹脚桥农民自卫军战士
姜吉河		男	1896	大安镇旱田艳墩村		1926年参加农会，1927年2月在陆城被捕遭杀害。	旱田乡农会会长
郑矮	郑顺	男	1906	甲西镇新寨石狮村		1927年1月参加农民自卫军，1927年2月15日在甲子被捕遭杀害。	石狮村农民自卫军战士

（续表）

姓名	曾用名	性别	出生年月	籍贯	党团员	参加革命时间、牺牲时间、地点、原因	牺牲前单位、职务
林妈招		男	1905	博美镇小坞村		1924年参加农民自卫军，1927年2月被捕在博美遭杀害。	小坞村农军战士
朱细品		男	1897	城东镇上陈村		1926年参加农民自卫军，1927年2月在陆城被捕遭杀害。	上陈村农民自卫军战士
郑林木		男	1897	大安镇东莞塘村		1925年参加农民自卫军，1927年2月在东海被捕遭杀害。	东莞塘村交通员
林伯然		男	1881	潭西镇高园村		1926年参加农民自卫军，1927年2月在陆城被捕遭杀害。	高园村农民自卫军战士
林文选		男	1908	潭西镇潭东西门村		1926年2月参加农民自卫军，1927年2月27日在潭东后山仔被捕遭杀害。	潭西乡农民自卫军战士
杨水流		男	1899	河西镇竹树堆村		1926年参加农民自卫军，1927年2月被捕在陆城遭杀害。	竹树堆村农民自卫军战士
孙 火		男	1903	河西镇竹树堆村		1926年参加农民自卫军，1927年2月被捕在大安遭杀害。	竹树堆村农民自卫军战士
郑 算		男	1879	上英镇英郑村		1926年12月参加农民自卫军，1927年2月在海丰县被捕遭杀害。	英郑村农军战士
刘月明		男	1892	西南镇安安村		1925年参加农民自卫军，1927年2月在大安战斗中牺牲。	安安村赤卫队队员

（续表）

姓名	曾用名	性别	出生年月	籍贯	党团员	参加革命时间、牺牲时间、地点、原因	牺牲前单位、职务
刘明镜		男	1885	西南镇安安村		1925年参加农民自卫军，1927年2月在大安战斗中牺牲。	安安村赤卫队队员
刘正兴		男	1897	西南镇安安村		1925年参加农民自卫军，1927年2月在大安战斗中牺牲。	安安村赤卫队队长
刘明兴		男	1909	西南镇安安村		1925年参加农民自卫军，1927年2月在大安战斗中牺牲。	安安村赤卫队队员
刘　途	刘伦涂	男	1906	西南镇安安村		1925年参加农民自卫军，1927年2月在大安战斗中牺牲。	安安村农民自卫军战士
刘伦城		男	1906	西南镇安安村		1925年参加农民自卫军，1927年2月在大安战斗中牺牲。	安安村农民自卫军战士
林娘益		男	1906	西南镇安安村		1925年参加农民自卫军，1927年2月在大安战斗中牺牲。	安安村农民自卫军战士
刘金招		男	1882	西南镇安安村		1925年参加农民自卫军，1927年2月在大安战斗中牺牲。	安安村农民自卫军战士
张成添		男	1902	西南镇陂屯村		1925年参加农民自卫军，1927年2月在大安战斗中牺牲。	陂屯村农民自卫军战士
张来顺		男	1904	西南镇陂屯村		1925年参加农民自卫军，1927年2月在大安战斗中牺牲。	陂屯村农民自卫军战士

（续表）

姓名	曾用名	性别	出生年月	籍贯	党团员	参加革命时间、牺牲时间、地点、原因	牺牲前单位、职务
张纪玉		男	1903	西南镇陂屯村		1925年参加农民自卫军，1927年2月在陆城战斗中牺牲。	陂屯村农会会长
黄陈梅		男	1900	西南镇溪云两军村		1925年参加农民自卫军，1927年2月在河口战斗中牺牲。	溪云乡农民自卫军班长
张双钦		男	1869	西南镇黄唐漂水村		1925年参加农会，1927年2月在当地深埔被捕遭杀害。	漂水村农会会长
刘仁洲		男	1905	西南镇安安村		1925年参加农民自卫军，1927年2月在大安战斗中牺牲。	安安村赤卫队队员
庄广庆		男	1887	潭西镇岐头村		1926年参加农民自卫军，1927年2月被捕在陆城茫洋埔遭杀害。	岐头村赤卫队队长
郑水清		男	1901.10	城东镇军潭郑厝村		1926年参加农民自卫军，1927年2月在陆城被捕遭杀害。	郑厝村农会会长
黄　崇		男	1896	碣石镇梅田村		1926年参加农民自卫军，1927年2月在惠来县葵潭战斗中牺牲。	梅田村自卫军战士
林红左		男	1893	潭西镇潭西大楼村		1927年参加农民自卫军，1927年2月在海丰县牛皮地战斗中牺牲。	大楼村农民自卫军战士
许祖妹		男	1906	东海镇神冲前村		1926年参加农民自卫军，1927年3月在东海洛洲被捕遭杀害。	前村农民自卫军战士

（续表）

姓名	曾用名	性别	出生年月	籍贯	党团员	参加革命时间、牺牲时间、地点、原因	牺牲前单位、职务
林金水		男		河西镇		1926年参加农会，1927年2月在陆城被捕遭杀害。	大务村农会会长
曾英金		男	1898	河西镇新陆埔仔村		1926年参加农民自卫军，1927年3月被捕在陆城遭杀害。	埔仔村农民自卫军战士
郑坤瑞		男	1904	上英镇英郑村		1926年参加农民自卫军，1927年3月在海丰县大湖被捕遭杀害。	英郑村农军战士
郑妈界		男	1897	上英镇英郑村		1926年参加农民自卫军，1927年3月在陆城被捕遭杀害。	英郑村农民自卫军战士
庄守省		男	1901	上英镇浮头村		1926年参加农民自卫军，1927年3月在陆城被捕遭杀害。	浮头村农民自卫军战士
庄献礼		男	1903	上英镇浮头村		1926年参加农民自卫军，1927年3月被捕在陆城遭杀害。	浮头村农民自卫军战士
黄娘安		男	1903	西南镇溪云下窖村		1925年参加农民自卫军，1927年3月在大安战斗中牺牲。	溪云乡农民自卫军战士
郑佛秀		男	1879	南塘镇南安南山园村		1924年参加农民自卫军，1927年3月被捕在南塘倒寨仔遭杀害。	南山园村农民自卫军战士
李妈打		男	1885	南塘镇西美李厝新村		1925年参加农民自卫军，1927年3月在碣石被捕遭杀害。	李厝村农民自卫军队队长
黄石妹		男		大安镇		1924年参加农会，1927年3月在大安被捕遭杀害。	大安乡农会会长

（续表）

姓名	曾用名	性别	出生年月	籍贯	党团员	参加革命时间、牺牲时间、地点、原因	牺牲前单位、职务
张兴		男	1904	东海镇红卫居民区		1924年参加农民自卫军，1927年3月在东海洛洲埔被捕遭杀害。	陆丰县农民自卫军大队秘书
黄木兴		男	1909	大安镇安乐南田村	党员	1925年参加农民自卫军，1927年3月在大安被捕遭杀害。	南田村农民自卫军战士
许松贵		男	1889	大安镇安乐南田村	党员	1925年参加农民自卫军，1927年3月在大安被捕遭杀害。	南田村农民自卫军战士
程庚寿		男	1897	大安镇安乐南田村	党员	1926年参加农会，1927年3月在大安圩被捕遭杀害。	南田村农会会长
林文畅		男	1883	潭西镇东关村		1927年参加农会，1927年3月在陆城被捕遭杀害。	东关村农会会长
戴娘归	戴离宗	男	1908	碣石镇角溪板村		1927年参加赤卫队，1929年3月在碣石被捕遭杀害。	角溪板村赤卫队通讯员
杨艮		男	1905	碣石镇新布大村		1926年参加农民自卫军，1927年3月在碣石被捕遭杀害。	新布大村农民自卫军战士
郑健	郑涩	男	1906	金厢镇米坑村		1926年1月参加农民自卫军，1927年3月6日在陆城被捕遭杀害。	米坑村农民自卫军战士
陈谷荪	陈燕勋	男	1898	东海镇红卫区	党员	1925年参加地下党，1928年3月12日在河西卧龙村被捕后在陆城遭杀害。	陆丰县委书记
许娘举	许元兴	男	1883	甲西镇创新可和寮村		1927年参加农民自卫军，1927年4月在甲子被捕遭杀害。	可和寮村农民自卫军战士

（续表）

姓名	曾用名	性别	出生年月	籍贯	党团员	参加革命时间、牺牲时间、地点、原因	牺牲前单位、职务
陈娘义		男	1906	城东镇上陈村	团员	1925 年参加农民自卫军，1927 年 4 月在陆城被捕遭杀害。	上陈村农民自卫军战士
黄子得		男	1905	东海镇乌坎村		1926 年参加农民自卫军，1927 年 4 月在金厢被捕在陆城遭杀害。	乌坎村农民自卫军战士
黄耀余	黄耀怡	男	1892	大安镇安博博头村		1925 年参加农民自卫军，1927 年 4 月在大安被捕遭杀害。	博头村农民自卫军战士
杨甘暖		男	1887	大安镇东莞塘村		1926 年参加农会，1927 年 4 月在本村被敌包围遭杀害。	东莞塘农会会员
卓　思		男	1899	桥冲镇杂厝村		1925 年参加农民自卫军，1927 年 4 月在金厢战斗中牺牲。	杂厝村农民自卫军队队长
郑宰仔		男	1903	东海镇神冲郑厝村		1926 年参加农民自卫军，1927 年 4 月被捕在东海洛洲埔遭杀害。	郑厝村农民自卫军战士
杨　清		男	1905	河西镇竹树堆村		1926 年参加农民自卫军，1927 年 4 月被捕在东海洛洲埔遭杀害。	竹树堆村农民自卫军战士
孙金木		男	1861	河西镇竹树堆村		1926 年参加农民自卫军，1927 年 4 月被捕在陆城遭杀害。	竹树堆村农会会长
郑亚喜		男	1899	上英镇英郑村		1926 年参加农民自卫军，1927 年 4 月被捕在陆城遭杀害。	英郑村农军战士

（续表）

姓名	曾用名	性别	出生年月	籍贯	党团员	参加革命时间、牺牲时间、地点、原因	牺牲前单位、职务
廖添吉		男	1883	西南镇深坑廖厝村		1923年参加农会，1927年4月在本地屯埔被捕遭杀害。	廖厝村农会会长
林亚侵		男	1885	湖陂农场二区龙岗笼村		1923年参加农会，1927年4月在海丰县可塘战斗中牺牲。	龙岗笼村农军战士
林娘声		男	1907	湖陂农场二区龙岗笼村		1926年参加农民自卫军，1927年4月在海丰县可塘战斗中牺牲。	龙岗笼村农军战士
林智山		男		湖陂农场六区棋子埔村		1926年参加农会，1927年4月在海丰县被捕遭杀害。	棋子埔村农会会长
温　宝		男	1899	碣石镇桃仔园村		1926年参加农会，1927年4月在碣石被捕遭杀害。	桃仔园村农会会长
戴三湖	戴湖宗	男	1894	碣石镇角溪板村	党员	1927年参加赤卫队，1927年4月在碣石被捕遭杀害。	角溪板村赤卫队队员
林　毕		男	1887	潭西镇潭东竹芦村		1926年参加农民自卫军，1927年4月在潭西法留山被捕杀害。	竹芦村赤卫队队员
张　申		男	1894	甲西镇新饶村新塘围村		1926年5月16日参加农民自卫军，1927年被捕在湖东镇遭杀害。	新塘围村自卫军战士
林妈在		男	1883	潭西镇潭西关东村		1927年参加农会，1927年5月在陆城被捕遭杀害。	东关村赤卫队队长
林进清	林奕妙	男	1893	桥冲镇后冲村	党员	1924年参加农民自卫军，1927年5月被捕在碣石遭杀害。	陆丰县财粮干事

（续表）

姓名	曾用名	性别	出生年月	籍贯	党团员	参加革命时间、牺牲时间、地点、原因	牺牲前单位、职务
林文楚		男	1866	潭西镇潭西东关村		1927年参加农会，1927年5月在潭西被捕遭杀害。	东关村农会会长
林得倍		男	1895	河西镇汾河村		1926年参加农民自卫军，1927年5月被捕在陆城遭杀害。	汾河村农民自卫军战士
庄逢往		男	1895	上英镇浮头村		1926年参加农民自卫军，1927年5月在海丰县南门山战斗中牺牲。	浮头村农民自卫军战士
梁德东		男	1901	甲东镇雨亭村		1924年参加农民自卫军，1927年5月在甲西被捕遭杀害。	雨亭村农军战士
梁丁部		男	1876	甲东镇雨亭村	党员	1926年参加农民自卫军，1927年5月在甲子被捕遭杀害。	雨亭村农军战士
黄　靴	黄祥标	男	1903	甲东镇奎湖村		1925年4月参加农民自卫军，1927年5月在甲子被捕遭杀害。	奎湖村赤卫队队员
梁妈宝		男	1882	甲东镇雨亭村		1926年参加农民自卫军，1927年5月在甲子被捕遭杀害。	雨亭村农军战士
卫　龙		男	1907	碣石镇新寨村		1926年参加农会，1927年5月在碣北滴水战斗中牺牲。	新寨村农会会长
骆宝孙		男	1901	金厢镇米坑村		1926年参加农民自卫军，1927年5月在十二岗被捕遭杀害。	米坑村农民自卫军战士

（续表）

姓名	曾用名	性别	出生年月	籍贯	党团员	参加革命时间、牺牲时间、地点、原因	牺牲前单位、职务
朱民		男	1889	陂洋镇陂沟碗窑村		1925年参加农民自卫军，1927年5月在惠来县葵潭被捕遭杀害。	陂沟村农民自卫军战士
李尚容		男	1900	甲西镇沃头村	党员	1926年参加工会，1927年6月在陆城被捕遭杀害。	甲子工会会长
蔡昌辰		男	1884	甲西镇爱社村	党员	1924年参加农会，1927年6月在陆城被捕遭杀害。	爱社村农会会长
庄乃桂		男	1892	城东镇炎围炎苍村		1926年参加农民自卫军，1927年6月在陆城被捕遭杀害。	炎苍村农民自卫军队队长
林娘印		男	1903	湖陂农场二区龙岗笼村		1926年参加农民自卫军，1927年6月在陆城战斗中牺牲。	龙岗笼村农军战士
庄坤		男	1885	城东镇炎围炎苍村		1926年参加农民自卫军，1927年7月在陆城被捕遭杀害。	炎苍村农民自卫军事务长
黄水旺		男		大安镇		1924年参加农会，1927年7月在大安被捕遭杀害。	大安乡农会会长
陈元咬		男	1886	潭西镇深溪深沟村		1926年参加农会，1927年7月在陆城被捕遭杀害。	深沟村农会执委
林名裕		男	1895	潭西镇潭西祠堂村		1927年参加赤卫队，1927年7月在河西下陇被捕遭杀害。	祠堂村赤卫队队员
郑柏妹		男	1893	上英镇英郑村		1926年参加农会，1927年7月在陆城被捕遭杀害。	英郑村农会会长

（续表）

姓名	曾用名	性别	出生年月	籍贯	党团员	参加革命时间、牺牲时间、地点、原因	牺牲前单位、职务
曾炎旺		男	1889	西南镇石径村		1926 年参加农会，1927 年 7 月被捕在陆城遭杀害。	石径村农会会长
梁佛兴	梁存有	男	1899	甲东镇雨亭村		1926 年参加农民自卫军，1927 年 7 月在雨亭村被捕遭杀害。	雨亭村农民自卫军战士
梁亚锦	梁存英	男	1990	甲东镇雨亭村		1926 年参加农民自卫军，1927 年 7 月在甲子被捕遭杀害。	雨亭村农军战士
苏　松	苏　妁	男	1895	碣石镇新寨村		1926 年参加农会，1927 年 7 月在碣石校场被捕遭杀害。	新寨村农会会长
蔡妈引		男	1869	湖东镇后陂坑村		1924 年参加农民自卫军，1927 年 7 月在碣石被捕遭杀害。	后陂坑村农民自卫军战士
黄振翘		男	1912	东海镇东风居民区	党员	1927 年参加童子军，1927 年 8 月在陆城被捕遭杀害。	潭西区童子军宣传员
林水明		男	1905	潭西镇潭西梅园村		1927 年参加农会，1927 年 8 月在陆城被捕遭杀害。	梅园村农会会长
郑惠潮	郑戆	男	1875	上英镇英郑村		1926 年参加农民自卫军，1927 年 8 月被追击至潭头山中被捕遭杀害。	潭西区区长
黄宝宣		男	1887	上英镇上英村	党员	1926 年参加地下党，1927 年 8 月被捕在海丰县狱中遭杀害。	地下党员
彭林安		男	1906	西南镇陂屯村	党员	1924 年参加农民自卫军，1927 年 8 月在陆城被捕遭杀害。	陂屯村农军通讯员

（续表）

姓名	曾用名	性别	出生年月	籍贯	党团员	参加革命时间、牺牲时间、地点、原因	牺牲前单位、职务
刘佛送		男	1901	西南镇安安村		1926年参加农民自卫军，1927年8月在大安战斗中牺牲。	安安村赤卫队队员
郑宣情		男	1903	城东镇后坎村	党员	1923年参加农会，1927年8月在城东欧厝村被捕遭杀害。	后坎村农民自卫军队长
吴 鹏	吴如惜	男		东海镇东风居民区	党员	1927年参加赤卫队，1927年9月在福建省漳州狱中遭杀害。	红军战士
李赤九		男	1908	潭西镇赤围李厝围村		1927年参加赤卫队，1927年9月被捕在陆城遭杀害。	李厝围村赤卫队中队长
林添寿		男	1897	上英镇上英村		1924年参加农民自卫军，1927年9月在潭西上埔被捕遭杀害。	上英村农民自卫军战士
刘明通		男	1897	西南镇安安村		1925年参加农民自卫军，1927年8月在当地被捕遭杀害。	安安村农会会长
李亚河		男	1906	甲东镇可湖村		1927年参加赤卫队，1927年9月在甲子被捕遭杀害。	可湖村农军战士
温娘喜	温和技	男	1883	碣石镇大板沟村		1926年参加农民自卫军，1927年9月在南塘战斗中牺牲。	大板沟村赤卫队财务
郑乃孙		男	1887	城东镇浮洲村	党员	1927年参加农会，1927年9月被捕在东海洛洲遭杀害。	浮洲村农会会长
颜紫庭	颜炳枝	男	1895	东海镇新光居民区		1927年参加农会，1927年9月被捕在碣石遭杀害。	新光区农会会长

（续表）

姓名	曾用名	性别	出生年月	籍贯	党团员	参加革命时间、牺牲时间、地点、原因	牺牲前单位、职务
郑哺知		男	1902	金厢镇下埔村		1927年参加赤卫队，1927年10月在南塘战斗中牺牲。	下埔村赤卫队队员
黄吴荣		男	1892	金厢镇下埔村		1927年参加赤卫队，1927年10月在碣石被敌包围战斗中牺牲。	下埔村赤卫队队员
许乃求		男	1905	东海镇砂冲大队前村		1924年参加农民自卫军，1927年10月在海丰县公平战斗中牺牲。	前村赤卫队队长
徐　添		男	1892	东海镇炎龙月洲围村		1924年参加农民自卫军，1927年10月在碣石战斗中牺牲。	碣石区赤卫队中队长
林妈帕		男	1902	潭西镇潭东西门村		1926年参加农民自卫军，1927年10月在陆城被捕遭杀害。	西门村赤卫队队长
林亚吟		男	1893	潭西镇潭东下芦村		1927年参加赤卫队，1927年10月在东海战斗中牺牲。	下芦村赤卫队队员
林临江		男	1888	潭西镇潭东下芦村		1927年参加农会，1927年10月在当地被捕遭杀害。	下芦村赤卫队队长
李松喜		男	1901	河西镇下陇村		1926年参加农会，1927年10月在陆城被捕遭杀害。	下陇村农会会长
张清徒		男		上英镇		1926年参加农民自卫军，1927年10月在河田被捕遭杀害。	上英赤卫队队员
曾传乾		男	1889	碣石镇新布曾老村		1927年参加赤卫队，1927年10月在碣石被捕遭杀害。	曾老村赤卫队队员

（续表）

姓名	曾用名	性别	出生年月	籍贯	党团员	参加革命时间、牺牲时间、地点、原因	牺牲前单位、职务
黄乙和		男	1897.8	碣石镇新布大村		1927年参加赤卫队，1927年10月在碣石被捕遭杀害。	新布大村赤卫队队员
欧福康		男	1878	城东镇欧厝村		1923年参加陆丰农民自卫军，1927年10月25日在欧厝村被捕遭杀害。	欧厝村农会会长
薛妈咀		男	1908	湖东镇竹湖湖东村	党员	1926年参加农民自卫军，1927年11月在湖东战斗中牺牲。	湖东村赤卫队队员
林祖烈		男	1909	东海镇新光居民区		1927年参加赤卫队，1927年11月25日在湖东被捕遭杀害。	南塘区赤卫队队员
李刘进		男	1873	河西镇汾河村		1926年参加农民自卫军，1927年11月在陆城被捕遭杀害。	汾河村赤卫队队员
曾文		男	1903	碣石镇戴厝村		1923年参加农民自卫军，1927年11月在碣石被捕遭杀害。	戴厝村农会会长
刘远		男	1879	甲西镇创新石碑村		1926年参加农民自卫军，1927年12月在当地石碑村被包围在战斗中牺牲。	石碑村赤卫队队员
高绍生	高阳彩	男	1891	东海镇炎龙高厝村	党员	1924年参党，1927年12月在神冲战斗中牺牲。	东海镇工会会长
陈英		男		东海镇	党员	1927年参加赤卫队，1927年12月在陆城被捕遭杀害。	潭西区赤卫队队长

（续表）

姓名	曾用名	性别	出生年月	籍贯	党团员	参加革命时间、牺牲时间、地点、原因	牺牲前单位、职务
林　捌		男	1881	潭西镇潭东竹芦村		1926年参加农民自卫军，1927年12月在潭西战斗中牺牲。	竹芦村赤卫队队员
林有锻		男	1900	潭西镇潭东月山村		1926年参加农民自卫军，1927年12月在潭西战斗中牺牲。	月山村赤卫队队员
林　崇		男	1901	桥冲镇后冲村	党员	1925年参加农会，1927年12月被捕在东海遭杀害。	后冲村农会会员
林木生		男	1885	潭西镇潭西东关村		1927年参加赤卫队，1927年12月在西南南山被捕遭杀害。	东关村赤卫队队员
庄水石		男	1886	潭西镇东山村		1927年参加赤卫队，1927年12月在陆城被捕遭杀害。	东山村赤卫队队员
庄月燊		男	1892	潭西镇东山村		1927年参加赤卫队，1927年12月在当地被捕遭杀害。	东山村赤卫队队员
赵子即	赵埕	男	1897	碣石镇西门区	党员	1924年参加地下党，1927年12月在汕头市被捕遭杀害。	地下党工作者
方　六		男	1883	碣石镇新布大村		1927年参加赤卫队，1927年12月在碣石被捕遭杀害。	新布大村赤卫队队员
陈乃钢	陈志青	男	1890	城东镇上陈村		1926年参加农民自卫军，1927年12月在陆城被捕遭杀害。	上陈村赤卫队队员

（续表）

姓名	曾用名	性别	出生年月	籍贯	党团员	参加革命时间、牺牲时间、地点、原因	牺牲前单位、职务
黄乃亲		男	1909	金厢镇洲渚村		1927年参加赤卫队，1927年12月在碣石战斗中牺牲。	洲渚村赤卫队队员
林国忠		男	1899	桥冲镇后冲村	党员	1924年参加农民自卫军，1927年12月被捕在陆城遭杀害。	后冲村赤卫队队长
林部		男	1894	潭西镇潭东月山村		1926年参加农民自卫军，1927年12月在陆城被捕遭杀害。	月山村赤卫队队员
林妈带		男	1900	潭西镇潭东新香村		1926年参加农民自卫军，1927年12月在潭西上埔战斗中牺牲。	新香村赤卫队队员
庄壮徒		男	1890	潭西镇岐头村		1927年参加赤卫队，1927年12月在河西湖口战斗中牺牲。	岐头村赤卫队队员
林乃送		男		潭西镇潭东西门村		1926年参加农民自卫军，1927年12月9日在上埔被捕遭杀害。	西门村赤卫队队员
庄亚九	庄乌九	男	1892	潭西镇东山村		1927年参加赤卫队，1927年12月被捕在东海洛洲埔遭杀害。	东山村赤卫队队员
蔡富		男	1866	甲西镇北池村		1926年参加农会，1927年12月在惠来县葵潭被捕遭杀害。	北池村农会会长
郑兰在		男	1903	东海镇砂冲郑厝村		1927年参加赤卫队，1927年12月在陆城被捕遭杀害。	郑厝村赤卫队队员

（续表）

姓名	曾用名	性别	出生年月	籍贯	党团员	参加革命时间、牺牲时间、地点、原因	牺牲前单位、职务
黄火顺		男		大安镇		1927年参加赤卫队，1928年在大安被捕遭杀害。	博头村农民赤卫队炊事员
黄才职		男	1888	大安镇安博村		1926年参加农民自卫军，1927年在大安竹围村被捕遭杀害。	安博村赤卫队炊事员
张　君		男		大安镇博联梅林村		1926年参加农民自卫军，1927年在大安被捕遭杀害。	梅林村赤卫队小队长
许玉成		男	1898	河西镇牛路头村		1923年参加农民自卫军，1927年在陆城被捕遭杀害。	牛路头村赤卫队队长
吴妈卒		男		河西镇湖畔村		1924年参加农民自卫军，1927年被捕在陆城遭杀害。	湖畔村赤卫队队员
蔡名桃		男	1894	河西镇湖畔村		1924年参加农民自卫军，1927年在海丰县石碑被捕遭杀害。	湖畔村赤卫队队员
陈细妹		男	1904	城东镇上陈村		1926年参加农会，1927年被捕在东海洛洲遭杀害。	上陈村农会会员
陈妈立		男		城东镇上陈村		1926年参加农会，1927年被捕在东海洛洲遭杀害。	上陈村农会会员
肖佛佑		男	1907	金厢镇竹桥大寮村		1926年参加农民自卫军，1927年在桥冲战斗中牺牲。	大寮村赤卫队队员
黄春壮		男	1902	金厢镇大寮村		1926年参加农民自卫军，1927年被捕在陆城遭杀害。	大寮村赤卫队队员
林妈石		男	1869	大安镇东七竹围村		1924年参加农会，1927年在东海龙山脚被捕遭杀害。	东七乡农会会长
林　玩		男	1888	大安镇磁西安然村		1924年参加农会，1927年在潭西龙尾被捕遭杀害。	安然村赤卫队队长

（续表）

姓名	曾用名	性别	出生年月	籍贯	党团员	参加革命时间、牺牲时间、地点、原因	牺牲前单位、职务
徐石粦	徐英祥	男	1884	大安镇磁西安然村		1923年参加农会，1927年在大安围仔被捕遭杀害。	磁西乡农会会长
吴福青	吴广	男	1903	大安镇磁西安然村		1922年参加农会，1927年在大安洗鱼坑被捕遭杀害。	磁西乡赤卫队队长
刘天送		男	1898	大安镇河二楼仔村		1925年参加农民自卫军，1927年在河口昂塘战斗中牺牲。	楼仔村赤卫队队员
林春盛		男	1897	大安镇博贝玉瓜坑村		1925年参加农民自卫军，1927年在河口昂塘战斗中牺牲。	玉瓜坑村赤卫队队长
林招通		男	1873	大安镇博贝玉瓜坑村		1922年参加农会，1927年在新田被捕遭杀害。	玉瓜坑村农会会长
林英		男	1900	大安镇南溪下寮村		1925年参加农民自卫军，1927年在海丰上剑被捕遭杀害。	农军中队队长
张乃吉	张清平	男	1887	陂洋镇洋口村		1924年参加农会，1927年在陂沟被捕遭杀害。	洋口村农会会长
郭朝义		男	1892	甲西镇新饶村		1924年参加农民自卫军，1927年在甲子被捕遭杀害。	甲子区农民自卫军侦察员
许木青		男	1897	东海镇神冲前村		1932年参加农会，1927年被捕在东海洛洲埔遭杀害。	神冲乡农民自卫队联络员
蔡强		男	1900	湖东镇后陂坑村		1926年参加农民自卫军，1927年在陆城龙山脚被捕遭杀害。	后陂坑村农民自卫军战士
薛宗芳		男	1905	湖东镇竹湖寨外村	党员	1926年参加农民自卫军，1927年在当地被捕遭杀害。	竹湖寨外村农民自卫军队队长

（续表）

姓名	曾用名	性别	出生年月	籍贯	党团员	参加革命时间、牺牲时间、地点、原因	牺牲前单位、职务
陈妈石	陈妈着	男	1884	红湖农场麻竹村	党员	1924 年参加农民自卫军，1927 年在东海被捕遭杀害。	麻竹村赤卫队小队队长
林水流		男	1888	潭西镇潭东月山村		1926 年参加农民自卫军，1927 年在河西湖口战斗中牺牲。	月山村赤卫队队员
温妈利		男	1902	碣石镇新友西洞村		1926 年参加农会，1927 年在碣石被捕遭杀害。	西洞村农会会长
温　长		男	1900	碣石镇新友西洞村		1926 年参加农会，1927 年在碣石被捕遭杀害。	西洞村农会会长
庄秀键		男	1907	上英镇海口村		1926 年参加农民自卫军，1927 年在陆城被捕遭杀害。	潭西农会会长
庄红记		男	1897	上英镇海口村		1926 年参加农民自卫军，1927 年被追捕在海丰县大湖遭杀害。	海口村农会会长
郑　卯		男	1902	上英镇英郑村		1926 年参加农民自卫军，1927 年在海丰县被捕遭杀害。	英郑村赤卫队队员
薛　养		男	1893	西南镇黄塘村		1924 年参加农民自卫军，1927 年在大安战斗中牺牲。	黄塘村赤卫队交通员
陈　案	陈老二	男	1881	金厢镇竹脚桥村		1927 年参加赤卫队，1927 年在碣石战斗中牺牲。	竹脚桥村赤卫队队员
李乃契		男	1894	金厢镇竹桥江梅村		1926 年参加农民自卫军，1927 年在金厢战斗中牺牲。	江梅村赤卫队队员
李妈兴	李超深	男	1899	金厢镇竹桥江梅村		1926 年参加农民自卫军，1927 年被捕在东海狱中遭杀。	江梅村赤卫队队员

（续表）

姓名	曾用名	性别	出生年月	籍贯	党团员	参加革命时间、牺牲时间、地点、原因	牺牲前单位、职务
林色孟		男	1890	桥冲镇沙堆村		1925年参加农民自卫军，1927年在桥冲后山战斗中牺牲。	沙堆村赤卫队队长
卓妈丙		男	1895	桥冲镇下塘村		1925年参加农民自卫军，1927年在桥冲后山战斗中牺牲。	下塘村赤卫队队员
卢克		男	1891	桥冲镇大塘村		1925年参加农民自卫军，1927年在桥冲后山战斗中牺牲。	大塘村赤卫队队员
卢德长		男	1881	桥冲镇禾潭东山村	党员	1927年参加农会，1927年在上耘陂头战斗中牺牲。	南塘区区长
曾玉离		男	1879	河西镇牛路头村		1925年参加农会，1927年在陆城被捕遭杀害。	牛路头村农会会长
林家仔		男	1893	金厢镇蕉园下蕉村		1925年参加农会，1927年被捕在金厢遭杀害。	蕉园村农会会长
吴娘喜		男	1902	大安镇南溪澳村		1923年参加农会，1927年在南溪湾桥头被捕遭杀害。	澳村赤卫队班长
黄应		男	1884	大安镇南溪上寮村	党员	1923年参加农会，1927年在东海洛洲被捕遭杀害。	上寮村农会会长
陈素勤		男	1898	城东镇上陈村	党员	1926年参加农民自卫军，1927年在东海洛洲被捕遭杀害。	上陈村赤卫队队员
陈妈宣		男	1892	城东镇上陈村		1926年参加农会，1927年在东海洛洲被捕遭杀害。	上陈村农会会员
陈宝顺		男	1897	城东镇上陈村	党员	1925年参加农会，1927年在东海洛洲被捕遭杀害。	上陈村农会通讯员

（续表）

姓名	曾用名	性别	出生年月	籍贯	党团员	参加革命时间、牺牲时间、地点、原因	牺牲前单位、职务
朱礼壮		男	1907	西南镇陂屯石门坑村		1926年参加农会，1927年在当地被捕遭杀害。	石门坑村农会会长
彭石浪		男	1903	西南镇陂屯白沙堆村	党员	1925年参加农民自卫军，1927年在东海被捕遭杀害。	白沙堆村农民自卫军队长
郑娘印		男	1905	东海镇砂冲郑厝村		1926年参加农民自卫军，1927年被捕在东海洛洲埔遭杀害。	郑厝村赤卫队队员
许妈		男	1887	东海镇砂冲前村		1926年参加农民自卫军，1927年在东海洛洲被捕遭杀害。	砂冲乡赤卫队队员
庄强在		男	1905	上英镇浮头村		1926年参加农民自卫军，1927年在上英莞厝村被捕遭杀害。	浮头村农民自卫军战士
林乃青		男	1894	上英镇上英村		1926年参加农民自卫军，1927年在陆城被捕遭杀害。	上英村赤卫队队员
林八利		男	1902	潭西镇潭东西门村		1924年参加农民自卫军，1927年在当地上埔战斗中牺牲。	西门村赤卫队队员
侯双欣		男	1901	西南镇黄塘村		1924年参加农民自卫军，1927年在黄塘村战斗中牺牲。	黄塘村赤卫队交通员
庄逢九		男	1895	上英镇浮头村		1926年参加农民自卫军，1927年在海丰县赤坑被捕遭杀害。	浮头村赤卫队队员

（续表）

姓名	曾用名	性别	出生年月	籍贯	党团员	参加革命时间、牺牲时间、地点、原因	牺牲前单位、职务
杨亚萍		男		河西镇		1926年参加农民自卫军，1927年在陆城被捕遭杀害。	埔仔村农会会长
童吾源		男	1898	碣石镇湖坑村		1926年参加农会，1927年在甲子被捕遭杀害。	湖坑村农会副会长
王妈远		男	1880.7	甲西镇青湖村东轴寮村		1925年参加农民自卫军，1927年在湖东华美村被捕遭杀害。	东轴寮村农民自卫军战士
庄献才		男	1908	上英镇浮头村		1926年参加儿童团，1927年在陆城被捕遭杀害。	浮头村农民自卫军宣传员
刘石杷		男	1905	西南镇安安村		1926年参加农民自卫军，1927年在大安战斗中牺牲。	安安村赤卫队队员
庄兆敖		男	1901	潭西镇东山村		1926年参加农民自卫军，1927年在海丰县赤坑战斗中牺牲。	东山村赤卫队队员
李成照		男	1893	碣石镇宋厝寮村		1926年参加农会，1927年在碣石被捕遭杀害。	宋厝寮村农会会长
田帝金		男	1887	西南镇屯埔		1925年参加农会，1927年在海丰县战斗中牺牲。	小屯村农会会长
黄妈贤		男	1902	碣石镇溪墘大房村		1927年参加赤卫队，1927年甲子战斗中牺牲。	大房村赤卫队队员
黄灶安		男	1897	大安镇安博博头村		1927年参加赤卫队，1927年在大安被捕至西南遭杀害。	博头村赤卫队队员
温乃福		男	1867	西南镇黄塘村	党员	1924年参加农会，1927年在西南黄塘村被捕遭杀害。	黄塘村农会会长
李坤枝		男	1900	西南镇黄塘村		1924年参加农民自卫军，1927年在黄塘村战斗中牺牲。	黄塘村赤卫队队员

（续表）

姓名	曾用名	性别	出生年月	籍贯	党团员	参加革命时间、牺牲时间、地点、原因	牺牲前单位、职务
郑妈燕		男	1903	城东镇后坎村		1926年参加农民自卫军，1927年因叛徒出卖在陆城被捕遭杀害。	后坎村赤卫队队长
郑扬振		男	1906	城东镇后坎村		1923年参加农民自卫军，1927年在大安被捕遭杀害。	后坎村赤卫队队员
陈金水		男	1882	潭西镇深溪深沟村		1926年参加农民自卫军，1927年在海丰县石牌被捕遭杀害。	深沟村赤卫队队员
郑妈惜		男	1899	碣石镇宋厝寮村		1926年参加农会，1927年在碣石被捕遭杀害。	宋厝寮村农会会长
段妈和		男	1892	碣石镇下堂村		1925年参加农会，1927年在碣石被捕遭杀害。	下堂村赤卫队队员
陈奏金		男	1900	桥冲镇溪碧村		1924年参加农民自卫军，1927年在陆城被捕遭杀害。	溪碧村赤卫队队员
陈娘妹		男	1892	甲子镇两东管区		1925年参加农民自卫军，1927年在甲子被捕遭杀害。	甲子区自卫军指挥员
张乐		男	1901	南塘镇后径顶村		1926年参加农会，1927年在倒寨仔被捕遭杀害。	顶村农会文书
李突		男	1857	甲子镇元高管区		1926年参加农民自卫军，1927年在甲子被捕遭杀害。	甲子区赤卫队队员
陈天赐		男	1890	甲子镇元高管区		1926年参加农民自卫军，1927年在家为保卫革命同志而牺牲。	甲子区赤卫队队员
张好		男	1908	甲子镇东溪管区		1925年参加童子军，1927年在龙山顶被捕遭杀害。	甲子区童子军队长
范乃左		男	1899	甲子镇康美村		1927年参加赤卫队，同年在甲子战斗中牺牲。	康美村赤卫队队员

（续表）

姓名	曾用名	性别	出生年月	籍贯	党团员	参加革命时间、牺牲时间、地点、原因	牺牲前单位、职务
李烈坤	李罗乾	男	1895	甲子镇元高管区	党员	1923年参加农会，1927年在汕头市码头被暗杀。	甲子工会领导人
黄妈康		男	1892	甲子镇两东管区		1926年参加农民自卫军，1927年在甲子被捕遭杀害。	甲子区赤卫队队员
刘帮贤	刘佰初	男	1909	甲子镇两城管区		1926年参加农民自卫军，1927年在惠来县葵潭战斗中牺牲。	甲子区赤卫队文书
黄骆驼		男	1889	甲子镇元高管区		1926年参加农民自卫军，1927年在甲子被捕遭杀害。	甲子区自卫队指挥员
廖亚圈		男	1907	甲西镇双塘新长围村		1927年参加赤卫队，1927年在甲子被捕遭杀害。	甲子区赤卫队司务长
黄流宰		男	1885	金厢镇望尧村		1926年参加农民自卫军，1927年在陆城被捕遭杀害。	望尧村赤卫队队员
黄明叫		男	1907	金厢镇十二岗老村		1926年参加农民自卫军，1927年在碣石战斗中牺牲。	十二岗老村赤卫队队员
黄锦生		男	1898	城东镇欧厝村		1926年参加农民自卫军，1927年在上英被捕遭杀害。	欧厝村农民自卫军战士
黄火金	黄趾潘	男	1899	城东镇东埔后村	党员	1925年参加农会，1927年在东海洛洲埔被捕遭杀害。	东埔村农会会长
文亚妹		女	1899	桥冲镇坡头村	党员	1925年参加农会，1927年被捕在东海遭杀害。	坡头村农会会员
蔡发		男	1869	金厢镇竹脚桥村		1925年参加农民自卫军，1927年在陆城战斗中牺牲。	竹脚桥村赤卫队队员
蔡振山		男	1897	金厢镇竹桥江梅村		1925年参加农民自卫军，1927年在陆城战斗中牺牲。	江梅村赤卫队队员
郑石文		男	1898	金厢镇竹桥江梅村		1926年参加农民自卫军，1927年被捕在陆城遭杀害。	江梅村赤卫队队员

（续表）

姓名	曾用名	性别	出生年月	籍贯	党团员	参加革命时间、牺牲时间、地点、原因	牺牲前单位、职务
黄 箭		男	1887	金厢镇洲渚村		1926年参加农民自卫军，1927年在碣石战斗中牺牲。	洲渚村赤卫队队员
黄依忠	黄继从	男	1890	碣石镇上林村		1927年参加农会，后被捕在碣石校场遭杀害。	上林村农会会长
杨妈听		男	1901	桥冲镇溪碧村		1925年参加农民自卫军，1927年在八万战斗中牺牲。	溪碧村农民自卫军通讯员
文七妹		男	1905	桥冲镇文厝老村		1923年参加农会，1927年在甲子战斗中牺牲。	文厝村赤卫队队员
刘月园		女	1900	陂洋镇洋口村		1925年参加农民自卫军，1927年在岐岭战斗中牺牲。	洋口村赤卫队队员
刘 木		男	1898	陂洋镇洋口村		1924年参加农民自卫军，1927年在陂沟被捕遭杀害。	洋口村赤卫队队长
张娘德		男	1903	陂洋镇洋口村		1924年参加农民自卫军，1927年在八万被捕遭杀害。	洋口村赤卫队队员
黄土平		男	1901	大安镇		1927年参加赤卫队，1927年在大安被捕遭杀害。	博头村赤卫队队员
黄耀昌		男	1896	大安镇安博博头村		1926年参加农民自卫军，1927年在大安圩被捕遭杀害。	博头村赤卫队队员
黄才荣		男	1899	大安镇安博博头村		1927年参加农民自卫军，1927年在博头村被捕遭杀害。	博头村农民自卫军战士
黄双亮		男	1908	大安镇安博博头村		1927年参加农民自卫军，1927年在大安被捕遭杀害。	博头村农民自卫军战士
黄顺富		男	1891	大安镇安博博头村		1927年参加农民自卫军，1927年被捕在大安遭杀害。	博头村农民自卫军战士
庄妈德		男	1884	城东镇炎围炎苍村		1926年参加农民自卫军，1927年在东海被捕遭杀害。	炎苍村赤卫队队员

（续表）

姓名	曾用名	性别	出生年月	籍贯	党团员	参加革命时间、牺牲时间、地点、原因	牺牲前单位、职务
庄妈塔		男	1895	城东镇炎围炎苍村		1926年参加农民自卫军，1927年在陆城被捕遭杀害。	炎苍村赤卫队队员
庄永		男	1883	城东镇炎围炎苍村		1926年参加农民自卫军，1927年在陆城被捕遭杀害。	炎苍村赤卫队事务长
陈乃存		男	1901.7	城东镇上陈村		1926年参加农民自卫军，1927年在陆城战斗中牺牲。	上陈村赤卫队队员
陈圩仔		男	1907.8	城东镇上陈村		1926年参加农民自卫军，1927年在陆城战斗中牺牲。	上陈村赤卫队队员
陈克材		男	1905	城东镇上陈村	党员	1926年参加农民自卫军，1927年被捕在东海洛洲埔遭杀害。	上陈村赤卫队秘书
陈妈告		男	1900	城东镇上陈村	党员	1926年参加农民自卫军，1927年被捕在东海洛洲埔遭杀害。	上陈村赤卫队队长
林炳舜		男	1901	潭西镇潭西大楼村		1927年参加赤卫队，1927年在潭西上埔战斗中牺牲。	大楼村赤卫队队员
陈妹		男	1910	大安镇大安北一村		1926年参加童子团，1927年在大安被捕遭杀害。	北一村童子团团员
温炎		男	1893	大安镇安北内江村		1926年参加童子团，1927年在大安被捕遭杀害。	内江村童子团团员
李玉粦		男	1893	大安镇安北口江村		1926年参加农民自卫军，1927年在河口被捕遭杀害。	口江村赤卫队队员
戴旺		男	1909	大安镇安北火照坡村		1925年参加童子团，1927年在大安被捕遭杀害。	火照坡村童子团团员
姜文生		男	1865	大安镇旱田艳墩村	党员	1924年参加革命工作，1927年在陆城被捕遭杀害。	

（续表）

姓名	曾用名	性别	出生年月	籍贯	党团员	参加革命时间、牺牲时间、地点、原因	牺牲前单位、职务
蔡乃柱		男	1900	湖东镇后陂坑村		1926年参加农民自卫军，1927年在当地被捕遭杀害。	后陂坑村农民自卫军战士
邱水增		男	1906	碣石镇西门区新马路		1926年参加农会，1927年在东海被杀害。	碣石区农会宣传员
张万响		男	1891	甲西镇新饶新塘围村		1926年参加革命，1927年在甲子蟹地被捕遭杀害。	新塘围村农会会长
欧名戆	欧戆	男	1882	城东镇欧厝村		1925年参加农民自卫军，1927年在东海被捕遭杀害。	欧厝村农会会员
欧清泉		男	1892	城东镇欧厝村	党员	1925年参加农民自卫军，1927年在大安被捕遭杀害。	欧厝村农会会员
陈娘乙		男	1908	城东镇水墘村		1927年参加赤卫队，1927年在碣石战斗中牺牲。	水墘村赤卫队队长
陈步云	陈赤妹	男	1892	城东镇水墘村		1924年参加农民自卫军，1927年在东海被捕遭杀害。	水墘村农民自卫军队队长
赖潭清		男	1900	城东镇后陂下陂村		1926年参加农民自卫军，1927年在八万战斗中牺牲。	下陂村赤卫队员
陈妈德		男	1886	城东镇水墘村		1927年参加赤卫队，1927年底在碣石战斗中牺牲。	水墘村赤卫队员
林桂清		男	1904	城东镇军潭葭湖村		1926年参加农会，1927年在葭湖被捕遭杀害。	葭湖村农会会长

（续表）

姓名	曾用名	性别	出生年月	籍贯	党团员	参加革命时间、牺牲时间、地点、原因	牺牲前单位、职务
陈平安		男	1890	城东镇军潭军寮村		1926 年参加农民自卫军，1927 年被捕在东海洛洲埔遭杀害。	军寮村赤卫队队员
陈泽饶		男	1893	湖东镇后林村		1926 年参加农民自卫军，1927 年在碣石被捕遭杀害。	后林村农民自卫军战士
彭耕送		男	1909	西南镇陂屯村		1926 年参加农会，1927 年在陆城被捕遭杀害。	陂屯村农会会长
吴 福		男	1900.7	城东镇甘葫村		1923 年参加农民自卫军，1927 年在大安被捕遭杀害。	甘葫村农民自卫军战士
程石龙		男	1872	大安镇安乐南田村	党员	1925 年参加农会，1927 年在大安被捕遭杀害。	中共陆丰县农会会长
王 长	王定湖	男	1900	南塘镇四池顶池村		1923 年参加农会，1927 年在碣石被捕遭杀害。	顶池村农会会长
刘会清		男	1905	东海镇红卫居民区	党员	1926 年参加农民自卫军，1927 年在大安战斗中牺牲。	安安村赤卫队队员
林建仁	林 招	男	1905	东海镇红卫居民区	党员	1926 年参加地下党，1927 年在南塘战斗中牺牲。	南塘区委
江娘合		男	1890	甲西镇河星竹秋埔村		1926 年参加农民自卫军，1927 年在湖东被捕遭杀害。	竹秋埔村农民自卫军小队长
林石良		男	1905	潭西镇潭东新香村		1926 年参加农民自卫军，1927 年在陆城被捕遭杀害。	新香村赤卫队队员
侯九妹		男	1897	西南镇黄塘村	党员	1924 年参加农民自卫军，1927 年在陆城战斗中牺牲。	潭西区农民自卫军事务长
黄妈金		男	1902	东海镇乌坎村		1926 年参加农民自卫军，1927 年在上英被捕于东海遭杀害。	潭西区农会秘书

（续表）

姓名	曾用名	性别	出生年月	籍贯	党团员	参加革命时间、牺牲时间、地点、原因	牺牲前单位、职务
黄虾		男	1908	金厢镇望尧村		1925年参加农民自卫军，1927年在大安被捕遭杀害。	望尧村赤卫队队员
黄文钦		男	1907	金厢镇望尧新乡村		1926年参加农民自卫军，1927年在十二岗战斗中牺牲。	望尧村赤卫队队员
黄春名		男	1909	金厢镇望尧村		1925年参加农会，1927年被捕在东海遭杀害。	望尧村农会会长
黄芝		男	1897	金厢镇望尧村		1926年参加农会，1927年在南塘被捕遭杀害。	望尧村农会会员
黄五伸		男	1904	金厢镇望尧村		1926年参加农民自卫军，1927年在陆城被捕遭杀害。	望尧村赤卫队队员
黄来琴		男	1869	金厢镇望尧村		1926年参加农民自卫军，1927年在东海狱中遭杀害。	望尧村赤卫队通讯员
黄水利		男	1910	金厢镇望尧村		1926年参加童子军，1927年在陆城被捕遭杀害。	望尧村童子军团长
黄红章		男	1885	金厢镇望尧村		1926年参加农会，1927年在金厢被捕遭杀害。	望尧村农会会长
李禄		男	1900	金厢镇蕉园官路厂		1925年参加农民自卫军，1927年在碣石战斗中牺牲。	官路厂赤卫队小队长
李妈丁		男	1897	潭西镇赤围李厝围村	党员	1926年参加农民自卫军，1927年在当地被捕遭杀害。	李厝围村农会会长
张潭胜		男		西南镇屯埔村		1926年参加农民自卫军，1927年在陂石村战斗中牺牲。	屯埔村赤卫队队员
林纳		男	1897	潭西镇潭东下炉村		1926年参加农民自卫军，1927年在潭西被捕遭杀害。	下炉村赤卫队队员

（续表）

姓名	曾用名	性别	出生年月	籍贯	党团员	参加革命时间、牺牲时间、地点、原因	牺牲前单位、职务
林壮		男	1888	潭西镇潭东竹芦村		1926年参加农民自卫军，1927年在潭西被捕遭杀害。	竹芦村农会会长
庄土甘		男	1884	上英镇浮头村		1926年参加农会，1927年在上英被捕遭杀害。	浮头村农会会长
庄克世		男	1895	上英镇浮头村		1926年参加农民自卫军，1927年在陆城被捕遭杀害。	浮头村赤卫队队员
林新吾		男	1875	湖陂农场六区棋子埔村		1926年参加农民自卫军，1927年被捕在上埔遭杀害。	潭西区赤卫队中队长
林庆祥		男	1907	湖陂农场五区下寮村	党员	1926年参加农民自卫军，1927年在海丰县青坑战斗中牺牲。	下寮村赤卫队队员
林水有		男	1887	湖陂农场二区龙岗笼村		1925年参加农民自卫军，1927年在海丰县大嶂山战斗中牺牲。	龙岗笼村干部
罗泉		男				1926年参加农会，1927年在大溪白石被捕遭杀害。	村农会会长
谢庆林		男	1904	城东镇甘湖车田村		1922年参加农会，1927年在大安被捕遭杀害。	车田村农会保管
陈俊		男	1902	东海镇崎沙村		1923年参加农会，1927年在东海洛洲被捕遭杀害。	崎沙村农会会长
蔡乃左		男	1875	湖东镇后陂坑村		1925年参加农民自卫军，1927年在后陂坑村被捕遭杀害。	后陂坑村自卫军通讯员
傅国崇	傅新利	男	1895	陂洋镇龙潭村		1925年参加农会，1927年被捕在东海镇遭杀害。	龙潭村农会会长
朱格		男	1895	陂洋镇碗窑村		1925年参加农民自卫军，1927年在博美被捕遭杀害。	碗窑村赤卫队通讯员

（续表）

姓名	曾用名	性别	出生年月	籍贯	党团员	参加革命时间、牺牲时间、地点、原因	牺牲前单位、职务
林太德		男	1907	博美镇跳沟村		1923 年参加革命，1927 年在陆城被捕遭杀害。	跳沟村赤卫队队长
林建培	林振芳	男	1907	博美镇博美乡	团员	1924 年参加农民自卫军，1927 年在博美被捕遭杀害。	博美乡赤卫队队长
朱 同		男	1899	博美镇小坞村		1924 年参加农民自卫军，1927 年在甲子被捕遭杀害。	小坞村农军队员
黄 芳		男		碣石镇新友新乡		1927 年参加赤卫队，1927 年在碣石被捕遭杀害。	新乡赤卫队队员
张宜隆	张佛厅	男	1909	碣石镇溪墘村		1927 年参加赤卫队，1927 年在南塘被捕遭杀害。	溪墘村赤卫队队员
陈妈仇		男	1884	湖东镇竹湖寨内村		1927 年参加赤卫队，1927 年在攻打碣石镇战斗中牺牲。	竹湖寨内村赤卫队队员
蔡娘家		男	1906	湖东镇后陂坑村		1925 年参加农民自卫军，1927 年在攻打碣石镇战斗中牺牲。	后陂坑村农民自卫军战士
林 兑		男	1887	潭西镇潭西祠堂村		1927 年参加农民自卫军，1927 年在陆城战斗中牺牲。	祠堂村农民自卫军战士
陈 排		男	1888	碣石镇桂林村		1927 年参加赤卫队，1928 年 1 月在桂林村战斗中牺牲。	桂林村赤卫队队员
杨妈稳		男	1880	碣石镇新布大村		1925 年参加农民自卫军，1928 年 1 月在碣石被捕遭杀害。	新布大村赤卫队队员
陈 宫		男	1882.3	博美镇内湖丁心埔村		1927 年参加农会，1928 年 1 月在南塘被捕遭杀害。	丁心埔村农会会长

（续表）

姓名	曾用名	性别	出生年月	籍贯	党团员	参加革命时间、牺牲时间、地点、原因	牺牲前单位、职务
林德		男	1896	潭西镇潭东新香村		1927年参加赤卫队，1928年1月在潭西被捕遭杀害。	新香村赤卫队队员
林秀彩		男	1910	潭西镇大楼村		1927年参加赤卫队，1928年1月在陆城战斗中牺牲。	潭西乡赤卫队财政
林江		男	1900	潭西镇潭东下炉村		1926年参加农民自卫军，1928年1月在当地被捕遭杀害。	下炉村赤卫队队员
林庆余		男	1896	潭西镇潭东下炉村		1927年参加赤卫队，1928年1月在东海战斗中牺牲。	下炉村赤卫队队员
林水固	林科坚	男	1896	潭西镇潭西东关村		1927年参加赤卫队，1928年1月在陆城被捕遭杀害。	东关村农会秘书
林加芳		男	1898	潭西镇崔陂村		1926年参加农民自卫军，1928年1月在陆城被捕遭杀害。	崔陂村赤卫队中队教练员
林章兴		男	1908	潭西镇潭东下炉村		1926年参加农民自卫军，1928年1月在陆城被捕遭杀害。	下炉村赤卫队分队长
蔡冬瓜		男	1883	甲西镇北池村	党员	1925年参加地下党，1928年1月被捕在甲子遭杀害。	地下工作者
林景宋		男	1899	潭西镇潭东西门村		1927年参加农民自卫军，1928年1月在当地上埔战斗中牺牲。	西门村赤卫队队员
梁存谋	梁佛敬	男	1899	甲东镇雨亭村	党员	1927年参加赤卫队，1928年1月在甲子被捕遭杀害。	雨亭村赤卫队队员
杨盎		男	1876	甲西镇双塘村		1925年参加农会。1928年2月被捕在甲子遭杀害。	甲子苏区财政

（续表）

姓名	曾用名	性别	出生年月	籍贯	党团员	参加革命时间、牺牲时间、地点、原因	牺牲前单位、职务
沈石良		男	1901.6	城东镇后坎桥仔头村		1927年参加赤卫队，1928年2月被捕在陆城龟山仔遭杀害。	桥仔头村赤卫队队员
沈 其		男	1903	城东镇大屯黄塘村		1927年参加赤卫队，1928年2月被捕在陆城遭杀害。	黄塘村赤卫队队员
庄亚波	庄亚皮	男	1894	潭西镇东山村		1927年参加赤卫队，1928年2月在上英被捕遭杀害。	东山村赤卫队队员
林进或		男	1883	潭西镇潭东西门村		1927年参加赤卫队，1928年2月在潭西被捕遭杀害。	西门村赤卫队队员
林水其		男	1887	潭西镇潭西大楼村		1922年参加农会，1928年2月在海丰县青草坪战斗中牺牲。	大楼村农会会长
庄汉天		男	1895	潭西镇东山村		1926年参加农民自卫军，1928年2月在海丰县赤坑战斗中牺牲。	东山村赤卫队大队长
黄雨时		男	1875	东海镇东风居民区	党员	1927年参加工会，1928年2月在陆城被捕遭杀害。	陆丰县总工会执委
林潭二		男	1910	潭西镇潭西祠堂村		1927年2月参加赤卫队，1928年2月在陆城战斗中牺牲。	祠堂村赤卫队队员
林名天		男	1894	潭西镇潭西祠堂村		1927年2月参加农民自卫军，1928年2月在攻打陆城战斗中牺牲。	祠堂村赤卫队队员
陆 金		男	1899	陂洋镇洋口村		1924年参加农民自卫军，1928年2月在八万被捕遭杀害。	洋口村赤卫队队员

（续表）

姓名	曾用名	性别	出生年月	籍贯	党团员	参加革命时间、牺牲时间、地点、原因	牺牲前单位、职务
俞命		男	1886	东海镇红卫区	党员	1927年参加革命，1928年2月被捕在东海洛洲埔遭杀害。	紫金县委通讯员
张妈逢		男	1872	东海镇炎龙径仔村		1927年参加农会，1928年2月在陆城被捕遭杀害。	径仔村农会会长
林妈勇		男	1908	潭西镇大楼村		1927年参加赤卫队，1928年2月在陆城战斗中牺牲。	大楼村赤卫队队员
李卯		男	1885	甲子镇新湖管区		1927年参加赤卫队，1928年2月在甲子被捕遭杀害。	甲子区赤卫队队员
陈孝镇		男		东海镇		1927年参加赤卫队，1928年2月在陆城被捕遭杀害。	赤卫队队长
林生		男	1902	东海镇向阳居民区		1927年参加赤卫队，1928年2月在河口战斗中牺牲。	潭西区赤卫队队员
范任		男	1894	甲西镇范厝寮村		1927年参加赤卫队，1928年2月在甲子东湖被捕遭杀害。	范厝寮村赤卫队队员
庄娘河		男	1905	潭西镇西安西湖村		1927年参加赤卫队，1928年2月在陆城被捕遭杀害。	西湖村赤卫队中队长
庄水宽		男	1893	潭西镇西安西湖村		1927年参加赤卫队，1928年2月在东山战斗中牺牲。	西湖村赤卫队卫生员
张姑桐	张振有	男	1912	甲子镇新湖管区		1926年参加童子军，1928年2月在甲子被捕遭杀害。	甲子区童子军队长
陈娘钱		男		甲子镇华容村		1927年参加赤卫队，1928年2月在陆城被捕遭杀害。	甲子区赤卫队联络员
谢娘扶		男	1898	南塘镇沙溪村		1927年参加赤卫队，1928年2月沙溪被捕遭杀害。	沙溪村赤卫队队员

（续表）

姓名	曾用名	性别	出生年月	籍贯	党团员	参加革命时间、牺牲时间、地点、原因	牺牲前单位、职务
张祖耀		男	1899	东海镇红星区	党员	1924年参加农会，1928年3月被捕在东海洛洲埔遭杀害。	陆丰县农会会长
陈妈言		男	1898	城东镇上陈村		1925年参加农会，1928年3月被捕在东海洛洲埔遭杀害。	上陈村农会会员
庄绿只		男	1906	潭西镇东山村		1927年参加赤卫队，1928年3月在海丰县可塘战斗中牺牲。	东山村赤卫队队员
余乌芳		男	1901	城东镇高田村		1926年参加农民自卫军，1928年3月在大安战斗中牺牲。	高田村赤卫队队长
韩彩荣		男	1900	城东镇高田蕉坑村		1926年参加农民自卫军，1928年3月在大安战斗中牺牲。	大安区财政
韩里文		男	1862	城东镇高田蕉坑村		1926年参加农民自卫军，1928年3月在大安战斗中牺牲。	蕉坑村赤卫队队员
韩发仔		男	1903	城东镇高田蕉坑村		1926年参加农民自卫军，1928年3月在陆城被捕遭杀害。	蕉坑村赤卫队队员
庄陈吉		男	1900	潭西镇东山村		1927年参加赤卫队，1928年3月在东海河头岭被捕遭杀害。	东山村赤卫队小队长
王东家		男	1891	东海镇南提居民区		1927年参加赤卫队，1928年3月被捕在东海洛洲遭杀害。	潭西区赤卫队队员

（续表）

姓名	曾用名	性别	出生年月	籍贯	党团员	参加革命时间、牺牲时间、地点、原因	牺牲前单位、职务
林　九		男	1896	城东镇高田蕉坑村		1926 年参加农民自卫军，1928 年在海丰县可塘战斗中牺牲。	蕉坑村赤卫队队长
陈乌毛		男	1906	城东镇上陈村		1927 年参加赤卫队，1928 年 3 月在陆城被捕遭杀害。	上陈村农民自卫军战士
蔡乃池	蔡昌瑶	男	1879	甲西镇爱社村	党员	1924 年参加地下党，1928 年 3 月在本地被捕遭杀害。	甲子区赤卫队财政委员
林吴在		男		博美镇		1926 年参加农民自卫军，1928 年 3 月在博美被捕遭杀害。	下寮村赤卫队队员
张乃森		男	1894	东海镇宽塘新铺村		1924 年参加农民卫军，1928 年 3 月被捕在东海洛洲遭杀害。	新铺村赤卫队队长
朱石生		男	1881	大安镇河二新南村	党员	1922 年参加农会，1928 年 3 月在大安黄竹坑村被捕遭杀害。	新南村农会会长
庄逢欣		男	1894	上英镇浮头村		1927 年参加赤卫队，1928 年 3 月在陆城被捕遭杀害。	浮头村赤卫队队长
曾娘怡		男	1898	东海镇向阳居民区		1927 年参加赤卫队，1928 年 3 月在陆城被捕遭杀害。	陆丰县总工会执委
郑　玉		男	1904	南塘镇潭头四村		1924 年参加农民自卫军，1928 年 3 月在陆城被捕遭杀害。	潭头村赤卫队队员
郭乃狄		男	1883	甲西镇新饶村		1925 年参加农会，1928 年 3 月被捕在甲子遭杀害。	新饶村赤卫队通讯员
谢　味		男	1868	甲西镇王厝寮村		1927 年参加赤卫队，1928 年 3 月被捕在甲子遭杀害。	王厝寮村赤卫队队员

（续表）

姓名	曾用名	性别	出生年月	籍贯	党团员	参加革命时间、牺牲时间、地点、原因	牺牲前单位、职务
林连		男	1896	潭西镇恢丰灰窑村		1927年参加赤卫队，1928年3月在大安被捕遭杀害。	灰窑村赤卫队队员
庄潭宝		男	1899.10	潭西镇东山村		1927年12月参加赤卫队，1928年3月20日在海丰县青坑战斗中牺牲。	东山村赤卫队队员
林拾仔		男	1883	潭西镇潭西祠堂村		1927年参加赤卫队，1928年3月被捕在陆城遭杀害。	祠堂村赤卫队队员
庄妈兴		男	1897	潭西镇东山村		1927年12月参加赤卫队，1928年3月在海丰县青坑战斗中牺牲。	东山村赤卫队队员
庄乃秀		男	1900	潭西镇东山村		1927年参加赤卫队，1928年3月在东海河头岭被捕遭杀害。	东山村赤卫队队员
丁色		男	1906	东海镇向阳区		1927年参加赤卫队，1928年3月在东海洛洲埔被捕遭杀害。	潭西区赤卫队队员
黄妈宫		男	1904	金厢镇望尧新村		1926年参加农民自卫军，1928年3月26日在金厢山狗埔被捕遭杀害。	新村赤卫队队员
欧宰		男	1905	城东镇欧厝村		1926年参加农民自卫军，1928年3月在大安被捕遭杀害。	欧厝村赤卫队队员
张佛如		男	1902	城东镇高田蕉坑村		1926年参加农民自卫军，1928年3月在大安战斗中牺牲。	高田村赤卫队队长
黄秀英		女	1894	潭西镇潭西祠堂村		1927年参加赤卫队，1928年3月在潭西被捕遭杀害。	祠堂村赤卫队宣传员

（续表）

姓名	曾用名	性别	出生年月	籍贯	党团员	参加革命时间、牺牲时间、地点、原因	牺牲前单位、职务
庄四悦		男	1894	潭西镇东山村		1927年12月参加赤卫队，1928年3月14日在东山村被捕遭杀害。	东山村赤卫队队员
林畅意		男	1896.7	潭西镇潭西高园村		1927年2月23日参加赤卫队，1928年3月20日在海丰县青坑战斗中牺牲。	高园村赤卫队队员
陈妈贤		男	1898	城东镇上陈村	党员	1926年参加农会，1928年3月被捕，在东海洛洲埔遭杀害。	上陈村农会会长
陈松栋		男	1883	潭西镇深溪深沟村		1926年参加农会，1928年3月被捕，在东海遭杀害。	深沟村农会执委
黄三才		男	1880	大安农场丰围村		1923年参加农会，1928年3月在新田被捕遭杀害。	丰围村农会会长
陈秋文		男	1903	城东镇上陈村		1926年参加农民自卫军，1928年3月在陆城被捕遭杀害。	上陈村农民自卫军战士
宋水虾		男	1897	城东镇高田村		1926年参加农民自卫军，1928年3月在大安战斗中牺牲。	高田村赤卫队队员
林金左		男	1907	潭西镇潭西大楼村		1927年参加赤卫队，1928年3月在当地上埔战斗中牺牲。	大楼村赤卫队队员
林礼可		男	1901	潭西镇潭西花城村		1927年参加赤卫队，1928年3月在陆城被捕遭杀害。	花城村农会会长
林德意		男	1898	潭西镇潭西祠堂村		1927年参加赤卫队，1928年3月在河西牛路头被捕遭杀害	祠堂村赤卫队队员

（续表）

姓名	曾用名	性别	出生年月	籍贯	党团员	参加革命时间、牺牲时间、地点、原因	牺牲前单位、职务
李完前		男	1907	甲东镇可湖村		1928年参加赤卫队，1928年4月在甲子被捕遭杀害。	可湖村赤卫队队员
温　永		男	1892	碣石镇曾厝寮村		1927年参加赤卫队，1928年4月在湖东被捕于南塘遭杀害。	曾厝寮村赤卫队队长
许乌芳		男	1908	东海镇神冲前村		1924年参加农民自卫军，1928年4月被捕在东海洛洲埔遭杀害。	前村赤卫队队长
陈尖头		男	1895	甲西镇西山村	党员	1927年参加赤卫队，1928年10月被捕在陆城遭杀害。	西山村赤卫队大队长
谢　良		男	1884	陂洋镇陂沟村		1927年参加赤卫队，1928年4月在八万被捕遭杀害。	陂沟村赤卫队队员
庄育群	庄亚民	男	1899	上英镇浮头村	党员	1923年参加地下党，1928年4月在陆城被捕遭杀害。	陆丰县农会干部
曾　武		男	1886	河西镇下陇村		1926年参加农民自卫军，1928年4月被捕在陆城遭杀害。	下陇村赤卫队队长
张光秀		男	1891	南塘镇后径顶村		1926年参加农会，1928年4月在南塘倒寨仔被捕杀害。	南塘区农会财政
许妈成		男	1892	河西镇牛路头村		1927年参加赤卫队，1928年4月被捕在陆城遭杀害。	牛路头村赤卫队队员
庄礼奇		男	1902	上英镇浮头村		1927年参加农会，1928年4月在陆城被捕遭杀害。	浮头村农会会长
陈东加		男	1908	潭西镇赤围村坎寨村		1927年参加农民自卫军，1928年4月被捕在陆城遭杀害。	赤坎寨村赤卫队分队长

（续表）

姓名	曾用名	性别	出生年月	籍贯	党团员	参加革命时间、牺牲时间、地点、原因	牺牲前单位、职务
林里成		男	1898.4	潭西镇赤围村坎头村		1927年参加赤卫队，1928年4月被捕在陆城遭杀害。	赤坎头村赤卫队队员
林会		男	1881	上英镇联海村		1926年参加农民自卫军，1928年4月在陆城被捕遭杀害。	联海村赤卫队队员
吴长福		男	1903	河西镇湖畔村		1926年参加农会，1928年4月在陆城被捕遭杀害。	湖畔村农会会长
蔡娘玉		男	1908	甲西镇北池村		1927年参加赤卫队，1928年4月被捕在甲子遭杀害。	北池村赤卫队队员
纪乃清		男	1894	甲子镇政坑村		1927年参加赤卫队，1928年4月在甲子战斗中牺牲。	政坑村赤卫队队员
王妈看		男	1898	博美镇花城村	党员	1925年参加农民自卫军，1928年4月在博美被捕遭杀害。	花城村赤卫队事务长
蔡英	蔡茂	男	1898	东海镇炎龙六驿村		1926年参加农民自卫军，1928年4月在东海洛洲被捕遭杀害。	六驿村赤卫队队员
欧良	欧金良	男	1908	东海镇砂冲龚厝村		1927年参加赤卫队，1928年4月在陆城战斗中牺牲。	龚厝村赤卫队队员
林亚徒		男	1886	湖陂村农场二区龙岗笼村		1928年参加赤卫队，1928年4月在海丰县可塘战斗中牺牲。	龙岗笼村赤卫队队员
郑妈平		男	1890	南塘镇南安南山园村		1925年参加农会，1928年4月在东海被捕遭杀害。	南塘区农会会长

（续表）

姓名	曾用名	性别	出生年月	籍贯	党团员	参加革命时间、牺牲时间、地点、原因	牺牲前单位、职务
蔡松旺		男	1903	城东镇高田朱厝村		1926 年参加农民自卫军，1928 年 4 月在朱厝村被捕遭杀害。	高田村赤卫队秘书
颜少南	颜心益	男	1884	东海镇六驿村		1926 年参加农民自卫军，1928 年 4 月在东海被捕遭杀害。	陆丰县农会秘书
陈娘发		男	1898	甲子镇两城管区		1925 年参加工会，1928 年 4 月在东海被捕遭杀害。	第一区工委执委
陈　力		男	1898	潭西镇深溪村		1927 年参加赤卫队，1928 年 4 月被捕在陆城遭杀害。	深溪村赤卫队队长
林周禄		男	1896	潭西镇崔陂村		1926 年参加农民自卫军，1928 年 4 月被捕在陆城遭杀害。	崔陂村赤卫队小队长
蔡　坎		男	1899	甲西镇爱社村		1924 年参加农会，1928 年 4 月在新饶被捕遭杀害。	爱社村赤卫队队员
陈里月		男	1894.8	桥冲镇溪碧村		1927 年 7 月参加农会，1928 年 5 月被捕在碣石校场遭杀害。	溪碧村农会会长
梁木春		男	1911	甲东镇雨亭村		1927 年参加赤卫队，1928 年 5 月在惠来县葵潭被捕遭杀害。	雨亭村赤卫队通讯员
廖　尤		男	1908	碣石镇新寨村		1927 年参加赤卫队，1928 年 5 月被捕在碣石校场遭杀害。	新寨村赤卫队通讯员
郑　添	郑　安	男	1900	碣石镇桂林村		1927 年参加赤卫队，1928 年 5 月在陂洋战斗中牺牲。	桂林村赤卫队文书
陈　树		男	1900	博美镇花城村		1927 年参加赤卫队，1928 年 5 月在陆城被捕遭杀害。	花城村赤卫队队员

（续表）

姓名	曾用名	性别	出生年月	籍贯	党团员	参加革命时间、牺牲时间、地点、原因	牺牲前单位、职务
蔡钦镇		男	1876	甲西镇爱社村	党员	1925年6月参加地下党，1928年5月在甲子被捕遭杀害。	甲子区赤卫队指导员
范娘义		男	1891	甲子镇政坑村	党员	1927年参加赤卫队，1928年5月在甲子战斗中牺牲。	政坑村赤卫队分队长
曾鸿兰		男	1904	河西镇新陆上洪村		1925年参加农会，1928年5月在陆城被捕遭杀害。	上洪村赤卫队队员
朱妈顺		男	1899	甲子镇横美村		1927年参加农会，1928年5月在甲子被捕遭杀害。	横美村农会会员
林娘葵	林正肃	男	1890	甲子镇客楼村		1927年参加农会，1928年5月在甲子被捕遭杀害。	客楼村农会会长
李尚丰		男	1900	甲西镇沃头村	党员	1928年参加赤卫队，1928年5月10日在甲子被捕遭杀害。	沃头村赤卫队队员
李石润		男	1911	陂洋镇内湖村		1926年参加农民自卫军，1928年5月在芹菜洋战斗中牺牲。	内洋村赤卫队队员
林妈来		男	1901	城东镇军潭霞湖村		1926年参加农民自卫军，1928年在海丰县银房山被捕遭杀害。	霞湖村赤卫队队员
邱红狮		男	1895	甲西镇青湖青林村		1928年2月参加赤卫队，1928年6月在甲子镇被捕遭杀害。	青林村赤卫队小队长
余吉妹		男		碣石镇湖坑村		1926年参加农会，1928年5月在碣石被捕遭杀害。	湖坑村农会执委
丁娘听		男	1900	甲子镇横美村		1927年参加赤卫队，1928年5月在甲子被捕遭杀害。	横美村赤卫队队员

（续表）

姓名	曾用名	性别	出生年月	籍贯	党团员	参加革命时间、牺牲时间、地点、原因	牺牲前单位、职务
温溪		男	1892	碣石镇曾厝寮村		1927年参加赤卫队，1928年5月在曾厝寮村被捕遭杀害。	曾厝寮村赤卫队队员
庄文拔		男	1885	上英镇浮头村		1927年参加赤卫队，1928年6月在海丰县公平战斗中牺牲。	浮头村赤卫队队员
林输明		男	1909	东海镇炎龙六驿村		1925年参加儿童团，1928年6月在陆城炎龙被捕遭杀害。	六驿村儿童团团长
戴志梅		男	1877	碣石镇戴厝村	党员	1925年参加农会，1928年6月在碣石被捕遭杀害。	碣石区委书记
蔡大妹	蔡昌兹	男	1893	甲西镇爱社村	党员	1924年参加地下党，1928年7月在甲子被捕遭杀害。	甲子区赤卫队司务长
谢满	谢般	男	1900	甲西镇王厝寮村		1927年参加赤卫队，1928年8月被捕在甲子遭杀害。	甲子区赤卫队事务长
蔡乃远		男	1899	甲西镇北池村		1927年参加赤卫队，1928年7月在湖东牺牲。	北池村赤卫队队员
邱先荣		男	1878	碣石镇西门区新马路		1926年参加农会，1928年7月在碣石上林山被包围断粮牺牲。	碣石区农会会长
庄乃法		男	1894	潭西镇岐头村		1926年参加农民自卫军，1928年7月在陆城茫洋埔被捕遭杀害。	岐头村赤卫队队员
马子良		男	1892	东海镇向阳居民区灰町社	党员	1923年参加革命，1928年7月被捕杀害于东海洛洲埔。	陆丰六联社农会会长

（续表）

姓名	曾用名	性别	出生年月	籍贯	党团员	参加革命时间、牺牲时间、地点、原因	牺牲前单位、职务
许钤宰		男	1909	东海镇神冲前村		1924年参加农民自卫军，1928年7月被捕在东海洛洲埔遭杀害。	前村赤卫队队长
章朝阳	章旭东	男	1899	东海镇红卫居民区	党员	1925年参加农民自卫军，1928年6月在陂洋三岭战斗中牺牲。	陆丰县农会秘书
林翰藩	林陆加	男	1900	东海镇六驿村	党员	1924年参加地下党，1928年3月在碣石观音山战斗中牺牲。	中共碣石区委书记
陈金	陈南	男		东海镇向阳居民区	党员	1927年参加地下党，1928年7月在陆城战斗中牺牲。	潭西区委委员
张威		男	1902	东海镇红卫居民区油榉街	党员	1923年加入地下党，1928年4月在南塘潭头被捕，同年在东海洛洲埔遭杀害。	东江特委海陆惠紫四县军事总指挥
王帝通		男	1883	城东镇军潭军寮村		1926年参加农会，1928年8月在军寮村被捕遭杀害。	陆丰县总工会执委
陈水		男	1895	甲西镇西山村		1928年1月参加赤卫队，同年7月30日在甲子被捕遭杀害。	西山村赤卫队队员
林妈来	林正治	男	1878	甲子镇客楼村		1927年参加农会，1928年9月在甲子被捕遭杀害。	客楼村农会会长
周凭		男	1904	东海镇上海村		1925年参加农会，1928年9月在东海战斗中牺牲。	上海村赤卫队队长
杨乃君		男	1897	大安镇安乐南田村		1926年参加农民自卫军，1928年9月在大安圩被捕遭杀害。	南田村赤卫队队员

（续表）

姓名	曾用名	性别	出生年月	籍贯	党团员	参加革命时间、牺牲时间、地点、原因	牺牲前单位、职务
庄耀		男	1878	潭西镇银山龟山村		1927年参加赤卫队，1928年9月被捕在陆城遭杀害。	龟山村农会会长
黄雨生		男	1882	东海镇新光居民区	党员	1927年参加工会，1928年5月15日在陆城被捕遭杀害。	陆丰县总工会执委
李亚九	李细九	男	1905	潭西镇赤围李厝围村		1926年参加农民自卫军，1928年9月在陆城被捕遭杀害。	李厝围村赤卫队队员
胡芳		男	1890	甲东镇前边村		1927年参加赤卫队，1928年10月6日被捕，同月10日在惠来县遭杀害。	前边村赤卫队队员
李友光		男	1905	金厢镇竹桥江梅村	党员	1923年参加农民自卫军，1928年4月被捕在陆城遭杀害。	金厢区委书记
李意春		男	1902	甲东镇雨亭村		1927年参加赤卫队，1928年11月在甲子被捕遭杀害。	雨亭村赤卫队班长
李福顺	李友庆	男	1888	河西镇下陇村		1927年参加赤卫队，1928年11月在下陇村被捕遭杀害。	下陇村赤卫队队员
庄梦祥	庄非熊	男	1899	潭西镇东山村	党员	1921年参加革命，1928年11月在南塘被捕于陆城遭杀害。	东江特委
曾顺		男	1893	河西镇新陆埔仔村		1926年参加农民自卫军，1928年11月在陆城被捕遭杀害。	埔仔村赤卫队队员

（续表）

姓名	曾用名	性别	出生年月	籍贯	党团员	参加革命时间、牺牲时间、地点、原因	牺牲前单位、职务
蔡荣通	蔡乌脐	男	1900	甲西镇北池村	党员	1925年参加农民自卫军，1928年11月在北池村被包围在战斗中牺牲。	甲子区赤卫队大队长
黄耀醉		男		大安镇博联博头村		1924年参加农会，1928年12月在成摊村坑被捕遭杀害。	博头村农会会长
黄乃正	黄乃止	男	1902	碣石镇溪堀大房村		1927年参加赤卫队，1928年12月在陆城被捕遭杀害。	大房村赤卫队队员
康名快		男	1900	湖东镇红光渔业队		1927年参加赤卫队，1928年12月在湖东被捕遭杀害。	湖东镇赤卫队炊事员
黄智洲		男	1901	西南镇潭头村	党员	1925年参加农民自卫军，1928年12月被捕在陆城遭杀害。	潭头村赤卫队队长
蔡叶		男	1883	南塘镇西南居住坑村		1925年参加农民自卫军，1928年12月在甲西双塘战斗中牺牲。	居住坑村赤卫队队员
李尚民		男	1905	甲西镇沃头村	党员	1927年4月参加地下党，1928年12月在甲子被捕遭杀害。	沃头村党支部书记
陈存宏		男	1902	城东镇上陈村	党员	1926年参加农民自卫军，1928年12月在博美被捕遭杀害。	上陈村赤卫队通讯员
王心		男	1890	甲西镇青湖东轴寮村		1927年参加赤卫队，1928年12月在湖东华美被捕遭杀害。	东轴寮村赤卫队队员

（续表）

姓名	曾用名	性别	出生年月	籍贯	党团员	参加革命时间、牺牲时间、地点、原因	牺牲前单位、职务
李振福		男	1908	陂洋镇内洋村		1927年参加赤卫队，1928年12月在陂洋芹菜村战斗中牺牲。	内洋村苏维埃主席
林乌芳		男		潭西镇	党员	1926年参加农民自卫军，1928年12月在陆城被捕遭杀害。	潭东乡赤卫队队长
林玉桃		男	1895	潭西镇崔坡村		1925年参加农会，1928年12月在海丰县战斗中牺牲。	崔坡村农会会长
吴娘显		男	1890	城东镇甘湖甘坑村	党员	1926年参加农民自卫军，1928年在东海被捕遭杀害。	甘湖村赤卫队财粮
谢妈梓	谢娘敬	男	1880	甲西镇立新袁厝村		1927年参加赤卫队，1928年在甲子被捕遭杀害。	袁厝村赤卫队队员
何妈孥	何源	男	1903	碣石镇读书区		1926年参加农民自卫军，1928年在陂洋田仔被捕遭杀害。	碣石镇赤卫队队员
吴　赐		男	1902	碣石镇西门区三府巷		1923年参加工会，1928年在潮阳峡山被捕遭杀害。	学校工会会会长
李长标		男	1902	碣石镇角清村		1927年参加赤卫队，1928年被捕在碣石遭杀害。	角清村赤卫队队员
吴基桂	吴妈意	男	1901	碣石镇诗书区三横巷		1927年参加工会，1928年被捕在碣石校场遭杀害。	碣石镇工会出纳
庄兆林		男	1905	潭西镇东山村		1927年参加赤卫队，1928年在海丰县战斗中牺牲。	东山村赤卫队宣传员
林乃权		男	1883	大安镇东七赵家埔		1924年参加农会，1928年在东海洛洲埔被捕遭杀害。	东七乡农会会长

（续表）

姓名	曾用名	性别	出生年月	籍贯	党团员	参加革命时间、牺牲时间、地点、原因	牺牲前单位、职务
林玉友		男	1879	大安镇东七竹围村		1925年参加农会，1928年在大安溪沙埠被捕遭杀害。	大安区农会会长
林添得		男	1869	大安镇东七竹围村		1925年参加农会，1928年在西南深坑被捕遭杀害。	竹围村赤卫队队长
林佛保		男	1899	大安镇东七赵家埔村		1923年参加农会，1928年在东海洛洲被捕遭杀害。	东七乡农会副会长
陈贵耀		男	1906	大安镇河二西瓜潭村		1927年参加赤卫队，1928年在大安旱田被捕遭杀害。	十三乡赤卫队队长
罗其珍		男	1901	东海镇南堤居民区	党员	1923年参加农会，1928年在汕头市被捕遭杀害。	红军四十九团政治教导员
丁庆		男	1898	城东镇浮洲村		1927年参加农会，1928年在惠来县被捕遭杀害。	浮洲村农会会长
刘乃购		男	1891	城东镇浮洲新湖村		1927年参加农会，1928年被捕在东海洛洲埔遭杀害。	新湖村农会会长
陈木生		男	1911	城东镇上陈村		1927年参加赤卫队，1928年在河西下陇被捕遭杀害。	上陈村赤卫队队员
蔡大妹		男	1901	河西镇湖口村		1926年参加农民自卫军，1928年在陆城被捕遭杀害。	湖口村赤卫队队员
胡意		男	1901	城东镇高田蕉坑村		1926年参加农民自卫军，1928年被捕在陆城遭杀害。	蕉坑村赤卫队队员
胡继升		男	1879	城东镇高田蕉坑村		1926年参加农民自卫军，1928年被捕在陆城遭杀害。	蕉坑村赤卫队队员
林帝火		男	1885	大安镇博贝村		1922年参加农会，1928年在新田被捕遭杀害。	博贝村农会会长

（续表）

姓名	曾用名	性别	出生年月	籍贯	党团员	参加革命时间、牺牲时间、地点、原因	牺牲前单位、职务
李清联		男	1876	大安镇安北内江村		1926年参加农民自卫军，1928年在海丰县被捕遭杀害。	内江村赤卫队队员
张建坤		男	1892	大安镇安北中江村		1925年参加农会，1928年在大安被捕遭杀害。	中江村农会会员
黄泽光	黄德光	男	1898	大安镇陆军顶潭村	党员	1926年参加农会，1928年在大安被捕遭杀害。	中共陆丰县农会执委
颜永棠	颜和益	男	1906	东海镇六驿村	党员	1926年参加农民自卫军，1928年在碣石战斗中牺牲。	陆丰县赤卫大队队长
郑吾甘		男	1883	金厢镇下埔大宫村		1927年参加赤卫队，1928年在金厢山狗埔被敌包围在战斗中牺牲。	大宫村赤卫队队长
黄植庭		男	1898	金厢镇洲渚村	党员	1926年参加农民自卫军，1928年在海丰县汕尾被敌包围战斗中牺牲。	陆丰县党代表
蔡意宋		男	1886	金厢镇米坑村		1927年参加赤卫队，1928年被捕在陆城遭杀害。	米坑村赤卫队队员
许乃实		男	1891	东海镇神冲前村		1925年参加农民自卫军，1928年被捕在东海洛洲埔遭杀害。	前村赤卫队队长
王大九		男		东海镇		1927年参加赤卫队，1928年在田仔村战斗中牺牲。	潭西村赤卫队队员
庄板		男	1882	潭西镇东山村		1927年参加赤卫队，1928年在潭西上埔战斗中牺牲。	东山村赤卫队队员
庄护		男	1899	潭西镇东山村		1927年参加赤卫队，1928年被捕在陆城遭杀害。	东山村赤卫队宣传员

（续表）

姓名	曾用名	性别	出生年月	籍贯	党团员	参加革命时间、牺牲时间、地点、原因	牺牲前单位、职务
庄 九		男	1910	潭西镇东山村		1927年参加赤卫队，1928年在海丰县湖仔被捕遭杀害。	东山村赤卫队队长
庄 颇		男	1898	潭西镇东山村		1927年参加赤卫队，1928年在潭西上埔战斗中牺牲。	东山村赤卫队队员
蔡世乐		男	1890	甲西镇双塘村		1927年参加赤卫队，1928年被捕在甲子遭杀害。	双塘村赤卫队通讯员
范王顺	范婆孙	男	1885	甲西镇王厝寮村		1927年参加赤卫队，1928年被捕在甲子遭杀害。	王厝寮村赤卫队队员
林秀汝		男	1902	潭西镇大楼村		1925年参加农民自卫军，1928年在潭西上埔被捕遭杀害。	大楼村赤卫队秘书长
林色仲		男	1876	潭西镇东关村		1927年参加赤卫队，1928年在陆城被捕遭杀害。	东关村农会会长
林木来		男	1887	潭西镇潭冲圩		1926年参加农民自卫军，1928年在陆城被捕遭杀害。	潭冲圩农会会长
林秀焕		男	1906	潭西镇大楼村		1925年参加农民自卫军，1928年在海丰县青草圩战斗中牺牲。	大楼村农会会员
黄火顺		男	1892	大安镇安博博头村		1927年参加赤卫队，1928年在大安被捕遭杀害。	博头村赤卫队炊事员
王兰金		男	1900	城东镇大屯龙溪村		1927年参加赤卫队，1928年在大安战斗中牺牲。	龙溪村赤卫队队员
林正朝	林妈凤	男	1876	甲子镇客楼村		1927年参加赤卫队，1928年在甲子被捕遭杀害。	甲子区财政
庄务修		男	1893	潭西镇银山龟山村		1927年参加赤卫队，1928年在海丰县战斗中牺牲。	龟山村赤卫队队员

（续表）

姓名	曾用名	性别	出生年月	籍贯	党团员	参加革命时间、牺牲时间、地点、原因	牺牲前单位、职务
林水孙		男	1894	潭西镇潭西祠堂村		1927年参加赤卫队，1928年在陆城被捕遭杀害。	祠堂村赤卫队队员
张　奎		男	1897	南塘镇后径顶村		1926年参加农会，1928年在惠来县葵潭被捕遭杀害。	顶村农会会员
魏　添		男	1911	陂洋镇龙潭村	党员	1927年参加赤卫队，1928年被捕在海丰县遭杀害。	龙潭村赤卫队队员
翟　来		男	1893	城东镇军潭军寨村		1927年参加赤卫队，1928年在陂洋田仔山被捕遭杀害。	军寨村赤卫队队长
沈　春		男	1909	桥冲镇白沙村		1926年参加农民自卫军，1928年被捕在陆城遭杀害。	白沙村赤卫队队长
庄妈兰		男	1896	潭西镇东山村		1927年12月参加赤卫队，1928年在海丰县赤坑战斗中牺牲。	东山村赤卫队队员
麦猪皮		男	1911	甲子镇元高管区		1927年参加儿童团，1928年在甲子被捕遭杀害。	儿童团队长
林妈界		男	1906	潭西镇潭东新香村		1925年参加农民自卫军，1928年在当地上埔战斗中牺牲。	新香村赤卫队队员
庄　日		男	1905	潭西镇东山村		1927年参加赤卫队，1928年在陆城被捕遭杀害。	东山村赤卫队队员
王妈才		男	1905	博美镇花城村		1926年参加赤卫队，1928年被捕在海丰县遭杀害。	花城村赤卫队队员
王太和		男	1902	博美镇花城村		1927年参加赤卫队，1928年在潭头被捕遭杀害。	花城村赤卫队队员
张　文		男	1899	南塘镇后径顶村		1926年参加农会，1928年被捕在惠来县葵潭遭杀害。	顶村农会会员

（续表）

姓名	曾用名	性别	出生年月	籍贯	党团员	参加革命时间、牺牲时间、地点、原因	牺牲前单位、职务
范妞	范敬坤	男	1882	甲子镇元高管区		1924年参加工人运动，1928年在甲子被捕遭杀害。	甲子工会主任
黄进发		男	1888	甲子镇元高管区		1928年参加红军，1928年在甲子被捕（6月）遭杀害。	红军战士
吴娘惜	吴业恭	男	1894	甲子镇横山村		1926年参加农民自卫军，1928年在惠来县神泉被捕遭杀害。	横山村赤卫队联络员
陈琴		女	1894	甲子镇元高管区		1926年参加农民自卫军，1928年在河口被捕遭杀害。	甲子区赤卫队通讯员
范寿		男	1896	甲子镇东溪管区		1926年参加农民自卫军，1928年在甲子被捕遭杀害。	甲子区赤卫队文书
庄名悦		男	1894	潭西镇东山村		1927年参加赤卫队，1928年被捕在陆城遭杀害。	东山村赤卫队队员
陈蓬	陈妈爪	男	1900	湖东镇深田湖村	党员	1924年参加农民自卫军，1928年在湖东被捕遭杀害。	湖东赤卫队大队长
卢彬	卢廷章	男	1883	湖东镇长溪村	党员	1924年参加农会，1928年在长溪被捕遭杀害。	长溪村农会会长
王来家	王和住	男	1897	湖东镇横山村		1925年参加农民自卫军，1928年在陆城龙山脚被捕遭杀害。	横山村赤卫队队员
王吴添		男	1896	湖东镇横山村		1927年参加赤卫队，1928年在陆城龙山脚被捕遭杀害。	横山村赤卫队队员
王乃河		男	1900	湖东镇横山村		1927年参加赤卫队，1928年在湖东华美村被捕遭杀害。	横山村赤卫队队员

（续表）

姓名	曾用名	性别	出生年月	籍贯	党团员	参加革命时间、牺牲时间、地点、原因	牺牲前单位、职务
杨细妹		男	1904	碣石镇六桃六间厝		1926 年参加农民自卫军，1928 年在碣石被捕遭杀害。	六桃乡赤卫队队员
卓厚		男	1910	湖东镇华美村		1927 年参加农民自卫军，1928 年在本村被捕遭杀害。	华美村赤卫队队员
王娘斟		男	1911	湖东镇横山村		1927 年参加儿童团，1928 年在陆城被捕遭杀害。	横山村儿童团团长
余章南	余德	男	1886	东海镇红卫区	党员	1923 年参加农会，1928 年在潭西被捕遭杀害。	陆丰县赤卫队团部副参谋
张思明		男	1900	城东镇高田村		1926 年参加农民自卫军，1928 年在大安战斗中牺牲。	高田村赤卫队队员
郑氏		女	1884	甲西镇王厝寮村		1927 年在 1 月参加赤卫队，1928 年在甲子被捕遭杀害。	王厝寮村赤卫队通讯员
蔡卒		男	1902	甲西镇北池村		1925 年参加农会，1928 年在甲子被捕遭杀害。	北池村赤卫队队员
蔡妈乔		男	1883	甲西镇北池村	党员	1927 年参加赤卫队，1928 年在湖东被捕遭杀害。	北池村赤卫队队员
文书志		男	1889	碣石镇新布曾老村	党员	1927 年参加地下党，1928 年在碣石被捕遭杀害。	曾老村党支部书记
王乃槽		男	1907	湖东镇横山村		1927 年参加赤卫队，1928 年在兴宁县战斗中牺牲。	横山村赤卫队队员
黄王永		男	1893	湖东镇横山村	党员	1927 年参加赤卫队，1928 年在陆城龙山脚被捕遭杀害。	湖东镇赤卫队中队长
卓孝德	卓亚记	男	1900	湖东镇华美村		1922 年参加农会，1928 年在甲子被捕遭杀害。	华美村赤卫队文书
林娘岳	林锦山	男	1882	桥冲镇冲仔村	党员	1927 年参加农会，1927 年在南塘被捕遭杀害。	冲仔村农会会员

（续表）

姓名	曾用名	性别	出生年月	籍贯	党团员	参加革命时间、牺牲时间、地点、原因	牺牲前单位、职务
陈国瑞		男	1899	博美镇溪墘村		1927年参加赤卫队，1928年在东海被捕遭杀害。	溪墘村赤卫队队员
杨龙		男	1899	博美镇花城村	党员	1927年参加赤卫队，1928年在东海被捕遭杀害。	花城村赤卫队队长
沈海		男	1896	城东镇黄塘村		1927年参加革命，1928年被捕在陆城遭杀害。	一区区长
庄妈剑		男	1890	上英镇浮头村		1927年参加农会，1928年被捕在东海洛洲埔遭杀害。	浮头村农会执委
庄守鹏		男	1893	上英镇浮头村		1927年参加赤卫队，1928年在海丰县大湖甬仔村被捕遭杀害。	浮头村农会会长
林娘送	林纲仁	男	1898	甲子镇客楼村		1927年参加赤卫队，1928年牺牲。	客楼村赤卫队队员
陈妈乙		男	1891	甲西镇双塘村		1925年参加农会，1928年在惠来县被捕遭杀害。	惠来县农会秘书
林里双		男	1908	潭西镇东关村		1927年参加赤卫队，1928年在陆城被捕遭杀害。	东关村赤卫队队员
林妈倡		男	1881	潭西镇潭西祠堂村		1927年参加赤卫队，1928年被捕在陆城遭杀害。	祠堂村赤卫队队员
庄汉文		男	1906	潭西镇东山村		1926年参加农民自卫军，1928年在河西湖口战斗中牺牲。	东山村赤卫队宣传员
庄九妹		男	1901	潭西镇东山村		1927年参加赤卫队，1928年被捕在陆城被杀害。	东山村赤卫队队员
庄赤		男	1899	潭西镇东山村		1927年参加赤卫队，1928年在海丰县赤坑战斗中牺牲。	东山村赤卫队队员

（续表）

姓名	曾用名	性别	出生年月	籍贯	党团员	参加革命时间、牺牲时间、地点、原因	牺牲前单位、职务
庄会		男	1907	潭西镇东山村		1927年参加赤卫队，1928年在海丰县赤坑战斗中牺牲。	东山村赤卫队炊事员
陈瑞阶	陈治安	男	1889	东海镇红卫居民区	党员	1926年参加农会，1928年在东海被捕遭杀害。	连厝围村农会会长
张汉卿		男	1901	东海镇红卫居民区	党员	1924年参加地下党，1928年在炎龙后陂被捕遭杀害。	南塘区区长
张绍连		男	1896	东海镇红卫居民区	党员	1925年参加农民自卫军，1927年1月在河西湖田战斗中牺牲。	陆丰县赤卫队队长
陈有		男	1901	城东镇上陈村	党员	1926年参加农会，1928年在后陂被捕遭杀害。	上陈村农会秘书
欧哺仔		男	1885	南塘镇内		1924年参加工会，1927年11月在南塘镇被捕遭杀害。	南塘镇工会会长
郑乃木		男	1903	东海镇神冲郑厝村		1927年参加赤卫队，1928年被捕在东海洛洲埔遭杀害。	神冲乡赤卫队队员
卓红虾		男	1875	南塘镇乌石村	党员	1925年参加农会，1928年被捕在南塘遭杀害。	乌石村农会会长
曾金春		男	1900	河西镇新陆埔仔村		1926年参加农民自卫军，1928年在新陆战斗中牺牲。	埔仔村赤卫队队员
郑乃镇		男	1878	上英镇英郑村	党员	1927年参加赤卫队，1928年在海丰县田墘被捕遭杀害。	中共海丰县七区委
林伯葵		男	1894	潭西镇潭西高园村		1927年参加赤卫队，1928年在陆城战斗中牺牲。	高园村赤卫队队员

（续表）

姓名	曾用名	性别	出生年月	籍贯	党团员	参加革命时间、牺牲时间、地点、原因	牺牲前单位、职务
林水孙		男	1894	潭西镇潭西祠堂村		1927 年参加赤卫队，1928 年在陆城被捕遭杀害。	祠堂村赤卫队队员
李妈金		男	1903	潭西镇李厝围村	党员	1927 年参加赤卫队，1928 年在海丰县日中圩战斗中牺牲。	李厝围村赤卫队队长
李 禄		男	1888	潭西镇赤围李厝围村		1927 年参加赤卫队，1928 年在海丰县战斗中牺牲。	李厝围村赤卫队队长
黄万里		男	1905	东海镇向阳居民区	党员	1923 年参加地下党，1927 年在湖东战斗牺牲。	南塘区团委书记
郑 重	郑镜堂	男	1897	东海镇新光居民区前圩仔社	党员	1923 年参加革命，1928 年春在东海被捕遭杀害。	陆丰县农会执委副主任
王水宝	王小宝	男	1902	东海镇宽塘村	党员	1927 年参加农会，1928 年在东海茫洋埔被捕遭杀害。	宽塘村农会会长
黄赤妹		男	1888	东海镇红星管区	党员	1925 年参加革命，1928 年被捕在东海洛洲埔遭杀害。	陆丰县总工会会长
余 四		男	1882	碣石镇湖坑村		1926 年参加农会，1928 年在碣石被捕遭杀害。	湖坑村农会会长
黄娘才		男	1886	碣石镇溪墘湖尾村	党员	1924 年参加地下党，1928 年在东海被捕遭杀害。	地下党工作者
潘妈抗		男	1885	碣石镇曾厝寮村		1927 年参加赤卫队，1928 年在碣石被捕遭杀害。	曾厝寮村赤卫队队员
陈汉基		男	1906	城东镇后坎村		1926 年参加农民自卫军，1928 年在东海被捕遭杀害。	后坎村赤卫队队员

（续表）

姓名	曾用名	性别	出生年月	籍贯	党团员	参加革命时间、牺牲时间、地点、原因	牺牲前单位、职务
郑茂生		男	1898	金厢镇城美平乐村	党员	1926年参加农民自卫军，1928年被捕在南塘潭头遭杀害。	碣石区党委委员
黄芝芦		男	1900	金厢镇望尧村		1927年参加赤卫队，1928年被捕在金厢遭杀害。	望尧村赤卫队队员
沈哺		女	1909	金厢镇望尧村		1927年参加农会，1928年在陆城被捕遭杀害。	望尧村农会宣传员
黄齐		男	1901	金厢镇洲渚村		1926年参加农会，1928年在南塘被捕遭杀害。	洲渚村农会委员
黄依轮		男	1908	金厢镇洲渚村		1927年参加农民自卫军，1928年在碣石战斗中牺牲。	洲渚村赤卫队队员
黄知仔		男	1908	金厢镇洲渚村		1927年参加赤卫队，1928年在碣石战斗中牺牲。	洲渚村赤卫队队员
黄玉		男	1890	金厢镇洲渚村		1926年参加农民自卫军，1928年在金厢被捕遭杀害。	洲渚村赤卫队队员
黄万		男	1904	大安镇博联下帮唐村		1926年参加农会，1928年在大安圩战斗中牺牲。	下帮唐村赤卫队队员
刘蔡粽	刘宗	男	1900	甲西镇创新石碑村	党员	1927年参加赤卫队，1928年在南塘被捕遭杀害。	石碑村赤卫队队员
范玉在		男	1881	甲西镇范厝寮村	党员	1927年参加农会，1928年在普宁县大南山被捕遭杀害。	范厝寮村农会会长
李应		男	1892	西南镇黄塘村	党员	1924年参加农民自卫军，1928年在陆城战斗中牺牲。	黄塘村赤卫队交通员
薛专		男	1888	西南镇黄塘村		1924年参加农民自卫军，1928年被捕在陆城遭杀害。	黄塘村赤卫队队员

（续表）

姓名	曾用名	性别	出生年月	籍贯	党团员	参加革命时间、牺牲时间、地点、原因	牺牲前单位、职务
郑连喜		男	1903	西南镇屯埔村		1925年参加农民自卫军，1928年在本地深坑被捕遭杀害。	潭西区赤卫队财政
方兰		男	1900	西南镇黄塘村		1924年参加农民自卫军，1928年在陆城被捕遭杀害。	黄塘村赤卫队交通员
林陈兴		男	1883	西南镇黄塘洋溢村		1925年参加农民自卫军，1928年被捕在陆城遭杀害。	潭西区赤卫队副财政
林玉琴		男	1897	潭西镇潭东竹芦村	党员	1922年参加农会，1928年在潭西上埔战斗中牺牲。	潭西乡苏维埃政府主席
李水仁		男	1907	陂洋镇内洋村		1926年参加农民自卫军，1928年在陂洋中坑角战斗中牺牲。	内洋村赤卫队队长
刘秀福		男	1908	陂洋镇新福村		1924年参加农民自卫军，1928年在东海被捕遭杀害。	新福村赤卫队队员
谢振家		男	1890	陂洋镇洋口村		1924年参加农民自卫军，1928年在八万被捕遭杀害。	洋口村赤卫队队员
张娘吊		男	1894	陂洋镇洋口村		1924年参加农民自卫军，1928年在八万被捕遭杀害。	洋口村赤卫队队员
王妈江		男	1902	博美镇花城村	党员	1927年参加赤卫队，1928年在桥冲被捕遭杀害。	花城村赤卫队队员
孙江西		男	1901	博美镇溪墘村		1927年参加赤卫队，1928年在东海被捕遭杀害。	溪墘村赤卫队队员
郑伟		男	1900	博美镇湖潭村		1925年参加农民自卫军，1928年在铜罗湖被捕遭杀害。	博美镇苏维埃政府财经
林聪		男	1899	博美镇湖潭村		1927年参加赤卫队，1928年在八万被捕遭杀害。	湖潭村赤卫队队员

（续表）

姓名	曾用名	性别	出生年月	籍贯	党团员	参加革命时间、牺牲时间、地点、原因	牺牲前单位、职务
朱佛招		男	1899	陂洋镇碗窑村		1926年参加农民自卫军，1928年在碣石被捕遭杀害。	碗窑村赤卫队队员
朱任		男	1898	陂洋镇陂沟碗窑村		1925年参加农民自卫军，1928年在陂沟被捕遭杀害。	碗窑村赤卫队队员
刘乃要		男	1911	陂洋镇头洋村		1927年参加赤卫队，1928年被捕在东海遭杀害。	头洋村赤卫队队员
肖明亮		男		八万镇八万圩七村		1927年参加赤卫队，1928年在八万双沛鼓凸山被捕遭杀害。	八万圩赤卫队队员
赖永德		男	1904	城东镇后陂上陂村		1926年参加农民自卫军，1928年在后陂被捕遭杀害。	上陂村赤卫队队员
陈庄端	陈协德	男	1892	城东镇水墘村		1925年参加农民自卫军，1928年在水墘村被捕遭杀害。	水墘村赤卫队队员
黄礼立		男	1893	西南镇溪口村		1926年参加农会，1928年被捕在陆城遭杀害。	溪口村农会会长
陈宰孙	陈宰妹	男	1906	城东镇军潭村		1927年参加农会，1928年在陂洋田仔山被捕遭杀害。	军潭村农会会长
周镒		男	1905	城东镇军潭军寮村		1926年参加革命工作，1928年被捕在东海洛洲埔遭杀害。	地下工作人员
钟瑞	钟穗	男	1905	南塘镇沙溪村		1926年参加农民自卫军，1928年在河源县被捕遭杀害。	沙溪村赤卫队队长
宋乃炉		男	1894	金厢镇竹脚桥村		1926年参加农民自卫军，1928年在博美被捕遭杀害。	竹脚桥村赤卫队队员
张名祖		男	1868	桥冲镇东坑村		1926年参加农会，1928年在碣石被捕遭杀害。	东坑村农会会长

（续表）

姓名	曾用名	性别	出生年月	籍贯	党团员	参加革命时间、牺牲时间、地点、原因	牺牲前单位、职务
陈春日		男	1893	桥冲镇东坑村		1926年参加农会，1928年被捕在碣石遭杀害。	东坑村农会会长
林建芝		男	1900	博美镇居民区	党员	1926年参加农民自卫军，1928年在南塘五峰山被捕遭杀害。	博美乡赤卫队队员
胡少卯		男	1897	甲子镇政坑村	党员	1927年参加赤卫队，1928年在甲子被捕遭杀害。	政坑村赤卫队队长
陈娘生		男	1898	桥冲镇松竹寮村		1926年参加农民自卫军，1928年被捕在博美遭杀害。	松竹寮村赤卫队队员
林振波		男	1900	潭西镇潭东竹芦村		1926年参加农民自卫军，1928年在东海被捕遭杀害。	西门村赤卫队队员
林放		男	1910	潭西镇潭东竹芦村		1925年参加农民自卫军，1928年在河西湖口战斗中牺牲。	竹芦村赤卫队队员
张奎		男	1897	南塘镇后径顶村		1926年参加农会，1928年被捕在惠来县葵潭遭杀害。	顶村农会会员
陈娘长		男	1900	金厢镇竹脚桥村		1927年参加赤卫队，1928年在金厢战斗中牺牲。	竹脚桥村赤卫队队员
卢法		男	1896	南塘镇南安卢厝村		1928年参加赤卫队，1929年1月在惠来县被捕遭杀害。	卢厝村赤卫队队员
蔡世珍		男	1877	甲西镇爱社村	党员	1925年参加农会，1929年2月在甲子被捕遭杀害。	博社村赤卫队通讯员
杨来贤		男	1896	大安镇安乐南田村		1926年参加农会，1929年2月在陆城被捕遭杀害。	大安区农会会长
欧福贤		男	1899	城东镇欧厝村		1926年参加农民自卫军，1929年3月在东海被捕遭杀害。	欧厝村赤卫队队员

（续表）

姓名	曾用名	性别	出生年月	籍贯	党团员	参加革命时间、牺牲时间、地点、原因	牺牲前单位、职务
郑就		男	1894	碣石镇湖坑村		1926年参加农会，1929年3月在碣石被捕遭杀害。	湖坑村农会执委
杨妈孙		男	1891	碣石镇新布大村		1927年参加赤卫队，1929年3月在碣石被捕遭杀害。	新布大村赤卫队队员
陈妈德		男	1886	城东镇水墘村		1927年参加赤卫队，1927年底在碣石战斗中牺牲。	水墘村赤卫队队员
林名玩		男	1887	潭西镇潭西祠堂村		1927年参加赤卫队，1929年4月在潭西被捕遭杀害。	潭西祠堂村赤卫队队员
李细弟		男	1908	甲子镇半径村		1928年参加红军，1929年5月在甲子被捕遭杀害。	红军四十九团战士
蔡世少	蔡石郎	男	1874	甲西镇爱社村	党员	1924年参加农会，1929年8月在陆城被捕遭杀害。	甲子区赤卫队指导员
朱乃火		男	1913	陂洋镇陂沟村		1929年参加赤卫队，1929年8月在陂洋田仔被捕遭杀害。	陂沟村赤卫队队员
林妹		男	1901	博美镇下寮村		1928年参加赤卫队，1929年8月在陆城被捕遭杀害。	下寮村赤卫队队员
许良森		男	1901	河西镇牛路头村		1928年参加赤卫队，1929年8月被捕在陆城遭杀害。	牛路头村赤卫队队员
林奕大		男	1907	湖陂农场二区龙岗笼村		1926年参加农民自卫军，1929年9月在海丰县可塘战斗中牺牲。	龙岗笼村赤卫队队员
林明		男	1898	碣石镇诗书区		1926年参加工会，1929年9月被捕在碣石校场遭杀害。	碣石镇工会执委
蔡娘有		男	1899	甲西镇北池村		1925年12月参加农民自卫军，1929年9月在江西省牺牲。	红军战士

（续表）

姓名	曾用名	性别	出生年月	籍贯	党团员	参加革命时间、牺牲时间、地点、原因	牺牲前单位、职务
曾海滨		男	1901	碣石镇新布曾老村	党员	1925年参加农民自卫军，1929年11月在海丰县战斗中牺牲。	碣石区赤卫队大队长
林金带		男	1895	湖陂农场六区棋子埔村		1926年参加农会，1929年11月18日因围乡被捕，在丁盏坞遭杀害。	棋子埔村农会副会长
张红虾		男	1898	南塘镇西美竹围村		1927年参加赤卫队，1929年12月在东海被捕遭杀害。	竹围村赤卫队通讯员
陈亚哺		男	1897	甲子镇新华华容村		1927年参加赤卫队，1929年12月在湖东被捕遭杀害。	甲子区赤卫队中队长
朱法娘		男	1884	陂洋镇碗窑村		1925年参加农民自卫军，1929年12月在陂沟被捕遭杀害。	碗窑村赤卫队队员
余得利		男	1901	碣石镇湖坑村		1927年参加农会，1929年在南湖坑村农会员塘被捕遭杀害。	湖坑村农会会员
温妈助		男	1882	碣石镇草洋西村		1927年参加赤卫队，1929年在南塘被捕遭杀害。	草洋西村赤卫队队员
卓妈然		男	1903	湖东镇华美村		1929年在普宁县大南山被捕遭杀害。	华美村赤卫队队员
林家叶	林其揖	男	1881	湖东镇内	党员	1927年参加农会，1929年在湖东横山被捕遭杀害。	湖东镇党支部委员
陈亚府		男	1898	甲子镇新华华容村		1927年参加赤卫队，1929年在湖东牺牲。	甲子区赤卫队小队长
朱福		男	1881	金厢镇竹脚桥村		1928年参加赤卫队，1929年被捕在东海镇遭杀害。	竹脚桥村赤卫队队员

（续表）

姓名	曾用名	性别	出生年月	籍贯	党团员	参加革命时间、牺牲时间、地点、原因	牺牲前单位、职务
戴宗	戴季朝	男	1891	碣石镇角溪板村		1927年参加赤卫队，1929年在碣石被捕遭杀害。	角溪板村赤卫队队长
张光宇		男	1895	南塘镇后径顶村		1926年参加农会，1929年在南塘倒寨仔被捕遭杀害。	南塘区农会会长
郭派		男	1893	甲西镇双塘村		1927年参加赤卫队，1929年在惠来县红头村被捕遭杀害。	双塘村赤卫队通讯员
黄蜘蛛		女	1899	上英镇玄溪村		1927年参加红军，1929年在广州市战斗中牺牲。	红军排长
温水良		男	1908	西南镇黄塘村		1929年参加赤卫队，1929年在陆城被捕遭杀害。	黄塘村赤卫队事务长
周娘举		男	1898	甲子镇半径村		1927年参加赤卫队，1929年在甲子被捕遭杀害。	甲子区赤卫队小队长
李骞		男	1878	甲西镇沃头村	党员	1927年参加赤卫队，1929年在甲子被捕遭杀害。	沃头村党支部委员
蔡妈快		男	1894	甲西镇北池村		1925年参加农民自卫军，1929年在江西省牺牲。	红军战士
蔡儿		男	1876	甲西镇爱社村		1924年参加农会，1929年在甲子被捕遭杀害。	爱社村赤卫队队员
蔡亚辂		男	1904	河西镇后坑土寨		1926年参加农民自卫军，1929年被捕在陆城狱中遭杀害。	土寨村赤卫队文书
李水明		男		西南镇屯埔村		1924年参加农民自卫军，1929年在陆城被捕遭杀害。	屯埔村赤卫队交通员
黄才声		男	1891	大安镇安博博头村		1927年参加赤卫队，1929年在八万葫芦仔被捕遭杀害。	第六区政府主席

（续表）

姓名	曾用名	性别	出生年月	籍贯	党团员	参加革命时间、牺牲时间、地点、原因	牺牲前单位、职务
黄幼连		男	1879	大安镇河二西瓜潭村	党员	1926年参加革命，1929年在陆城被捕遭杀害。	西瓜潭村农会会长
黄妈连		男	1879	大安镇河二西瓜潭村		1925年参加农民自卫军，1929年在新田牛路头村被捕遭杀害。	博美村赤卫队小队长
陈宰妹		男	1905	博美镇花城村		1927年参加赤卫队，1929年在东海被捕遭杀害。	花城村赤卫队队员
俞　宣		男	1905	博美镇花城村		1927年参加赤卫队，1929年在东海被捕遭杀害。	花城村赤卫队队员
朱　堪	朱爵	男	1908	陂洋镇陂沟村		1926年参加农民自卫军，1929年在海丰县战斗中牺牲。	红军四十九团战士
谢　勇		男	1895	陂洋镇古寨村		1927年参加赤卫队，1929年在三岭被捕遭杀害。	古寨村赤卫队队员
陈　岭		男	1911	陂洋镇新屋村		1924年参加农民自卫军，1929年在深坑被捕遭杀害。	新屋村赤卫队队员
吴家保		男		八万镇双沛柚树下村		1929年参加赤卫队，后失踪。	柚树下村赤卫队队员
朱　合		男	1887	金厢镇竹脚桥村		1927年参加赤卫队，1929年被捕在东海遭杀害。	竹脚桥村赤卫队队员
林如芳		男	1901	大安镇东七竹围村		1926年参加农民自卫军，1929年在大安围仔被捕遭杀害。	竹围村赤卫队队员
温昌枝		男	1873	大安镇安北中江村		1925年参加农会，1929年在陆城被捕遭杀害。	大安乡农会会长

（续表）

姓名	曾用名	性别	出生年月	籍贯	党团员	参加革命时间、牺牲时间、地点、原因	牺牲前单位、职务
林石泗		男	1903	大安镇南溪村		1923年参加农会，1929年在东海河头岭被捕遭杀害。	大安区财政
孙　懋		男	1899	博美镇溪墘村		1927年参加赤卫队，1928年在碣石战斗中牺牲。	溪墘村赤卫队队员
杨五宰		男	1910	博美镇花城村		1927年参加赤卫队，1929年在博美被捕遭杀害。	花城村赤卫队队员
陈妈两		男	1907	桥冲镇松竹寨村	党员	1927年参加赤卫队，1929年被捕在东海遭杀害。	松竹寨村赤卫队队员
邹永三		男	1908	陂洋镇内洋村		1926年参加农民自卫军，1929年在海丰县赤石山被捕遭杀害。	赤卫队队员
谢俊英	谢银英	男	1893	陂洋镇古寨村		1925年参加农民自卫军，1929年在惠来县葵潭战斗中牺牲。	古寨村赤卫队队员
朱林虾		男	1895	陂洋镇陂沟村		1925年参加农民自卫军，1929年在博美被捕遭杀害。	陂沟村赤卫队队员
高　雨		男	1889	华侨农场奎池村		1927年参加赤卫队，1929年在陆城被捕遭杀害。	奎池村农会会长
郭娘财		男	1905	南塘镇圳头溪心村		1925年参加农民自卫军，1929年在普宁县大南山战斗中牺牲。	溪心村赤卫队队员
张光宇		男	1895	南塘镇后径顶村		1926年参加农会，1929年在南塘倒寨仔被捕遭杀害。	南塘区农会会长
张　干		男	1894	南塘镇后径顶村		1926年参加农会，1929年在普宁县大南山被捕遭杀害。	南塘区农会财政
陈乃送	陈庭机	男	1886	甲子镇华容村		1927年参加赤卫队，1929年在战斗中牺牲。	甲子区赤卫队中队长

（续表）

姓名	曾用名	性别	出生年月	籍贯	党团员	参加革命时间、牺牲时间、地点、原因	牺牲前单位、职务
陈亚宰	陈祥我	男	1887	甲子镇华容村		1927年参加赤卫队，1929年在碣石战斗中牺牲。	甲子区赤卫队小队长
林佛助		男	1898	潭西镇潭东下芦村	党员	1922年参加农会，1930年2月在惠阳县战斗中牺牲。	下芦村农会主席
王包		男	1898	城东镇浮洲芒头村	党员	1927年参加农会，1930年2月在东海洛洲埔被捕遭杀害。	芒头村农会会长
许甘		女	1909	潭西镇潭西大楼村		1926年参加农民自卫军，1930年2月在海丰县青草圩战斗中牺牲。	大楼村赤卫队宣传员
罗林佛		男	1880	甲子镇新湖管区	党员	1926年参加地下党，1930年2月在甲子被捕遭杀害。	陆丰县赤卫队第二大队长
陈妈甲		男	1897	甲子镇华容村		1927年参加赤卫队，1930年4月在甲子被捕遭杀害。	甲子区赤卫队大队长
刘标		男		八万镇双沛梨树下村	党员	1930年5月参加赤卫队后失踪。	梨树下村赤卫队队员
王乃卯		男	1908	甲子镇新华华容村		1927年参加赤卫队，1930年5月在甲子镇被捕遭杀害。	甲子区赤卫队小队长
陈继健		男	1899	博美镇花城村		1927年参加赤卫队，1930年6月在博美被捕遭杀害。	花城村赤卫队队员
郑花妹		女	1910	陂洋镇竹园村		1930年参加赤卫队，1930年8月被捕在芹菜洋遭杀害。	新园村赤卫队队员
何石右		男	1888	城东镇甘胡竹坑村	党员	1924年参加农会，1930年10月在陆城被捕遭杀害。	竹坑村农会会长

（续表）

姓名	曾用名	性别	出生年月	籍贯	党团员	参加革命时间、牺牲时间、地点、原因	牺牲前单位、职务
陈乃禁		男	1877	甲子镇新华华容村		1927 年参加赤卫队，1929 年 10 月在湖东战斗中牺牲。	甲子区赤卫队司务长
刘鳌	刘赞平	男	1903	甲子镇城西管区		1927 年参加赤卫队，1930 年 11 月在博美被捕遭杀害。	甲子区赤卫队宣传员
方锦香	方潭香	男	1868	西南镇黄塘村		1925 年参加农民自卫军，1930 年 11 月被捕在陆城遭杀害。	大安区赤卫队财政
林太福		男	1902.6	博美镇下寮村		1930 年参加赤卫队，1930 年 11 月在陆城被捕遭杀害。	下寮村赤卫队队员
黄妈其		男	1911	金厢镇洲渚村		1930 年参加赤卫队，1930 年 12 月在陆城被捕遭杀害。	洲渚村赤卫队小队长
许天孙		男	1897	东海镇神冲前村		1926 年参加农民自卫军，1930 年 12 月被捕在东海洛洲遭杀害。	神冲乡赤卫队队员
黄绳其	黄祖武	男	1906	东海镇东风居民区	团员	1926 年参加陆丰学联会，1930 年在广西省龙门战斗中牺牲。	南塘区青年团宣传部长
王理发		男	1903	城东镇浮洲燕埔村		1927 年参加农会，1930 年在燕埔被捕遭杀害。	燕埔村农会会长
王荣已		男	1893	城东镇浮洲芒头村		1927 年参加农会，1930 年在芒头村被包围战斗中牺牲。	芒头村农会会长

（续表）

姓名	曾用名	性别	出生年月	籍贯	党团员	参加革命时间、牺牲时间、地点、原因	牺牲前单位、职务
刘乃沛		男	1906	城东镇浮洲松湖村		1927年参加农会，1930年在芒头村被包围战斗中牺牲。	松湖村农会会长
黄锦妹		男	1901	城东镇浮洲芒头村		1927年参加农会，1930年在芒头村被包围战斗中牺牲。	芒头村农会执委
刘惠		男	1883	城东镇浮洲松湖村		1927年参加农会，1930年在芒头村被包围战斗中牺牲。	松湖村赤卫队队员
郑子玉		男	1886	城东镇后坎村	党员	1923年参加地下党，1930年在潮阳县被捕遭杀害。	地下党秘书
郑妈养	郑亚陆	男	1899	城东镇后坎村	党员	1927年参加农会，1930年在东海新厝仔被捕遭杀害。	后坎村农会会长
张松		男	1907	城东镇浮洲松湖村	党员	1928年参加赤卫队，1930年在陂洋被捕遭杀害。	松湖村赤卫队中队长
陈坤		男	1905.4	陂洋镇深坑村		1927年参加赤卫队，1930年在内洋被捕遭杀害。	深坑村赤卫队卫生员
高妈堂		男		华侨农场		1927年参加赤卫队，1930年在屯寮村被捕遭杀害。	屯寮村赤卫队通讯员
李文魁	李文高	男	1900	河西镇下陇村		1927年参加赤卫队，1930年在下陇村被捕遭杀害。	下陇村赤卫队队员
卢建		男	1888	南塘镇南安卢厝村		1928年参加赤卫队，1930年在博美被捕遭杀害。	卢厝村赤卫队队员
魏佛德		男	1877	南塘镇四池下池村		1925年参加农民自卫军，1930年在碣石被捕遭杀害。	下池村赤卫队队员
魏流		男	1884	南塘镇四池莲池村		1925年参加农民自卫军，1930年在宝峰山被捕遭杀害。	南塘财税干部

（续表）

姓名	曾用名	性别	出生年月	籍贯	党团员	参加革命时间、牺牲时间、地点、原因	牺牲前单位、职务
魏妈石		男	1900	南塘镇四池下池村		1925年参加农民自卫军，1930年被捕在碣石遭杀害。	下池村赤卫队班长
欧大光		男	1909.10	城东镇欧厝村		1927年参加赤卫队，1930年在陆城被捕遭杀害。	欧厝村赤卫队队员
欧妈发		男	1904.8	城东镇欧厝村		1927年参加赤卫队，1930年在大安黄塘被捕遭杀害。	欧厝村赤卫队队员
黄春色		男	1897	金厢镇望尧村		1925年参加农民自卫军，1930年被捕在陆城遭杀害。	望尧村农民自卫队中队长
吴燕照		男	1903	金厢镇埔边村		1925年参加农民自卫军，1930年在普宁县大南山战斗中牺牲。	埔边村赤卫队队员
黄依惠		男	1910	金厢镇洲渚草寮村		1927年参加赤卫队，1930年在陆城被捕遭杀害。	草寮村赤卫队队员
朱远古		男		大安镇博联下坊塘村		1925年参加农民自卫军，1930年在激石溪战斗中牺牲。	下坊塘村赤卫队小队长
卓宝带		男	1907	桥冲镇蠔潭村		1927年参加赤卫队，1930年在金厢竹脚桥战斗中牺牲。	蠔潭村赤卫队队员
陈　福		男	1911	桥冲镇松竹寮村		1927年参加赤卫队，1930年在陆城被捕遭杀害。	松竹寮村赤卫队队员
张名蟹		男	1903	桥冲镇东坑村		1928年参加赤卫队，1930年被捕在陆城遭杀害。	东坑村赤卫队队员
温娘生		男	1910	南塘镇四池顶池村		1928年参加赤卫队，1930年被捕在碣石遭杀害。	顶池村赤卫队队员

（续表）

姓名	曾用名	性别	出生年月	籍贯	党团员	参加革命时间、牺牲时间、地点、原因	牺牲前单位、职务
魏瑞加		男	1905	南塘镇四池顶池村	党员	1922年参加农会，1930年在东桥被捕遭杀害。	地下交通站宣传员
魏妈蔬	魏娘生	男	1898	南塘镇四池顶池村		1928年参加赤卫队，1930年在五峰山被捕遭杀害。	顶池村赤卫队队员
叶宝		男	1898	碣石镇桂林村		1927年参加农民自卫军，1930年在碣石被捕遭杀害。	桂林村赤卫队员通讯员
卓妈港	卓深	男	1900	湖东镇曲清村		1923年参加农民自卫军，1930年在普宁县大南山被捕遭杀害。	曲清村赤卫队队长
薛乃金		男	1902	湖东镇湖东村		1927年参加赤卫队，1930年在博美牺牲。	湖东村赤卫队队长
蔡荣茂	蔡娘调	男	1908	湖东镇后陂坑村		1924年参加农民自卫军，1930年在后陂坑村被捕遭杀害。	后陂坑村赤卫队队长
蔡其玉		男	1900	湖东镇后陂坑村		1923年参加农会，1930年在碣石被捕遭杀害。	碣石区农会会长
谢乃炎		男	1904	湖东镇竹湖寨外村		1927年参加农会，1930年在甲子被捕遭杀害。	竹湖寨外村赤卫队通讯员
薛进利	薛娘我	男	1895	湖东镇竹湖湖东村	党员	1926年参加农民自卫军，1930年在甲子被捕遭杀害。	湖东村赤卫队财粮
张元陆		男	1905	城东镇大屯龙溪村		1927年参加赤卫队，1930年在大安战斗中牺牲。	龙溪村赤卫队队员
钟浪		男	1905	陂洋镇老田坑村		1927年参加赤卫队，1931年1月在普宁被捕遭杀害。	老田坑村赤卫队队员
张妈传		男	1903	桥冲镇溪碧村		1929年参加赤卫队，1931年在陆丰被捕遭杀害。	溪碧村赤卫队队员

（续表）

姓名	曾用名	性别	出生年月	籍贯	党团员	参加革命时间、牺牲时间、地点、原因	牺牲前单位、职务
魏娘迁		男	1911	南塘镇新河管区		1927年参加凉村赤卫队，1931年2月15日在坪镇棋子凹被捕遭杀害。	凉亭村赤卫队队员
郑三九		男	1889	东海镇神冲龚盾村		1922年参加农会，1931年3月在博美战斗中牺牲。	龚盾村农会会长
张禄妹		男	1913	陂洋镇三岭老乡		1930年参加赤卫队，1931年3月在惠来县被捕遭杀害。	三岭乡赤卫队队员
魏　省		男	1892	陂洋镇塘麻村		1929年参加赤卫队，1931年3月在惠来县葵潭被捕遭杀害。	塘麻村赤卫队事务长
庄伯谞	庄　武	男	1912	上英镇浮头村	党员	1927年加入共产党，1934年4月在广州被捕遭杀害。	东江特委委员
李妱妹		男	1910	河西镇下陇村		1927年参加赤卫队，1931年4月在陆城被捕遭杀害。	下陇村赤卫队队员
傅林云		男	1910	陂洋镇莲花村		1928年参加赤卫队，1931年4月在海丰被捕遭杀害。	莲花村游击队队员
刘乃权		男	1897	陂洋镇头洋村		1929年参加赤卫队，1931年4月在陆城被捕遭杀害。	头洋村游击队队员
陈　炮	陈贞发	男	1899	湖东镇内	党员	1926年参加农会，1931年6月被捕在陆城遭杀害。	湖东村农会会长
林乃洲		男	1895	潭西镇潭东新香村		1922年参加农会，1931年6月在陆城被捕遭杀害。	新香村游击队队员
薛锦孙		男	1910	西南镇黄塘村		1931年5月参加赤卫队，1931年7月在黄塘战斗中牺牲。	黄塘村赤卫队队员

（续表）

姓名	曾用名	性别	出生年月	籍贯	党团员	参加革命时间、牺牲时间、地点、原因	牺牲前单位、职务
余植园		男	1908	东海镇红卫居民区下街仔		1926年参加农民自卫军，1928年2月在海丰马安山战斗中牺牲。	红军四十九团连长
李振团		男	1907	陂洋镇芹洋村		1923年参加童子军，1931年8月在陂洋战斗中牺牲。	芹洋村赤卫队队员
陈 方		男	1912	陂洋镇三岭上寮村		1930年参加赤卫队，1931年2月在湖东战斗中牺牲。	上寮村赤卫队队员
陈娘正		男	1904	金厢镇顶埔村		1931年参加游击队，1931年8月在十二岗被捕遭杀害。	顶埔村游击队小队长
朱章其	朱其才	男	1886	大安农场新村	党员	1925年参加地下党，1931年8月在新田被捕遭杀害。	地下党通讯员
卓 靠		男	1909	碣石镇湖坑村		1930年参加赤卫队，1931年9月在南塘战斗中牺牲。	湖坑村赤卫队队员
李 双		男	1903	河西镇下陇村		1927年参加赤卫队，1931年9月被捕在陆城遭杀害。	下陇村赤卫队队员
许国良	许蛤相	男	1897	东海镇神冲前村	党员	1923年参加革命，1931年秋在陆惠苏区被错杀。	南博区苏维埃政府主席
许妈菊		男	1902	河西镇牛路头村		1924年参加农会，1931年11月10日在陆城被捕遭杀害。	牛路头村赤卫队炊事员
许清兰		男	1900	河西镇牛路头村		1924年参加农会，1931年11月在海丰被捕遭杀害。	牛路头村游击队员
蔡名丕		男		河西镇		1931年参加游击队，1931年11月在陆城被捕遭杀害。	后坑村赤卫队小队长

（续表）

姓名	曾用名	性别	出生年月	籍贯	党团员	参加革命时间、牺牲时间、地点、原因	牺牲前单位、职务
谢庆		男	1899	南塘镇西南居住坑村		1925年参加农会，1931年11月被捕，在居住坑村遭杀害。	居住坑村农会财政
黄成坤		男	1905	碣石镇新布黄厝村	党员	1931年参加赤卫队，1931年12月在陆城被捕遭杀害。	黄厝村赤卫队队员
蔡娘花		男	1907	湖东镇上田村	党员	1924年参加农民自卫军，1931年12月在湖东曲清桥头被捕遭杀害。	上田村赤卫队通讯员
李朝德		男	1902	河西镇下陇村		1925年参加农军，1931年12月在东海洛洲被捕遭杀害。	下陇村游击队队员
钟娘来		男	1911.2	碣石镇诗书区		1929年参加赤卫队，1931年在东海被捕遭杀害。	碣石镇赤卫队宣传员
温火		男	1902	碣石镇曾厝寮村		1926年参加农会，1931年在惠阳县平山战斗中牺牲。	曾厝寮村农会会长
薛勇		男	1913	湖东镇竹湖湖东村	党员	1926年参加农民自卫军，1931年在普宁县大南山战斗中牺牲。	湖东村赤卫队队员
许太顺		男	1895	河西镇牛路头村		1926年参加农民自卫军，1931年被捕在陆城遭杀害。	牛路头村农会会长
庄卓堆	庄凝	男	1907	上英镇浮头村		1927年参加赤卫队，1931年在惠阳县横坜区炮塘村被捕遭杀害。	东江特委财经兼文书
麦娘妹		男	1888	湖陂农场二区		1926年参加赤卫队，1931年在陆城被捕遭杀害。	龙岗笼村通讯员
郑妈意		男	1893	南塘镇石碑老村		1928年参加赤卫队，1931年在惠来县被捕遭杀害。	石碑老村赤卫队通讯员

（续表）

姓名	曾用名	性别	出生年月	籍贯	党团员	参加革命时间、牺牲时间、地点、原因	牺牲前单位、职务
郑开云		男		南塘镇内		1924年参加农会，1931年在陂洋芹菜洋被捕遭杀害。	地下工作人员
李扛		男	1898	甲子镇元高管区		1926年参加农民自卫军，1931年在汕头市被捕遭杀害。	甲子区赤卫队队员
蔡芝名	蔡应科	男	1896	甲西镇北池村	党员	1925年参加农会，1931年被捕遭杀害。	北池村赤卫队队员
陈妈南		男	1895	甲西镇天湖村		1927年参加赤卫队，1931年在湖东被捕遭杀害。	天湖村赤卫队小队长
陈佛		男	1901	东海镇向阳居民区		1927年参加赤卫队，1931年在海丰县战斗中牺牲。	中共陆丰县委宣传干事
陈荫南		男	1895	东海镇新光居民区	党员	1926年4月任商会长，1931年在肃反扩大化而被错杀。	海陆丰苏维埃政府秘书
郑叶		男	1901	城东镇后坎	党员	1922年参加农会，1931年在惠来县城被捕遭杀害。	陆丰县赤卫队秘书
陈潭新		男	1910	博美镇头陂村		1930年参加赤卫队，1931年被捕在内湖遭杀害。	头陂村赤卫队队员
陈妈和		男	1905	桥冲镇东坑村		1928年参加赤卫队，1931年被捕在陆城遭杀害。	东坑村赤卫队队员
林花		男	1903	桥冲镇过路溪村	党员	1925年参加赤卫队，1931年被捕在陆城遭杀害。	过路溪村赤卫队副队长
文世丙		男	1908	桥冲镇文厝新村	党员	1924年参加农民自卫军，1931年在香港被捕遭杀害。	陆丰县赤卫队财政
文妈得		男	1907	桥冲镇文厝老村		1924年参加农民自卫军，1931年被捕在陆城遭杀害。	文厝村赤卫队队员
文番日		男	1906	桥冲镇文厝老村		1924年参加农民自卫军，1931年被捕在陆城遭杀害。	文厝村赤卫队队员

（续表）

姓名	曾用名	性别	出生年月	籍贯	党团员	参加革命时间、牺牲时间、地点、原因	牺牲前单位、职务
李 锋		男	1905	陂洋镇茅坪村		1927年参加赤卫队，1931年在陂沟山战斗中牺牲。	茅坪村赤卫队队员
谢春宿	谢奕兴	男	1908.7	陂洋镇古寨村		1929年参加赤卫队，1931年在龙潭战斗中牺牲。	古寨村赤卫队队员
张宗古		男	1899	城东镇大屯龙溪村		1927年参加赤卫队，1931年被捕在陆城遭杀害。	龙溪村赤卫队队员
陈福顺		男	1905	金厢镇蕉园前厝村		1931年参加农会，1931年在南塘被捕遭杀害。	前厝村农会会长
吴妈衍		男	1903	金厢镇埔边村		1929年参加赤卫队，1931年在金厢被捕遭杀害。	埔边村赤卫队队员
黄依依		男	1898	金厢镇洲渚村	党员	1923年参加农会，1925年加入中国共产党，1931年在海陆紫根据地的肃反扩大化中不幸牺牲。	中共海陆紫特委兼宣传部长
陈吴椅		男	1906	桥冲镇东坑村		1928年参加赤卫队，1931年被捕在陆城遭杀害。	东坑村赤卫队队员
陈 兴		男	1907	桥冲镇过路溪村	团员	1925年参加农民自卫军，1931年在潭头战斗中牺牲。	红军通讯员
沈妈意		男	1910	桥冲镇白沙村		1929年参加赤卫队，1931年被捕在溪碧文厝村杀害。	白沙村赤卫队队员
肖大妹		女	1899	桥冲镇溪碧村	党员	1924年参加农民自卫军，1931年被捕在陆城遭杀害。	溪碧村赤卫队队员
文礼快		男	1905	桥冲镇文厝老村		1924年参加农民自卫军，1931年被捕在陆城遭杀害。	文厝村赤卫队队员
李强长		男	1911	陂洋镇芹洋村		1928年参加赤卫队，1931年在芹菜洋战斗中牺牲。	芹菜洋赤卫队队员
陈 沛		男	1903	陂洋镇深坑村		1929年参加赤卫队，1931年在石盘坑战斗中牺牲。	深坑村赤卫队队员

（续表）

姓名	曾用名	性别	出生年月	籍贯	党团员	参加革命时间、牺牲时间、地点、原因	牺牲前单位、职务
高记郎		男	1906.3	陂洋镇古寨村		1929年参加赤卫队，1931年在古寨战斗中牺牲。	古寨村赤卫队队员
钟安		男	1891	陂洋镇老田坑村		1927年参加赤卫队，1931年在深坑被捕遭杀害。	老田坑赤卫队队员
钟习		男	1911	陂洋镇新乡		1928年参加赤卫队，1931年在湖东被捕遭杀害。	新乡赤卫队队员
黄铁彩		男	1911	南塘镇西南池厝寮村		1927年参加赤卫队，1932年1月在华美被捕遭杀害。	池厝寮村赤卫队队员
薛妈想		男	1888	南塘镇西南居住坑村		1925年参加农民自卫军，1932年2月被捕在东海遭杀害。	居住坑村赤卫队队员
邓五来		男	1911	南塘镇双金围村		1927年参加赤卫队，1932年3月被捕在博美遭杀害。	双金围村赤卫队队员
李妈孛		男	1905	南塘镇西美李厝新村		1927年参加赤卫队，1932年3月在湖东桥头村被捕遭杀害。	李厝村赤卫队通讯员
林水宣		男	1893	潭西镇新埔后埔村		1927年参加赤卫队，1932年4月在海丰县北门埔战斗中牺牲。	后埔村赤卫队分队长
黄加三		男		湖陂农场六区棋子埔村		1927年参加赤卫队，1932年5月在丰顺县汤坑被捕遭杀害。	棋子埔村赤卫队宣传员
刘玉克		男	1910	湖东镇内	党员	1927年参加赤卫队，1932年5月被捕遭杀害。	湖东镇赤卫队队长
张娘贤		男	1910	湖东镇五叶村		1927年参加赤卫队，1932年5月被捕在陆城遭杀害。	五叶村赤卫队队员

（续表）

姓名	曾用名	性别	出生年月	籍贯	党团员	参加革命时间、牺牲时间、地点、原因	牺牲前单位、职务
许妈要		男	1903	河西镇牛路头村		1925 年参加农会，1932 年 8 月在陆城被捕遭杀害。	牛路头村赤卫队队员
林亚升	林纲高	男	1897	甲子镇客楼村		1927 年参加赤卫队，1932 年 11 月在海丰被捕遭杀害。	客楼村赤卫队队员
郑良闹		男	1898	金厢镇下埔大宫村		1932 年参加游击队，1932 年 11 月在海丰县被包围在战斗中牺牲。	下埔村赤卫队队员
郑乃宽		男	1918	南塘镇龙岭村	党员	1928 年参加赤卫队，1932 年 12 月在龙岭战斗中牺牲。	南塘区委副书记
黄泗君		男	1907	南塘镇乌石村		1926 年参加农会，1932 年 12 月在乌石村战斗中牺牲。	乌石村赤卫队队员
郑　森		男	1886	南塘镇龙岭五村	党员	1927 年参加赤卫队，1932 年 12 月在龙岭战斗中牺牲。	龙岭村赤卫队队员
林名板		男	1913	碣石镇莲花地村		1931 年参加赤卫队，1932 年 12 月在陆城被捕遭杀害。	莲花地村赤卫队队员
林名兑		男	1907	碣石镇莲花地村		1931 年参加游击队，1932 年 12 月在陆城被捕遭杀害。	莲花地村赤卫队队员
卢　战		男	1901	碣石镇桥头村		1925 年参加农民自卫军，1932 年在南塘被捕遭杀害。	桥头村赤卫队队员
林朱景	林　果	男	1902	碣石镇莲花村		1930 年参加赤卫队，1932 年在碣石被捕遭杀害。	莲花村赤卫队队员

（续表）

姓名	曾用名	性别	出生年月	籍贯	党团员	参加革命时间、牺牲时间、地点、原因	牺牲前单位、职务
陈妈然		男	1906	湖东镇内	党员	1927年参加地下党，1932年在陆城被捕遭杀害。	湖东镇党支部宣传委员
卓　抖		男	1900	湖东镇华美村		1924年参加农会，1932年在本村被捕遭杀害。	华美村游击队队员
郭娘钊		男	1903	甲子镇元高管区		1925年参加农民自卫军，1932年在东海被捕，于海丰县遭杀害。	甲子区赤卫队交通员
李咱炫		男	1902	甲子镇康美村		1927年参加赤卫队，1932年在惠来县被捕遭杀害。	甲子区赤卫队队员
李吴珍		男	1888	甲子镇康美村		1927年参加赤卫队，1932年在东海被捕遭杀害。	康美村赤卫队队员
李娘稳		男	1905	甲子镇新华华容村		1927年参加赤卫队，1932年在海丰县被捕遭杀害。	甲子区游击队小队长
林　立	林江辉	男	1903	甲子镇客楼村		1927年参加赤卫队，1932年在海丰被捕遭杀害。	客楼村赤卫队队员
吴娘润		男	1907	甲子镇城西管区		1928年参加赤卫队，1932年在甲西双塘被捕遭杀害。	甲子区赤卫队队员
郑乃春		男	1903.8	城东镇后坎村		1928年参加农民自卫军，1932年在大安被捕遭杀害。	后坎村农会会长
欧娘成		男	1908	城东镇欧厝村		1929年参加赤卫队，1932年在大安被捕遭杀害。	欧厝村赤卫队队员
陈良谋		男	1903	城东镇高美村		1931年参加农军，1932年在博美被捕遭杀害。	高美村赤卫队队员
陈　沸		男	1903	金厢镇竹桥江梅村		1931年参加赤卫队，1932年在陂洋芹菜洋被敌包围在战斗中牺牲。	江梅村赤卫队队员
朱乃水		男	1899	金厢镇竹脚桥村		1928年参加赤卫队，1932年被捕在陆城遭杀害。	竹脚桥赤卫队排长

（续表）

姓名	曾用名	性别	出生年月	籍贯	党团员	参加革命时间、牺牲时间、地点、原因	牺牲前单位、职务
郑蔡宰		男	1907	金厢镇城美罗古村		1927年参加赤卫队，1932年被捕在金厢遭杀害。	罗古村赤卫队队员
郑庚仔		男	1902	金厢镇城美罗古村	党员	1927年参加赤卫队，1932年在金厢被捕遭杀害。	金碣区党委委员
郑伍仔		男	1891	金厢镇城美平乐村		1932年参加赤卫队，1932年在平乐村被捕遭杀害。	城美村赤卫队队员
黄细哉		男	1890	金厢镇望尧村		1930年参加赤卫队，1932年被捕在陆城遭杀害。	望尧村赤卫队队员
陈娘贞		男	1906	金厢镇埔边村		1931年参加赤卫队，1932年在东海被捕遭杀害。	埔边村赤卫队队员
黄玉友		男	1910	金厢镇洲渚村		1930年参加赤卫队，1932年在碣石被捕遭杀害。	洲渚村赤卫队队员
吴娘妹		男	1901	金厢镇埔边村		1931年参加赤卫队，1932年在陆城被捕遭杀害。	埔边村赤卫队队员
郑　闲	郑太清	男	1894	桥冲镇湖石村		1930年参加赤卫队，1932年被捕在东海遭杀害。	红军通讯员
陈　旺		男	1896	陂洋镇深坑村		1922年参加农会，1932年在深坑村战斗中牺牲。	深坑村赤卫队小队长
朱娘谋		男	1915	陂洋镇陂沟村		1929年参加赤卫队，1932年在田仔被捕遭杀害。	陂沟村赤卫队队员
王亚开		男		河西镇		1926年参加农民自卫军，1932年在城东上陈村被捕遭杀害。	大务村赤卫队队员
许乃惜		男	1904	河西镇牛路头村		1926年参加农民自卫军，1932年被捕在陆城遭杀害。	牛路头村赤卫队队员
李成舜		男	1888	西南镇溪口村		1924年参加农民自卫军，1932年被捕在陆城遭杀害。	溪口村赤卫队通讯员

（续表）

姓名	曾用名	性别	出生年月	籍贯	党团员	参加革命时间、牺牲时间、地点、原因	牺牲前单位、职务
黄丙员		男	1905	金厢镇洲渚村		1930 年参加赤卫队，1932 年在陆城被捕遭杀害。	洲渚村赤卫队队员
骆继南		男	1911	金厢镇米坑村		1930 年参加赤卫队，1932 年被捕在陆城遭杀害。	米坑村赤卫队队员
陈娘旺		男	1911	金厢镇竹脚桥村		1927 年参加赤卫队，1932 年在博美战斗中牺牲。	竹脚桥村赤卫队队员
郑 召		男	1906	金厢镇城美村		1927 年参加赤卫队，1932 年在海丰县战斗中牺牲。	城美村赤卫队队员
廖乃都		男	1897	金厢镇城美村		1932 年参加赤卫队，1932 年 12 月被捕在陆城遭杀害。	城美村赤卫队队员
郑佛余		男	1910	金厢镇城美平乐村	党员	1927 年参加赤卫队，1932 年被捕在陆城遭杀害。	碣石区党委委员
郑宝田		男	1914	金厢镇城美平乐村		1932 年参加赤卫队，1932 年被捕在陆城遭杀害。	城美村赤卫队通讯员
吴妈如		男	1907	金厢镇埔边村		1931 年参加赤卫队，1932 年在东海被捕遭杀害。	埔边村赤卫队队员
吴 松		男	1906	金厢镇顶埔边村		1931 年参加赤卫队，1932 年在东海被捕遭杀害。	顶埔边村赤卫队小队长
黄永泉		男	1905	金厢镇洲渚村		1927 年参加赤卫队，1932 年在陆城被捕遭杀害。	洲渚赤卫队队员
吴水昌		男	1902	金厢镇埔边村		1931 年参加赤卫队，1932 年在陆城被捕遭杀害。	埔边村赤卫队队员
郑 实		男	1904	桥冲镇溪碧村		1925 年参加农民自卫军，1932 年在陆城被捕遭杀害。	溪碧村赤卫队队员
张 炎		男	1915	陂洋镇三岭村		1930 年参加赤卫队，1932 年被捕在博美遭杀害。	三岭村赤卫队队员

（续表）

姓名	曾用名	性别	出生年月	籍贯	党团员	参加革命时间、牺牲时间、地点、原因	牺牲前单位、职务
郑镇	郑国强	男	1889	南塘镇东桥柴头村		1928年参加赤卫队，1932年在博美被捕遭杀害。	柴头村农会会长
魏淡		男	1897	南塘镇四池下池村		1925年参加农民自卫军，1932年在下池村被捕遭杀害。	下池村赤卫队队长
卓妈运		男	1900	湖东镇华美村		1926年参加农民自卫军，1932年在本村被捕遭杀害。	华美村赤卫队队员
林泉		男	1910	湖东镇居民区	党员	1927年参加农民自卫军，1932年被捕在陆城龙山脚遭杀害。	南湖甲区委书记
庄毅	庄克强	男	1908	上英镇浮头村	党员	1926年加入中国共产党，1932年10月2日在惠州被捕遭杀害。	东江特委委员
蔡水光		男	1899	河西镇新陆奎湖村		1924年参加农会，1933年3月在陆城被捕遭杀害。	奎湖村赤卫队队员
吴娘千		男	1912	甲西镇创新石碑村		1927年参加赤卫队，1933年7月在惠来县葵潭被捕遭杀害。	石碑村赤卫队队长
陈娘爱		男	1898	甲西镇双塘村		1927年参加赤卫队，1933年10月在双埔林被捕遭杀害。	甲子区赤卫队宣传员
卓妈喂		男	1908	湖东镇华美村		1931年参加赤卫队，1933年被捕在陆城遭杀害。	华美村赤卫队通讯员
卓乃得	卓荣利	男	1909	湖东镇华美村		1931年参加赤卫队，1933年在陆城被捕遭杀害。	华美村赤卫队炊事员
黄娘花	黄世蕊	男	1905	碣石镇溪墘大房村	团员	1925年参加农民自卫军，1933年12月在陆城被捕遭杀害。	大房村赤卫队通讯员

（续表）

姓名	曾用名	性别	出生年月	籍贯	党团员	参加革命时间、牺牲时间、地点、原因	牺牲前单位、职务
廖妈让		男	1898	金厢镇城美村		1932年参加赤卫队，1933年在博美被捕遭杀害。	城美村赤卫队队员
黄徕		男	1902	金厢镇山门村	党员	1931年参加赤卫队，1933年十二岗战斗中牺牲。	山门村赤卫队事务长
黄妹仔		男	1910	金厢镇洲渚村		1927年参加赤卫队，1933年在陆城被捕遭杀害。	洲渚村赤卫队小队长
林大妹		女	1914	金厢镇洲渚村		1932年参加赤卫队，1933年在陆城被捕遭杀害。	洲渚村赤卫队宣传员
郑吾付		男	1897	金厢镇下埔村		1932年参加赤卫队，1933年在陆城战斗中牺牲。	下埔村赤卫队队员
魏家香		男	1912	陂洋镇塘麻村		1930年参加赤卫队，1933年在揭阳县河婆战斗中牺牲。	塘麻村赤卫队队员
翁堂		男	1905	华侨农场屯寮村		1929年参加赤卫队，1933年在陆城被捕遭杀害。	屯寮村赤卫队队员
曾九蛋		男	1915	河西镇下陇村		1931年参加赤卫队，1933年在新田被捕遭杀害。	下陇村赤卫队队员
杨颂		男	1914	南塘镇圳头溪心村		1930年参加赤卫队，1933年在普宁县大南山战斗中牺牲。	溪心村赤卫队号兵
吴斑兴		男	1915	甲子镇城西管区		1930年参加赤卫队，1933年在甲子被捕遭杀害。	甲子区赤卫队通讯员
吴娘庚		男	1907	金厢镇城美村		1932年参加游击队，1933年被捕在文厝乡遭杀害。	城美村赤卫队队员
黄乃申		男	1905	金厢镇洲渚村		1927年参加赤卫队，1933年在碣石战斗中牺牲。	洲渚村赤卫队队员
黄王仔		男	1903	金厢镇洲渚草寮村		1930年参加农会，1933年在碣石战斗中牺牲。	草寮村农会会长

（续表）

姓名	曾用名	性别	出生年月	籍贯	党团员	参加革命时间、牺牲时间、地点、原因	牺牲前单位、职务
吴妈何		男	1901	金厢镇下埔村		1932年参加赤卫队，1933年在陆城被捕遭杀害。	下埔村赤卫队队员
李招德		男	1900	陂洋镇芹菜洋	党员	1928年参加农会，1933年在陆城被捕遭杀害。	陂洋乡苏维埃政府主席
钟尾		男	1915	陂洋镇石盘坑村		1930年参加赤卫队，1933年在惠来县战斗中牺牲。	石盘坑村赤卫队班长
郑乃指	郑乃益	男	1902.6	城东镇后坎村		1927年参加赤卫队，1934年2月在大安黄塘被捕遭杀害。	后坎村赤卫队队员
黄好等		男	1889	碣石镇上洋村	党员	1928年参加赤卫队，1934年2月在陆城被捕遭杀害。	上洋村党支委
龚娘妹		男	1886	东海镇神冲郑厝村	党员	1930年参加赤卫队，1934年5月在金厢竹脚桥被捕遭杀害。	郑厝村赤卫队队长
沈松清		男	1895	东海镇乌坎村	党员	1927年参加赤卫队，1934年在汕头被捕遭杀害。	乌坎村赤卫队队长
黄依仕		男	1906	金厢镇洲渚草寮村		1927年参加赤卫队，1934年在海丰县被捕遭杀害。	草寮村赤卫队队员
黄言		男	1903	金厢镇洲渚村		1926年参加农民自卫军，1934年在海丰县战斗中牺牲。	洲渚村赤卫队通讯员
林妈惜		男	1884	红湖农场麻竹坑	党员	1924年参加农民自卫军，1934年在陂洋内洋被捕遭杀害。	麻竹坑赤卫队通讯员
杨边		男	1907	南塘镇圳头溪心村		1929年参加赤卫队，1934年被捕在博美遭杀害。	溪心村赤卫队队长

（续表）

姓名	曾用名	性别	出生年月	籍贯	党团员	参加革命时间、牺牲时间、地点、原因	牺牲前单位、职务
魏县		男	1915	南塘镇苑西新乡		1931年参加赤卫队，1934年在普宁县大坪被捕遭杀害。	新乡赤卫队通讯员
徐希		男	1911	甲子镇东溪管区		1931年参加赤卫队，1934年在甲子被捕遭杀害。	甲子区赤卫队员
林耀儿		男	1897	甲子镇两城管区	党员	1922年参加农民运动，1934年在惠来县羊狗坑战斗中牺牲。	甲子区委书记
黄五宰		男	1869	金厢镇望尧村		1926年参加农民自卫军，1934年在江海狱中遭杀害。	望尧村赤卫队通讯员
黄永城		男	1915	金厢镇洲渚村		1933年参加赤卫队，1934年在海丰县被捕遭杀害。	洲渚村赤卫队队员
林宰		男	1916	博美镇下寮村		1933年参加赤卫队，1934年在东海被捕遭杀害。	下寮村赤卫队队员
林吴书		男	1907	红湖农场麻竹村		1924年参加农民自卫军，1934年在陂洋内洋被捕遭杀害。	麻竹村赤卫队队员
卓烈		男	1900	湖东镇华美村		1929年参加农会，1934年在甲子被捕遭杀害。	华美村赤卫队队员
卓亚真		男	1900	湖东镇华美村		1925年参加农民自卫军，1934年在甲西西山被捕遭杀害。	华美村赤卫队副队长
卓妈周		男	1896	湖东镇华美村		1929年参加赤卫队，1934年在甲子被捕遭杀害。	华美村赤卫队队员
卓乌必		男	1900	湖东镇华美村		1922年参加农会，1934年在甲子被捕遭杀害。	华美村赤卫队队员
卓三盛	卓景正	男	1881	湖东镇华美村		1929年参加赤卫队，1934年在甲子被捕遭杀害。	华美村赤卫队财粮干部

（续表）

姓名	曾用名	性别	出生年月	籍贯	党团员	参加革命时间、牺牲时间、地点、原因	牺牲前单位、职务
郑　即	郑希禄	男	1892	南塘镇七村		1930年参加赤卫队，1935年在陈皮村被捕遭杀害。	七村赤卫队队员
卓成睦		男	1910	南塘镇环林村		1934年参加赤卫队，1935年12月被捕在南塘遭杀害。	环林村赤卫队队员
黄娘担		男	1900	甲子镇元高管区		1929年参加赤卫队，1935年在汕头市被捕押至陆城杀害。	红军四十九团战士
刘友仁	刘孝举	男	1905	甲子镇两城管区	党员	1923年参加农会，1928年9月在陆城被捕遭杀害。	甲子区委委员
欧木清		男	1912	城东镇欧厝村		1932年参加赤卫队，1935年在大安被捕遭杀害。	欧厝村赤卫队队长
郑之铁		男	1911	桥冲镇三湖村		1930年参加赤卫队，1935年在南塘遭杀害。	红军联络员
高佛令		男	1909	华侨农场奎池村		1934年参加赤卫队，1936年在南塘被捕遭杀害。	奎池村赤卫队队员
郑　流		男	1914	南塘镇石牌老村		1935年参加地下工作，1936年在博美被捕遭杀害。	石牌老村联络员
张尾虾		男	1907	甲子镇新华华容村		1927年参加赤卫队，1936年在甲子被捕遭杀害。	华容村农会会长
杨　泗		男	1911	河西镇竹树堆村		1934年参加地下工作，1937年4月在陆城被捕遭杀害。	地下交通员
蔡世纳	蔡吴喜	男	1884	甲西公社爱社村	党员	1925年参加农会，1928年12月在甲子被捕遭杀害。	博社村农会会长
蔡　墩		男	1899	甲西公社爱社村		1924年参加农会，1928年4月在新饶村被捕遭杀害。	爱社村赤卫队队员

（续表）

姓名	曾用名	性别	出生年月	籍贯	党团员	参加革命时间、牺牲时间、地点、原因	牺牲前单位、职务
卓斟		男	1900	湖东镇华美村		1924年参加农会，1932年在本村被捕遭杀害。	华美村赤卫队队员
余德利		男	1901	碣石镇湖坑村		1927年参加农会，1929年在南塘被捕遭杀害。	湖坑村农会会员
邱永增		男	1906	碣石镇西门区新马路		1926年参加农会，1927年在东海被捕遭杀害。	碣石区农会宣传员
苏妗		男	1895	碣石镇新寮村		1926年参加农会，1927年7月被捕在碣石校场遭杀害。	新寮村农会会长
魏瑞如		男	1905	南塘镇四池大队龙湖村	党员	1922年参加农会，1930年在东桥被捕遭杀害。	地下党宣传员
卓妈照		男	1903	湖东镇华美村		1924年参加农民自卫军，1929年在普宁县大南山被捕遭杀害。	华美村赤卫队中队长
张锦生		男	1898	河东镇欧厝村		1926年参加农民自卫军，1927年2月在上英被捕遭杀害。	欧厝村农民自卫军战士
陈籵		男	1902	东海镇崎沙村		1922年参加农会，1927年被捕在东海洛洲埔遭杀害。	崎沙村农会会长
许妈眭		男	1887	东海镇砂冲前村		1926年参加农民自卫军，1927年被捕在东海洛洲埔遭杀害。	砂冲乡赤卫队队员
王色		男	1906	东海镇向阳居民区		1927年参加赤卫队，1928年3月被捕在东海洛洲遭杀害。	潭西区赤卫队队员

（续表）

姓名	曾用名	性别	出生年月	籍贯	党团员	参加革命时间、牺牲时间、地点、原因	牺牲前单位、职务
朱乃炉		男	1894	金厢镇竹脚桥村		1926年参加农民自卫军，1928年被捕在博美遭杀害。	竹脚桥村赤卫队队员
陈著南		男	1895	东海镇新光居民区	党员	1922年参加农会，1931年在普宁县大南山被AD团杀害。	陆丰县苏维埃政府秘书
黄芝籼		男	1897	金厢镇望尧村		1926年参加农会，1927年在南塘被杀害。	望尧村农会会长
杨亚薄		男		河西镇		1926年参加农会，1927年在陆城被捕遭杀害。	埔仔村农会会长
李妱妹	李松珠	男	1910	河西镇下陇村		1937年参加赤卫队，1931年4月在陆城被捕遭杀害。	下陇村赤卫队队员
杨得倍		男	1895	河西镇大务大队汾河村		1926年参加农民自卫军，1927年5月被捕在陆城遭杀害。	汾河村农民自卫军战士
林乃训		男	1884	潭西镇潭东大队新香村		1922年参加农会，1931年6月被捕在陆城遭杀害。	新香村赤卫队队员
刘华清		男	1905	西南镇安安村		1925年参加农民自卫军，1927年在大安战斗中牺牲。	安安村赤卫队队员
林娘帕		男		潭西镇潭东大队西门村		1926年参加农民自卫军，1927年10月被捕在陆城遭杀害。	西门村赤卫队队长
黄振新	黄　聪	男	1898	东海镇红星上围村	党员	1922年参加革命，1925年在汕头市被捕遭杀害。	陆丰县委委员
陈妈德	陈祖德	男		甲子镇东方鹿角头村		1927年参加赤卫队，1929年4月在甲子被捕遭杀害。	鹿角头村赤卫队队员

（续表）

姓名	曾用名	性别	出生年月	籍贯	党团员	参加革命时间、牺牲时间、地点、原因	牺牲前单位、职务
黄石妹		男		大安镇		1924年参加农会，1927年3月在大安被捕遭杀害。	大安乡农会会长
林妈倡		男	1881	潭西镇潭西祠堂村		1927年参加赤卫队，1928年被捕在陆城遭杀害。	祠堂村赤卫队队员
沈海		男	1896	城东镇黄塘村		1927年参加革命，1928年被捕在陆城遭杀害。	一区区长
林石泗		男	1903	大安镇南溪村		1923年参加农会，1929年在东海河图岭被捕遭杀害。	大安区财政
吴福		男	1900.7	城东镇甘葫村		1923年参加农民自卫军，1927年在大安被捕遭杀害。	甘葫村农民自卫军战士
陈妈稳		男	1905	甲子镇新华华容村		1927年参加赤卫队，1932年在海丰县被捕遭杀害。	甲子区赤卫队小队长

抗日战争时期烈士名表

姓名	曾用名	性别	出生年月	籍贯	党团员	参加革命时间、牺牲时间、地点、原因	牺牲前单位、职务
薛鸿儒		男	1902	湖东镇竹湖湖东村		1926年参加革命，1942年9月在普宁县大南山战斗中牺牲。	湖东村农会会长
李乃树		男	1919	甲东镇可湖村		1936年参加东江游击队，1937年8月在普宁县大南山战斗中牺牲。	东江游击队队长
吴金虾		男		八万镇双沛柏树下村		1928年4月参加地下工作，1938年6月在八万圩战斗中牺牲。	地下工作员
刘永财		男		八万镇坪石枫树下村		1932年7月参加地下工作，1938年6月被捕在八万圩遭杀害。	地下工作人员

（续表）

姓名	曾用名	性别	出生年月	籍贯	党团员	参加革命时间、牺牲时间、地点、原因	牺牲前单位、职务
杨招		男		八万镇坪石禾町社	党员	1932 年 7 月参加地下党，1938 年 8 月被捕在八万圩遭杀害。	地下工作人员
吴亚安		男		八万镇坪石高烈村	党员	1932 年 7 月参加地下党，1938 年 8 月被捕在八万圩遭杀害。	地下工作人员
刘星		男		八万镇双沛半岭村	党员	1932 年参加地下党，1938 年 8 月被捕在八万圩遭杀害。	地下工作人员
龚昌茂		男		八万镇双沛半岭村		1928 年 4 月参加地下工作，1938 年被捕在八万圩遭杀害。	地下工作人员
庄清房		男	1911	上英镇浮头村		1938 年参加救护队，1941 年 9 月被捕在惠阳县狱中遭杀害。	抗日救护队队员
陈编	陈国才	男	1918	东海镇红光管区	党员	1937 年参加东江游击队，1945 年在增城县战斗中牺牲。	东江纵队六支政委
薛陈枝	薛永记	男	1890	西南镇黄塘村	党员	1924 年参加农民自卫军，1943 年在新田被捕遭杀害。	地下工作者
朱耀庭		男	1922	东海镇南堤区		1943 年参加东江纵队，1944 年 11 月在海丰县东山脚战斗中牺牲。	东江游击队宣传员
蔡木稳		男	1922	河西镇湖口村		1943 年参加东江纵队，1944 年在海丰县六仔战斗中牺牲。	东江纵队战士

（续表）

姓名	曾用名	性别	出生年月	籍贯	党团员	参加革命时间、牺牲时间、地点、原因	牺牲前单位、职务
郭　忠	郭逢祥	男	1927	甲子镇元高管区		1944 年参加东江纵队，1944 年在海丰县大安峒战斗中牺牲。	东江纵队文书
郭天然		男		甲子镇元高管区		1944 年参加游击队，1945 年在海丰县战斗中牺牲。	东江游击队战士
姜英毅		男	1895	大安镇旱田艳墩村	党员	1924 年参加地下党，抗战时期在马元甲战斗中牺牲。	陆丰县苏维埃人民委员会秘书长
郑开云		男		南塘镇内		1924 年参加农会，1939 年在陂洋芹菜洋被捕遭杀害。	地下工作人员

解放战争时期烈士名表

姓名	曾用名	性别	出生年月	籍贯	党团员	参加革命时间、牺牲时间、地点、原因	牺牲前单位、职务
郑　枢		男	1920	东海镇		1944 参加游击队，1945 年 12 月在紫金县高山潭战斗中牺牲。	东江纵队情报主任
吴　威	吴路军	男	1922	八万镇上葫村	党员	1941 年参加游击队，1946 年 1 月在海丰县战斗中牺牲。	东江纵队六支队副队长
温娘加	温烈	男	1922	碣石镇诗书居民区		1946 年参加游击队，1947 年 2 月在南塘战斗中牺牲。	海陆丰人民自卫战士
庄加发		男	1927	潭西镇东山村		1946 年 5 月参加解放军，1947 年 2 月在河源县战斗中牺牲。	海陆丰人民自卫队战士
周金权		男	1922	东海镇深埔村		1947 年 2 月参加游击队，1947 年 9 月在海丰县战斗中牺牲。	东江纵队游击队战士

（续表）

姓名	曾用名	性别	出生年月	籍贯	党团员	参加革命时间、牺牲时间、地点、原因	牺牲前单位、职务
庄培棠		男		潭西镇东山村		1947年参加游击队，1947年9月在海丰县大安峒战斗中牺牲。	海陆丰人民自卫队战士
赖木来		男	1930	城东镇后陂村		1947年参加游击队，1947年在大安被捕遭杀害。	海陆丰人民自卫队战士
龚肇喜		男		八万镇双沛半岭村	党员	1945年7月参加游击队，1947年在海丰县战斗中牺牲。	海陆丰人民自卫队战士
沈耀镇		男	1923	河西镇石山石亭村		1947年参加东江游击队，1947年底在东海被捕遭杀害。	海陆丰人民自卫队战士
庄潭水		男	1917	潭西镇长埔村		1947年2月参加游击队，1948年7月在海丰县陶河渡口战斗中牺牲。	海陆丰人民自卫队战士
陈　东	陈国权	男	1917	城东镇军潭军寨村	党员	1938年参加游击队，1948年7月在海丰县战斗中牺牲。	海陆丰人民自卫队副队长
陈继明		男	1921	城东镇上陈村	党员	1944年加入中国共产党，1948年12月在海丰县被捕遭杀害。	中共海丰县第一区委委员
庄　送		男	1928	潭西镇新围村		1947年参加东江游击队，1948年10月在新厝围村被捕遭杀害。	海陆丰人民自卫队通讯员
陈　妱		男	1920	南塘镇苑西村		1948年8月参加游击队，1948年11月在甲子战斗中牺牲。	粤赣湘边纵队战士

（续表）

姓名	曾用名	性别	出生年月	籍贯	党团员	参加革命时间、牺牲时间、地点、原因	牺牲前单位、职务
蔡子英		男	1928	博美镇头陂旧头陂村		1948年参加东江游击队，1948年12月在河田战斗中牺牲。	海陆丰人民自卫队战士
陈伯强	陈威	男	1916	城东镇军潭鲤鱼潭村	党员	1947年参加游击队，1948年12月在海丰县战斗中牺牲。	中共地下党陆丰县委委员
张双春		男	1922	西南镇屯埔村		1947年参加游击队，1948年在海丰县赤石战斗中牺牲。	海陆丰人民自卫队战士
颜石		男	1922	碣石镇		1943年加入中国共产党，1948年在日中圩战斗中负伤，后因伤口感染逝世。	陆丰县人民自卫委员会委员
林什	林霭如	男	1909	博美镇博美居民区	团员	1946年参加东江游击队，1948年在大安被捕遭杀害。	海陆丰人民自卫队战士
王国祥		男	1917	大安镇大安圩	党员	1937年参加游击队，1949年4月在大安战斗中牺牲。	粤赣湘边纵队教导员
施妈朝		男	1928	南塘镇梧厝咸田村		1949年5月参加粤赣湘边纵队，1949年10月在陆城战斗中牺牲。	粤赣湘边纵队战士
欧万财		男	1926	城东镇欧厝村		1947年参加游击队，1949年6月在海丰县汕尾战斗中牺牲。	粤赣湘边纵队班长
范伦加		男	1918	甲子镇康美村		1948年参加游击队，1949年6月在甲子战斗中牺牲。	粤赣湘边纵队战士

（续表）

姓名	曾用名	性别	出生年月	籍贯	党团员	参加革命时间、牺牲时间、地点、原因	牺牲前单位、职务
欧余庆		男	1928	城东镇欧厝村		1947年参加游击队，1949年6月在海丰县汕尾战斗中牺牲。	粤赣湘边纵队班长
陈木绸		男	1925	城东镇高美村		1948年参加游击队，1949年6月在陆城被捕遭杀害。	粤赣湘边纵队战士
陈加尊	陈蛹	男	1922	碣石镇西门居民区		1948年参加解放军，1949年9月在广州战斗中牺牲。	解放军战士
林送		男	1926	湖陂农场六区棋子埔村		1944年参加小鬼队，1949年在海丰县妈宫战斗中牺牲。	粤赣湘边纵队战士
林细绿		男	1911	湖陂农场八区东关村		1949年10月为解放军当向导在攻打花城战斗中牺牲。	东关村民兵
陈妈象		男	1917	河西镇湖口村		1946年参加东江游击队，1948年在海丰县被捕遭杀害。	海陆丰人民自卫队战士
郑志远	郑驹	男	1923.11	东海镇前圩仔芒婆港	党员	1943年参加革命，1946年8月在紫金县城被捕遭杀害。	东江纵队山东指挥司令部参谋

这里是一块鲜血浸透的红色土地；

这里是一块英雄壮怀的红色土地；

这里是全国第一个县级苏维埃政权的诞生地；

这里是全国著名的海陆丰农民运动和海陆丰革命根据地的重要组成部分。

在这里，周恩来、贺龙、叶挺、刘伯承、彭湃、聂荣臻、徐向前等老一辈无产阶级革命家都留下光辉足迹。

广东陆丰，一个著名的革命老区。老区人民在这块土地上以其前仆后继、英勇斗争的精神创造了光辉灿烂的历史和文化。

峥嵘岁月让人回望，红色的历史值得书写。为这一片充满红色基因，充满传奇故事的土地，编写一本发展史，是一项任重道远的任务，编写者可谓诚惶诚恐，一方面是能为这片红色土地写点东西而感到自豪；一方面又怕漏写、错写了哪个环节而愧对在这片土地战斗贡献热血的革命先辈。根据中国老促会、广东省老促会和汕尾市老促会的要求，陆丰市委市政府高度重视，成立了《陆丰市革命老区发展史》编纂委员会，从市有关部门抽调人员组成编辑部和编审委员会。从2017年7月开始，组织编写人员深入调研、多方走访、搜集资料，根据《中国共产党广东省陆丰县组织史资料》（1994年4月编）、《陆丰革命史》（中共中央党校出版社2003年出版）、《陆丰县志》（广东人民出版社2007年）、广东省党史研究室 2012 年第一批确认和 2018 年第二批确认的革命遗址目录等资料，经研究核对、数易其稿，历经两年多的时间，完成了《陆丰市革命老区发展史》一书的初稿。在征求市直各单位、各镇（场、区）党委、政府，以及部分老战士、老干部、外出乡贤，汕尾市、省编纂革命老区发展史（丛书）指导小组的意见后，并经市编纂委员会及编审委员会成员审核，报市委、市人大、市政府、市政协、汕尾市老促会、省老促会审定后，定稿出版。

《陆丰市革命老区发展史》坚持纪实性、可读性的原则，把准确二字放在首位，按照中国老区建设促进会的总体要求、结合陆丰的特点、兼顾各个历史时期所占篇幅的比例，着力真实地展现老区人民艰苦奋斗、敢为人先的光荣革命斗争史。全书内容全面、资料完整，准确、生动地概括了陆丰红色史实，展示了陆丰一百年来红色历史的昨天、今天和明天，具有史料严谨、通俗易读，可借鉴、可传承的特点。

遵照上级编纂革命老区发展史的有关安排，将汕尾市华侨管理区的发展史并入陆丰革命老区发展史。

拂开岁月的尘埃，抚摸那渐渐远去的记忆。今天，我们重新用手拭亮历史的鲜红、再现历史的真实，传承那曾激越人心的红色精神，不禁心潮澎湃。我们希望这本《陆丰市革命老区发展史》，能将陆丰红色历史和今天老区风貌最大程度地呈现给大家，让红色基因、红色精神代代传承，达到丰富陆丰红色文化的内涵，起到凝心聚力、弘扬老区革命精神的效果。同时对推介陆丰红色旅游资源、建设陆丰红色革命老区、促进陆丰经济和社会发展起推动作用。

在编写这本书过程中，我们得到了广东省老促会、汕尾市老促会、市委办、市政府办、党史研究室、市志办、电视台等市直单位及各镇（场、区）的指导和支持，引用了有关专家学者研究编辑的历史资料，还有各界人士为编写该书提供了宝贵资料、图片和建议，在此一并表示衷心的感谢。

历史是条长河，这本书仅是长河里的一朵浪花，顺流前进，它时而平缓，时而激越，时而清晰，时而隐约。由于篇幅所限及历史资料不全，加上编者水平有限，难免有疏漏错记，真诚希望有关专家、学者和广大读者批评指正。

陆丰市革命老区发展史编辑部

2019 年 8 月 26 日